Christian Winklhöfer (Hg.)

Der Beutelsbacher Konsens geschichtsdidaktisch

FORUM HISTORISCHES LERNEN

Christian Winklhöfer (Hg.)

Der Beutelsbacher Konsens geschichtsdidaktisch

Bibliografische Information der Deutschen Nationalbibliothek

Die Deutsche Nationalbibliothek verzeichnet diese Publikation in der Deutschen Nationalbibliografie; detaillierte bibliografische Daten sind im Internet unter http://dnb.d-nb.de abrufbar.

Die Reihe „Forum historisches Lernen"
wird herausgegeben von
Michele Barricelli
Peter Gautschi
Christine Gundermann
Vadim Oswalt
Astrid Schwabe

Die Reihe wurde gegründet von Klaus Bergmann, Ulrich Mayer, Hans-Jürgen Pandel und Gerhard Schneider

© WOCHENSCHAU Verlag,
  Dr. Kurt Debus GmbH
  Frankfurt/M. 2024

www.wochenschau-verlag.de

Alle Rechte vorbehalten. Kein Teil dieses Buches darf in irgendeiner Form (Druck, Fotokopie oder einem anderen Verfahren) ohne schriftliche Genehmigung des Verlages reproduziert oder unter Verwendung elektronischer Systeme verarbeitet werden.

Umschlaggestaltung: Ohl Design
Gesamtherstellung: Wochenschau Verlag
Gedruckt auf chlorfrei gebleichtem Papier
Print-ISBN 978-3-7344-1660-6
PDF-ISBN 978-3-7566-1660-2
ISSN 1435-7658
eISSN 2749-1374
https://doi.org/10.46499/1963

INHALT

CHRISTIAN WINKLHÖFER
Der Beutelsbacher Konsens aus geschichtsdidaktischer Perspektive.
Zur Einleitung. 7

HANS-GEORG WEHLING
Konsens à la Beutelsbach? Nachlese zu einem Expertengespräch (1977) . . . 23

Annäherungen

MONIKA OBERLE
Der Beutelsbacher Konsens aus politikdidaktischer Perspektive 35

PETER JOHANNES DROSTE
Werte- und Demokratieerziehung im Geschichtsunterricht.
Anmerkungen zum Überwältigungsverbot aus geschichtsdidaktischer
Perspektive 54

HOLGER THÜNEMANN
Kontroversität ohne Plausibilität und Konsens? Geschichtsdidaktische
Überlegungen zum Kontroversitätsgebot des Beutelsbacher Konsenses 64

CHRISTOPH KÜHBERGER
Handeln durch historisches Denken. Auf dem Weg zu einer
geschichtskulturellen Interventionsfähigkeit in der historisch-politischen
Bildung 82

VIOLA SCHRADER
Deutungskämpfe austragen! Der Beutelsbacher Konsens und seine
Bedeutung für den Geschichtsunterricht – Dokumentation
der Tagungsdiskussion 97

Erweiterungen

JÖRN RÜSEN
Über normative Grundlagen und Ansprüche der historischen
Urteilsbildung 105

CHRISTIAN HEUER
Rückfragen an den „Professionsstandard" 111

SASKIA HANDRO
Bloß kein Streit!? Praxisrelevante Herausforderungen im Umgang
mit Kontroversität und Pluralität im Geschichtsunterricht 120

DIRK WITT
Die Rolle des Beutelsbacher Konsenses im Fach
Gesellschaftswissenschaften 132

KARL-CHRISTIAN WEBER
Konsensobjektivität oder Ungewissheit? Ein Antwortversuch
aus moralphilosophischer Perspektive 143

ANJA BELLMANN, KATRIN PASSENS
Über die geteilte Stadt sprechen, ohne zu überwältigen.
Ein Praxisbericht aus der Gedenkstätte Berliner Mauer............... 152

Kontextualisierungen

THOMAS SANDKÜHLER
Getrennte Konsense. Die bundesdeutsche Geschichtsdidaktik und die
politische Bildung (nicht nur) in den 1970er und 1980er Jahren 165

MORITZ PETER HAARMANN, DIRK LANGE
Vergangenheit erinnern, um Gegenwart zu verstehen und Zukunft
zu gestalten. Die Klimakrise in der historisch-politischen Bildung 195

Autor*innenverzeichnis 205

CHRISTIAN WINKLHÖFER

Der Beutelsbacher Konsens aus geschichtsdidaktischer Perspektive
Zur Einleitung

1. Der Beutelsbacher Konsens und die Geschichtsdidaktik

Der Beutelsbacher Konsens gilt als „Grundgesetz der politischen Bildung" (Lange/Himmelmann 2010, 203), als „berufsethische[s] Fundament und als Handlungsmaxime für die Praxis" (Frech/Richter 2017, 13). Einschlägige Publikationen bezeichnen ihn als „Professionsstandard" (Grammes 2016) und als „wichtige Orientierungsmarke für die politische Bildung" (Schiele 1996, 1) mit „paradigmatischer Bedeutung" (Widmaier/Zorn 2016a, 10).

Der Text, über dessen Bedeutung Vertreter*innen der politischen Bildung gern in Superlativen sprechen, hat eine erstaunliche Karriere hingelegt, führt man sich vor Augen, dass er nie offiziell verabschiedet oder beschlossen worden ist (vgl. Oberle im vorliegenden Band). Was heute als Beutelsbacher Konsens gilt, ist lediglich ein Abschnitt aus einem Bericht über eine Tagung, die im November 1976 von der Landeszentrale für politische Bildung Baden-Württemberg im beschaulichen Beutelsbach veranstaltet worden war. Vor dem Hintergrund disziplininterner Konflikte über theoretische Grundlagen sowie der Ziele und Aufgaben der politischen Bildung, die sich u. a. in den damaligen Auseinandersetzungen um Richtlinien und Lehrpläne spiegelten (vgl. Sutor 2002), bestand das Anliegen der Tagung darin, „die Möglichkeiten eines Minimalkonsenses im Hinblick auf den politischen Unterricht in den öffentlichen Schulen und die außerschulische Bildungsarbeit der Zentralen für politische Bildung zu erkunden" (Schiele/Schneider 1977, 5). Autor des besagten Berichts mit dem Titel „Konsens à la Beutelsbach?" war Hans-Georg Wehling, der innerhalb der konkurrierenden wissenschaftstheoretischen, politischen und didaktischen Positionen der Teilnehmenden „drei Grundprinzipien Politischer Bildung" identifizierte, die ihm „nach seinen – zugegebenermaßen subjektiven – Eindrücken [...] [u]nwidersprochen" schienen (Wehling 1977, 179; für den gesamten Wortlaut vgl. den Nachdruck im vorliegenden Band):

„1. *Überwältigungsverbot.* Es ist nicht erlaubt, den Schüler – mit welchen Mitteln auch immer – im Sinne erwünschter Meinungen zu überrumpeln und damit an der ‚Gewinnung eines selbständigen Urteils' zu hindern. Hier genau verläuft nämlich die Grenze zwischen Politischer Bildung und *Indoktrination.* [...]
2. Was in Wissenschaft und Politik *kontrovers* ist, muss auch im Unterricht kontrovers erscheinen. Diese Forderung ist mit der vorgenannten aufs engste verknüpft, denn wenn unterschiedliche Standpunkte unter den Tisch fallen, Optionen unterschlagen werden, Alternativen unerörtert bleiben, ist der Weg zur Indoktrination beschritten. [...]
3. Der Schüler muss in die Lage versetzt werden, eine *politische Situation* und seine *eigene Interessenlage zu analysieren*, sowie nach Mitteln und Wegen zu suchen, die vorgefundene politische Lage im Sinne seiner Interessen *zu beeinflussen*. Eine solche Zielsetzung schließt in sehr starkem Maße die Betonung *operationaler Fähigkeiten* ein, was eine logische Konsequenz aus den beiden vorgenannten Prinzipien ist. [...]" (Wehling 1977, 179 f.; Hervorhebungen im Original)

Die Beutelsbacher Tagung und Wehlings Synthese beendeten die disziplininternen Konflikte nicht unmittelbar (vgl. Gagel 1996; Weißeno 2017). Die drei Konsenssätze entpuppten sich aber tatsächlich als im Kern zustimmungsfähig. Dies mag vielleicht damit zu tun haben, dass es sich bei den Prinzipien beinahe um didaktische „Allgemeinplätze" (Schiele 1987, 1) handelt, gegen die sich im Grundsatz kaum etwas einwenden ließ. Vielleicht waren und sind die Prinzipien aber auch deshalb konsensfähig, weil sie auf die unterrichtspragmatische Ebene rekurrieren und die konfliktreiche wissenschaftstheoretische sowie politische Ebene außen vor ließen (vgl. Sutor 2002, 24; Weißeno 2017, 40 f.). Trotz der grundsätzlichen Zustimmung blieben die Konsenssätze aber stets in der Diskussion. Fragen nach ihrer Aktualität und ihrer theoretischen Begründung stehen dabei bis heute ebenso im Fokus wie die kritische Auseinandersetzung mit den möglichen Chancen und Grenzen ihrer Realisierung in der praktischen Bildungsarbeit (vgl. Oberle im vorliegenden Band; Schiele/Schneider 1987; dies. 1996; Däuble 2016; Widmaier/Zorn 2016b; Frech/Richter 2017).

Mit Blick auf die Bedeutung, die der Beutelsbacher Tagung in ihrer Zeit zukam und die die drei Prinzipien bis heute für die politische Bildung besitzen, verwundert es, dass der Konsens im geschichtsdidaktischen Diskurs bisher weitgehend unbeachtet blieb. In den einschlägigen geschichtsdidaktischen Zeitschriften der Jahre 1976 bis 1978 sucht man vergebens nach Berichten über die

Tagung.¹ Auch Rezensionen zum Tagungsband findet man dort nicht, obwohl die Reihe „Anmerkungen und Argumente zur historischen und politischen Bildung", in der die Publikation erschien, freilich keine unbedeutende war und mit Uwe Uffelmann sogar ein Geschichtsdidaktiker einen Beitrag zum Band beisteuerte (Uffelmann 1977). Schließlich muss die ausbleibende Rezeption auch aufgrund des damaligen interdisziplinären Austausches zwischen Geschichtsdidaktik und politischer Bildung (vgl. Sandkühler im vorliegenden Band) verwundern, der sich beispielhaft in den Sammelbänden von Hans Süssmuth (1973), Günter C. Behrmann u. a. (1978) oder Rolf Schörken (1978), aber auch im Themenheft „Geschichte und politische Bildung" der Zeitschrift „Geschichtsdidaktik" aus dem Jahr 1978 exemplarisch spiegelt.

Erst in jüngerer Zeit finden sich vereinzelt geschichtsdidaktische Publikationen, die auf den Beutelsbacher Konsens rekurrieren. Hierbei handelt es sich *erstens* um solche Texte, die auf die Bedeutung der Konsenssätze für das historische Lernen und hierbei besonders für die historische Identitäts- und Urteilsbildung verweisen (Bongertmann 2017, 69; Kayser/Hagemann 2010, 13; Kühberger 2015, 121 f.; Meyer-Hamme 2018, 77, 85 u. 87; Winklhöfer 2021, 23 f.). Da ihre Übertragung auf den Geschichtsunterricht „außer jedem Zweifel" stünde, entwickelte Bodo von Borries bereits erste Überlegungen für eine fachspezifische Konkretisierung der Prinzipien (von Borries 2011, 282; vgl. ders. 2008, 40–42). Eine *zweite* Gruppe von Beiträgen nimmt aktuelle gesellschaftliche, politische und geschichtskulturelle Phänomene zum Anlass, um über das Überwältigungsverbot und das Kontroversitätsgebot nachzudenken. Dies geschieht auf geschichtstheoretischer Ebene (Rüsen 2021; Thünemann 2023) oder auch angereichert mit pragmatischen Überlegungen (Brüning 2021). *Drittens* gibt es einzelne Beiträge, die geschichtskulturelle Phänomene in den Blick nehmen und etwa die Bedeutung des Konsenses für das historische Lernen an Gedenkstätten explizit betonen (von Borries 2013) oder seine Prinzipien implizit als Kriterien der Ausstellungsanalyse nutzen (Pohl 2006). Und *viertens* findet der Beutelsbacher Konsens in solchen Publikationen Berücksichtigung, die eine fächervergleichende oder fächerverbindende Perspektive einnehmen. Gemeinsamkeiten und

---

1 Kursorisch gesichtet wurden die Zeitschriften „Geschichte in Wissenschaft und Unterricht", „Geschichte, Politik und ihre Didaktik" sowie „Geschichtsdidaktik". Lediglich an einer Stelle findet sich in einem Nebensatz ein kurzer Verweis auf Beutelsbach. Rolf Schörken berichtet in der „Geschichtsdidaktik" über die Tagung „Zur Lage der politischen Bildung an den Schulen", die vom 29.6. bis 1.7.1977 in Tutzing stattfand. Dort wurde – so Schörken – „am Problem des Minimalkonsenses, das sich auf der vorigen Tagung 1976 wieder einmal gestellt hatte, weitergearbeitet." (Schörken 1977, 279)

Unterschiede von historischem und politischem Lernen werden skizziert und z. T. integrale Konzepte entwickelt (z. B. Thyroff 2021; Witt. u. a. 2022, 160–162).

Trotz dieser punktuellen Beschäftigung mit dem Beutelsbacher Konsens bzw. einzelnen seiner Prinzipien kann von einer systematischen Auseinandersetzung jedoch nicht die Rede sein. Eine geschichtsdidaktische Diskussion seiner Grundsätze auf theoretischer, empirischer und pragmatischer Ebene steht demnach noch aus.

2. Über die Notwendigkeit einer geschichtsdidaktischen Diskussion

Nun könnte man einwenden, dass die skizzierten Beobachtungen nicht überraschen und hier ein Desiderat konstruiert werde, das in Ermangelung fachlicher Relevanz für Forschung und Praxis gar keines sei. Was kümmert es die Geschichtsdidaktik, an welchen Standards und Prinzipien andere Disziplinen ihre Arbeit ausrichten? Warum sollte die Geschichtsdidaktik den Beutelsbacher Konsens also überhaupt diskutieren?

Um die Notwendigkeit einer fachspezifischen Auseinandersetzung zu unterstreichen, lassen sich unter Rückgriff auf den Diskurs über den Beutelsbacher Konsens und die im vorliegenden Band versammelten Beiträge, unter Berücksichtigung gesellschaftlicher und bildungspolitischer Entwicklungen sowie mit Blick auf die Praxis historischen Lehrens und Lernens mindestens fünf Gründe anführen.

Erstens ist politische Bildung eine fächerübergreifende Aufgabe der Schule (vgl. KMK 2018; Sander 2022). Um diese Aufgabe zu erfüllen, bedürfen Lehrkräfte aller Fächer grundlegende Kenntnisse über Ziele und Prinzipien politischer Bildung – und damit auch über den Beutelsbacher Konsens. Für das Fach Geschichte gilt dies in besonderer Weise, weil es im gesellschaftswissenschaftlichen Lernbereich strukturell und oftmals auch curricular über gemeinsame Ziele eng mit dem Politikunterricht verknüpft ist. Noch enger gestaltet sich diese organisatorische Verbindung an solchen Schulformen, an denen die Fächer des Lernbereiches gemeinsam in einem gesellschaftswissenschaftlichen Verbundfach unterrichtet werden (vgl. Forwergk 2022; Witt im vorliegenden Band). Möchte man Geschichtslehrkräfte auf diese schulischen Strukturen vorbereiten und dazu befähigen, die damit verbundenen curricularen Aufgaben kompetent zu bewältigen, liegt es nahe, den Beutelsbacher Konsens in der Lehrkräftebildung zu berücksichtigen. Inwiefern er als Teil des fachspezifischen Professionswissens zu verstehen ist, wäre freilich zu diskutieren.

Politik- und Geschichtsunterricht sind nicht nur strukturell verknüpft. Politisches und historisches Lernen stehen – *zweitens* – in einem engen

„Interdependenzverhältnis" (Busch 2022, 316; vgl. Haarmann/Lange im vorliegenden Band) und weisen Überschneidungen auf unterschiedlichen Ebenen auf. Dies gilt nicht nur mit Blick auf Unterrichtsgegenstände wie etwa politische Ideengeschichte oder Zeitgeschichte (vgl. Busch 2022, 313–317; Massing 2008; Windischbauer 2013), sondern besonders auch auf Ebene der Lernziele und der didaktischen Prinzipien. So möchten Geschichts- und Politikunterricht gleichermaßen die Lernenden u. a. zur reflektierten Urteilsbildung und zur gesellschaftlichen Partizipation befähigen. Um die hierfür benötigten Kompetenzen zu fördern, formulieren beide Fächer ähnliche Anforderungen an die Gestaltung und Durchführung von Unterricht: Der Fachunterricht soll u. a. handlungs- und schülerorientiert ausgerichtet sein, Inhalte in ihrer Vielschichtigkeit und Kontroversität thematisieren sowie die Pluralität von Urteilen auf Seiten der Lernenden anerkennen, fördern und reflektieren (vgl. u. a. Autorengruppe Fachdidaktik 2016; Gautschi u. a. 2012). Genau diese Anforderungen spiegeln sich in den Prinzipien des Beutelsbacher Konsenses. Aufgrund dieser Überschneidungen von historischem und politischem Lernen erscheint eine geschichtsdidaktische Auseinandersetzung darüber sinnvoll, wie sich die Konsenssätze zu geschichtsdidaktischen Prinzipien der Unterrichtsplanung und -durchführung, zu fachspezifischen Kompetenzen von Lehrkräften sowie zu Kriterien guten Geschichtsunterrichts verhalten.

Drittens existieren bereits Felder, auf denen der Beutelsbacher Konsens die Praxis historischen Lehrens und Lernens bestimmt. Neben den gesellschaftswissenschaftlichen Verbundfächern in der Schule dienen die Konsenssätze auch als wichtige Leitprinzipien der historisch-politischen Bildungsarbeit an außerschulischen Lernorten. Dies gilt besonders für Gedenkstätten, die sich aufgrund ihres gesellschaftlichen Auftrages und ihrer geschichtskulturellen Funktionen jeher mit Fragen der Überwältigung, Kontroversität und Urteilsbildung auseinandersetzen müssen (vgl. Bellmann/Passens im vorliegenden Band; vgl. ferner Knoch 2018; Müller/Ruppert-Kelly 2016; Schmidt/Schoon 2016). Während Vertreter*innen der Gedenkstättenpädagogik in diesem Zusammenhang die Bedeutung des Beutelsbacher Konsenses für ihre Bildungsarbeit diskutieren, hält sich die Geschichtsdidaktik zurück, obwohl sie den Diskurs mit ihrer Expertise über historisches Lehren und Lernen bereichern könnte. Andererseits könnte die Geschichtsdidaktik von den Überlegungen und den Praxiserfahrungen der Gedenkstättenpädagogik profitieren und im Dialog wertvolle Impulse für die geschichtsdidaktische Auseinandersetzung mit dem Beutelsbacher Konsens gewinnen.

Viertens sehen sich Schule und Unterricht zunehmend mit gesellschaftlichen Herausforderungen konfrontiert. Für den kompetenten Umgang mit diesen

Herausforderungen scheint eine systematische und reflektierte Auseinandersetzung mit dem Beutelsbacher Konsens für Geschichtslehrkräfte in doppelter Hinsicht bedeutsam.

Zum einen lässt sich in den letzten Jahren eine politische Instrumentalisierung des Konsenses beobachten, bei der die ersten beiden Prinzipien als Neutralitätsgebot missinterpretiert werden. Ausdruck hierfür sind besonders die von der AfD eingerichteten Meldeplattformen „Neutrale Schulen", auf denen Lernende oder deren Eltern solche Lehrkräfte denunzieren können, die sich ihrer Meinung nach im Unterricht nicht politisch ausgewogen bzw. neutral verhalten (vgl. Brüning 2021, 177–179; Haker/Otterspeer 2021; Reinhardt 2019). Hiervon scheinen besonders die Lehrer*innen der gesellschaftswissenschaftlichen Fächer – und damit auch Geschichtslehrkräfte – betroffen. Mit Blick auf die didaktischen Herausforderungen, die mit der Bildung in „reaktionären Zeiten" (Behrens u. a. 2021) verbunden sind, muss die geschichtsdidaktische Lehrkräftebildung Kenntnisse über den Beutelsbacher Konsens vermitteln, damit sich die Kolleg*innen von entsprechenden Forderungen nicht verunsichern oder in ihrer Unterrichtsgestaltung beeinflussen lassen. Hier scheint mit Blick auf empirische Befunde besonderer Handlungsbedarf zu bestehen, da zahlreiche Lehrkräfte den Konsens auch selbst als Neutralitätsgebot auslegen (vgl. Oberle im vorliegenden Band). Geschichtslehrkräfte müssen also verstehen und immer wieder reflektieren, welche Bedeutung die Konsenssätze für ihr professionelles Handeln besitzen und welche eben nicht. Dies mit der Klärung rechtlicher Rahmenbedingungen zu verbinden, vor denen Lehrerhandeln in Schule und Unterricht erfolgt (vgl. z.B. Wieland 2019; Wrase 2020), wäre sicherlich sinnvoll.

Zum anderen erwecken gesellschaftliche Kontroversen und Konflikte, von denen nicht wenige eine historische Dimension besitzen oder in denen Geschichte als politisches Argument ins Feld geführt wird, den Eindruck, dass der Wille und mitunter auch die Fähigkeit abhandenkommen, sich in einem offenen Dialog mit den Positionen anderer auseinanderzusetzen. Meinungsfreiheit, die Offenheit und Pluralität von Debatten sowie die Möglichkeit, gemeinsam um Deutungen zu ringen und ggf. einen mehrheitsfähigen Kompromiss auszuhandeln, sind aber konstitutive Merkmale unserer demokratischen Gesellschaft (vgl. z. B. Kneip 2023). Der Geschichtsunterricht kann einen wichtigen Beitrag dazu leisten, die Lernenden auf den Umgang mit entsprechenden gesellschaftlichen Kontroversen und Konflikten vorzubereiten, da er erstens demokratische Werte und Normen vermittelt und historisch reflektiert, zweitens für die Komplexität historischer Phänomene und die daraus resultierende Vielfalt möglicher Deutungen sensibilisiert, drittens eine kritisch-reflektierte Urteilsbildung fördert und so zur kompetenten Teilhabe am politischen und geschichtskulturellen Diskurs befähigt sowie viertens die hierfür nötigen Argumentations- und Diskurstechniken vermittelt. Um diese Aufgaben zu erfüllen, ist es bildungspolitisch gefordert (vgl. KMK 2018), den Unterricht an den Prinzipien des Beutelsbacher Konsenses auszurichten. Dass dies gerade mit Blick auf die Förderung historischer Urteils- und Orientierungskompetenz zielführend sein kann, lässt sich an den oben angeführten geschichtsdidaktischen Publikationen zum Beutelsbacher Konsens bereits erahnen. Hier scheint es lohnenswert, weiter zu diskutieren, inwiefern eine explizite(re) Orientierung an den Konsenssätzen bei der Planung und Durchführung von Geschichtsunterricht helfen kann, fachspezifische Lernziele zu erreichen und gleichzeitig eine demokratische Diskurs- und Konfliktkultur zu etablieren, durch die die Lernenden auf kompetentes Handeln in unserer pluralen und zunehmend polarisierten Gesellschaft vorbereitet werden (vgl. Handro im vorliegenden Band).

Fünftens erscheint eine geschichtsdidaktische Auseinandersetzung mit dem Beutelsbacher Konsens auch aus disziplinhistorischer Perspektive interessant. Die Beutelsbacher Tagung fand nur wenige Wochen nach dem Mannheimer Historikertag statt. Beide Versammlungen besitzen für die jeweilige Disziplin bis in die Gegenwart prägende Bedeutung. Auch in Mannheim wurde – so das gängige Narrativ – ein „Konsens" (Heuer u. a. 2020, 79) gefunden, der disziplininterne Auseinandersetzungen nicht unbedingt beendete, aber eine mehrheitsfähige Grundlage schuf, auf dem das Selbstverständnis der Disziplin bis heute weitgehend fußt (vgl. Sandkühler im vorliegenden Band). Aufgrund dieser Parallelen scheint ein interdisziplinärer Blick auf den „langen Sommer der Geschichtsdidaktik" (Heuer u. a. 2022; vgl. Sandkühler 2016, 416), der wohl auch ein langer Sommer der politischen Bildung war, interessant, um im Vergleich Besonderheiten und Gemeinsamkeiten zu identifizieren und so Impulse für das aktuell wieder zunehmende Interesse an der Geschichte der Geschichtsdidaktik zu gewinnen.

3. Perspektiven, Positionen und Impulse – Zum vorliegenden Band

Angesichts der skizzierten Beobachtungen und den daraus abgeleiteten Argumenten sprechen also zahlreiche Gründe dafür, dass sich die Geschichtsdidaktik mit dem Beutelsbacher Konsens intensiver und systematischer beschäftigen sollte, als sie es bisher getan hat. Hier setzt der vorliegende Sammelband an. Sein Anliegen besteht darin, Impulse für eine entsprechende fachspezifische Auseinandersetzung zu liefern und dabei ergebnisoffen zu diskutieren, ob bzw.

inwiefern den Prinzipien des Konsenses eine spezifische Bedeutung für das historische Lehren und Lernen zukommen kann bzw. soll.

Der Sammelband ist aus einer Sektion des Münchener Historikertages aus dem Jahr 2021 hervorgegangen. Die damalige Sektion trug den Titel „Deutungskämpfe austragen! Der Beutelsbacher Konsens & seine Bedeutung für den Geschichtsunterricht". Die vorliegende Publikation dokumentiert daher zum einen diese Historikertagsektion. Zum anderen möchte der Band durch ergänzende Beiträge weitere fachspezifische Perspektiven auf den Gegenstand eröffnen und so zusätzliche Impulse für die geschichtsdidaktische Diskussion des Beutelsbacher Konsenses liefern. Dieses doppelte Anliegen spiegelt sich auch in der Struktur der vorliegenden Publikation.

Der erste Abschnitt umfasst zunächst die vier Sektionsbeiträge, über die eine erste systematische Annäherung an den Gegenstand erfolgt. Die Vorträge sind für die Verschriftlichung inhaltlich ergänzt und ausdifferenziert worden.

Zunächst führt *Monika Oberle* mit ihrem Beitrag in die Genese und Rezeption des Beutelsbacher Konsenses aus politikdidaktischer Perspektive ein. Der Beitrag erläutert zum einen die Diskussionen, die von Beginn an mit der theoretischen Auslegung und der bildungspraktischen Realisierung der Konsenssätze verbunden waren. Zum anderen stellt Oberle empirische Befunde vor, die Einblicke in die Vorstellungen angehender und praktizierender Lehrkräfte über den Beutelsbacher Konsens ermöglichen. Sie plädiert nicht nur für weitere empirische Forschungen, um u. a. Einblicke in die Umsetzung der Prinzipien in der Praxis zu gewinnen, sondern tritt auch für einen stärker disziplinübergreifenden Diskurs ein.

Die weiteren verschriftlichten Sektionsbeiträge nehmen jeweils einen Konsenssatz in den Blick. Den Anfang macht *Peter Johannes Droste*, der in seinem Beitrag das Prinzip des Überwältigungsverbotes vor dem Hintergrund aktueller Herausforderungen schulischen historischen Lehrens und Lernens diskutiert. Ein besonderer Fokus liegt dabei auf der Bedeutung des Prinzips im Rahmen der Werte- und Demokratieerziehung im Geschichtsunterricht sowie auf der historischen Urteilsbildung. Droste plädiert nachdrücklich dafür, das Überwältigungsverbot gerade in diesen unterrichtlichen Kontexten nicht fälschlicherweise als Neutralitätsgebot zu verstehen, sondern als Lehrkraft aktiv für demokratische Grundwerte einzutreten. Zu diskutieren sei daher mit Blick auf die Werteerziehung im Geschichtsunterricht auch, ob der erste Konsenssatz nicht um ein Interventionsgebot ergänzt werden müsse.

Das Kontroversitätsgebot ist Gegenstand des Beitrags von *Holger Thünemann*. In seinen Ausführungen systematisiert er vier Herausforderungen, vor denen Geschichtslehrkräfte stehen, wenn sie in ihrem Unterricht das Prinzip der Kontroversität umsetzen wollen. Dies geschieht maßgeblich unter Rückgriff auf geschichtstheoretische Überlegungen Jörn Rüsens, die der Text mit den verschiedenen Ebenen von Multiperspektivität nach Klaus Bergmann in Beziehung setzt, um so den zweiten Satz des Beutelsbacher Konsenses fachspezifisch zu profilieren. Mit Blick auf Hermann Lübbes Konzept der Konsensobjektivität plädiert Thünemann dafür, trotz der grundsätzlichen Offenheit historischer Deutungen solche Ansichten, die im freien wissenschaftlichen Diskurs gebildet wurden, zumindest vorläufig nicht mehr als kontrovers, sondern als konsensuell zu verstehen.

Im vierten Beitrag des Abschnittes diskutiert *Christoph Kühberger* den dritten Konsenssatz und betont dabei Schnittmengen von historischem und politischem Denken. Im Zentrum steht die Frage danach, wie Lernende im subjektorientierten Geschichtsunterricht zum politischen und geschichtskulturellen Handeln befähigt werden können. Kühberger setzt sich hierfür in systematisierender Absicht mit dem Interessens- und Handlungsbegriff auseinander und schlägt vor, geschichtskulturelle Interventionsfähigkeit als Ziel historischen Lernens stärker in den Blick zu nehmen.

Im Rahmen der Historikertagsektion äußerten die Zuhörer*innen im Anschluss an die Vorträge Kommentare und Rückfragen. Diese Diskussion hat *Viola Schrader* für den vorliegenden Band festgehalten und systematisiert. Die geschichtsdidaktische Auseinandersetzung mit dem Beutelsbacher Konsens wurde dabei vom Publikum nicht grundsätzlich in Frage gestellt. In den Reaktionen zeigte sich dennoch ein Bedürfnis, einzelne Aspekte konkreter auszuführen und offene Problemfragen genauer zu diskutieren.

Der zweite Abschnitt des vorliegenden Bandes reagiert auf diese Bedarfe. Die dort versammelten Beiträge verfolgen das Ziel, die Sektionsbeiträge inhaltlich zu ergänzen und weitere geschichtsdidaktische Perspektiven auf den Gegenstand zu eröffnen. Die Autor*innen wurden aufgrund ihrer unterschiedlichen Forschungs- und Arbeitsschwerpunkte angefragt und gebeten, den Beutelsbacher Konsens auf Basis ihrer jeweiligen fachlichen Expertise in den Blick zu nehmen. Es war ihnen freigestellt, ob sie sich in ihren Texten dezidiert mit einem Sektionsbeitrag auseinandersetzen oder eigene Zugänge zum Gegenstand wählen möchten. Problematisierende, thesenstarke und erfahrungsbasierte Zugriffe waren explizit gewünscht. Aufgrund der inhaltlichen und formalen Freiheiten sind so Beiträge entstanden, die sich nicht nur in ihrer Länge, sondern auch in den inhaltlichen Schwerpunkten unterscheiden. Die Autor*innen setzen dadurch vielfältige Impulse, die das Potential besitzen, eine weiterführende Beschäftigung mit dem Beutelsbacher Konsens anzuregen.

Für den ersten Beitrag wurde *Jörn Rüsen* gebeten, sich aus geschichtstheoretischer Perspektive den Konsenssätzen zu nähern. Ausgehend von den Typen historischer Sinnbildung schlägt er einen Bogen zu den Ansprüchen historischer Urteilsbildung, die er im Hinblick auf ihre normativen Grundlagen diskutiert. Die Prinzipien des Beutelsbacher Konsenses versteht Rüsen als Kriterien für die Zustimmungsfähigkeit historischer Urteile, die jedoch über das Sinnkriterium historischen Denkens inhaltlich zu erweitern wären.

Christian Heuer diskutiert den Beutelsbacher Konsens aus professions- und machttheoretischer Perspektive. In einem disziplinhistorischen Zugriff wird der Konsens zunächst als politikdidaktische Wissensordnung zur Durchsetzung disziplinpolitischer Ziele und damit auch als Machtinstrument vorgestellt. Dieser Wissensordnung käme in Zeiten einer globalen Polykrise, die sich auch auf Schule und Unterricht auswirke, eine gewisse Entlastungsfunktion zu, da die Konsenssätze von Lehrkräften hierbei als Handlungsempfehlungen verstanden würden. Zwar eigne sich der Konsens für die Reflexion unterrichtlicher Situationen, die geschichtsdidaktische Lehrkräftebildung müsse den „Professionsstandard" jedoch in seiner Funktion als Handlungsanweisung und Wissensordnung immer wieder neu reflektieren und kritisch hinterfragen.

Mit Blick auf die Konflikthaftigkeit von Kontroversität und Pluralität im Geschichtsunterricht thematisiert *Saskia Handro* vielfältige Herausforderungen, die mit der Umsetzung der Konsenssätze in der Praxis verbunden sein können. Ausgangspunkt ihrer Überlegungen ist ein konkreter Fall aus der Schule, den sie aus mehreren Perspektiven diskutiert. Die Ausführungen sensibilisieren dafür, Lernende als geschichtskulturelle Akteur*innen ernst zu nehmen, da sie es sind, die häufig identitätsrelevante Kontroversen in die Schule tragen und diese dadurch zu geschichtskulturellen und politischen Arenen machen. Handro plädiert dafür, solche Kontroversen und Konflikte in Schule und Geschichtsunterricht nicht als Störfaktoren zu interpretieren, sondern sie als soziale, gesellschaftliche, geschichtskulturelle und demokratische Praxis zu verstehen und als didaktische Chance zur Entwicklung einer geschichtskulturellen Diskurs- und Streitkompetenz zu nutzen.

Welche Bedeutung der Beutelsbacher Konsens für das Lernen in gesellschaftswissenschaftlichen Verbundfächern besitzt, erläutert *Dirk Witt* in seinem Beitrag. Hierfür stellt er Struktur und Philosophie des Faches Gesellschaftswissenschaften vor und verweist auf Gemeinsamkeiten mit dem Geschichtsunterricht. Mit Blick auf die Unterrichtsplanung skizziert Witt praxisnah zentrale Herausforderungen, die mit der Umsetzung der Konsenssätze verbunden sind. Dabei unterstreicht er die Verantwortung der Lehrkraft und verweist u. a. auf die

Notwendigkeit, die Konsensprinzipien stärker im Kontext der Lehrkräftebildung zu thematisieren.

Karl-Christian Weber setzt sich aus moralphilosophischer Perspektive mit dem zweiten Konsenssatz auseinander. Der Beitrag problematisiert dabei die von Thünemann im vorliegenden Band formulierten Überlegungen zu einer möglichen Konsensobjektivität. Hierfür rekurriert Weber auf Kant, Habermas und Popper. Darauf aufbauend diskutiert er den Toleranzbegriff, wie ihn beispielsweise der Lehrplan des Landes Baden-Württemberg in der Leitperspektive „Bildung für Toleranz und Akzeptanz von Vielfalt" formuliert. Trotz gewisser roter Linien, die bei der Urteilsbildung im Geschichtsunterricht nicht überschritten werden dürften, plädiert Weber für ein ideologiefreies und offenes Argumentieren im Unterricht und bleibt mit Blick auf die Idee einer Konsensobjektivität skeptisch.

Während die anderen Beiträge besonders das schulische historische Lehren und Lernen in den Blick nehmen, erläutern *Anja Bellmann* und *Katrin Passens* auf Basis konkreter Praxiserfahrungen, welche Bedeutung der Beutelsbacher Konsens für die Bildungsarbeit an Gedenkstätten besitzt. Hierfür stellen die Autorinnen die Gedenkstätte Berliner Mauer und die Leitlinien der dortigen Bildungsarbeit vor. Am Beispiel der Überblicksführung über das Gelände an der Bernauer Straße verdeutlicht der Beitrag, wie die Konsenssätze die Vermittlung prägen und welche Relevanz ihnen dadurch für das historische Lernen am historischen Ort zukommt.

Soll der Beutelsbacher Konsens aus geschichtsdidaktischer Perspektive diskutiert werden, berührt dies immer auch Fragen über das Verhältnis von historischer und politischer Bildung. Dieses Verhältnis thematisieren die letzten beiden Beiträge des Bandes. Der dritte Abschnitt ermöglicht auf diese Weise, die angestrebte Diskussion in größere Kontexte und Diskurse einzuordnen.

Zunächst widmet sich *Thomas Sandkühler* dem Verhältnis von Geschichtsdidaktik und politischer Bildung aus disziplingeschichtlicher Perspektive. Im Beitrag rücken die 1970er- und 1980er-Jahre und damit die Debatten über die Emanzipationsdidaktik sowie schließlich die Konsolidierung der ‚neuen' Geschichtsdidaktik im Nachgang des Mannheimer Historikertages in den Blick. In dieser Zeit seien von den Protagonist*innen zwar anfänglich fächerverbindende Momente zwischen Geschichts- und Politikunterricht hervorgehoben, diese aber nicht zu einer tragfähigen Synthese entwickelt worden. Damals wie heute bestehe laut Sandkühler bei solchen Versuchen aber immer auch die Gefahr, dass sich die Geschichtsdidaktik der politischen Bildung unterordne bzw. von ihr überwölbt werde. Entsprechend kritisch steht er dem Anliegen des Sammelbandes gegenüber.

Aus einer dezidiert gegenwärtigen und praxisbezogenen Perspektive diskutieren *Moritz Peter Haarmann* und *Dirk Lange* das Verhältnis von historischem und politischem Lernen. Dies geschieht unter Rückgriff auf den Beutelsbacher Konsens sowie auf das Lernmodell des „Bürger*innenbewusstseins". Am Beispiel der Klimakrise veranschaulicht der Beitrag, wie der historische Sinnbildungsmodus mit politischen, soziologischen, ökonomischen und ethischen Modi in Beziehung steht. Die historische Perspektive könne Lernenden dabei helfen, sich von gegenwärtigen Positionen zu emanzipieren und neue Impulse für das Denken, Urteilen und Handeln in der Gegenwart zu gewinnen. Ein wesentliches Ziel historisch-politischen Lernens sehen Haarmann und Lange entsprechend in der Befähigung zur gesellschaftlichen Partizipation.

4. Ausblick

Der Sammelband hat nicht den Anspruch, den Beutelsbacher Konsens erschöpfend zu thematisieren, sondern erstmals gesammelt geschichtsdidaktische Perspektiven und Positionen zur Diskussion zu stellen und dadurch Impulse für eine weitergehende fachspezifische Beschäftigung mit seinen Prinzipien zu geben. Es bleiben also für den Moment zwangläufig Fragen offen und Aspekte unberücksichtigt.

Auf *theoretischer Ebene* gilt es etwa, die Unterschiede und Gemeinsamkeiten zwischen den Beutelsbacher Prinzipien und geschichtsdidaktischen Konzepten weiter zu diskutieren. Hierbei ist sicherlich auch das Verhältnis von historischem Lernen und politischer Bildung noch klarer zu konturieren. Auf *empirischer Ebene* bleibt u. a. zu klären, ob und wie der Beutelsbacher Konsens das historische Lehren und Lernen in Schule und Unterricht, aber auch an außerschulischen Lernorten bereits prägt. Zu untersuchen wäre hierbei, welche Chancen und Herausforderungen mit der Umsetzung der Konsenssätze verbunden sein können. Aber auch Vorstellungen, Einstellungen und das professionelle Handeln von Geschichtslehrkräften gilt es in den Blick zu nehmen, um Erkenntnisse für die Lehrkräftebildung zu gewinnen. Und schließlich stellt sich auf *pragmatischer Ebene* besonders die Frage, ob und wie die Beutelsbacher Prinzipien im Geschichtsunterricht und an außerschulischen historischen Lernorten konkret umgesetzt werden können. Hierbei rücken v. a. auch Fragen zur historischen Urteilsbildung in den Blick.

Der Beutelsbacher Konsens bietet also genügend Potential für eine weitere geschichtsdidaktische Beschäftigung mit seinen drei Prinzipien. Die Autor*innen und der Herausgeber würden sich freuen, wenn sie mit ihren Beiträgen hierfür eine anregende Grundlage geschaffen hätten.

Abschließend sei an dieser Stelle Moritz Heitmann, Jana Jürgens, Sebastian Lange, Felix Ostermann, Martin Schlutow und Welf Sundermann herzlich für ihre Unterstützung bei den Korrekturen der Beiträge gedankt. Ferner gilt mein Dank dem Wochenschau Verlag und den Herausgeber*innen vom „Forum Historisches Lernen" für die Aufnahme in die Reihe.

Literatur

AUTORENGRUPPE FACHDIDAKTIK (2016): Was ist gute politische Bildung? Leitfaden für den sozialwissenschaftlichen Unterricht. Schwalbach/Ts.

BEHRENS, Rico u. a. (2021): Politische Bildung in reaktionären Zeiten. Plädoyer für eine standhafte Schule. Frankfurt/M.

BEHRMANN, Günter C. u. a. (1978): Geschichte und Politik. Didaktische Grundlegung eines kooperativen Unterrichts. Paderborn.

BONGERTMANN, Ulrich u. a. (2017): Leitfaden Referendariat im Fach Geschichte. Schwalbach/Ts.

BORRIES, Bodo von (2008): Historisch Denken Lernen – Welterschließung statt Epochenüberblick. Geschichte als Unterrichtsfach und Bildungsaufgabe. Opladen.

BORRIES, Bodo von (2011): Menschenrechte im Geschichtsunterricht. Auswege aus einem Missverhältnis? Normative Überlegungen und praktische Beispiele. Schwalbach/Ts.

BORRIES, Bodo von (2013): Hände weg vom „Beutelsbacher Konsens"! In: Erinnern! Aufgabe, Chance, Herausforderung, 1/2013, S. 79–91.

BRÜNING, Christina (2021): Wider den Missbrauch von Beutelsbach. Einwände aus historischer Perspektive und pragmatische Lösungen für den Geschichts- und Politikunterricht. In: Drerup, Johannes u. a. (Hg.): Dürfen Lehrer ihre Meinung sagen? Demokratische Bildung und die Kontroverse über Kontroversitätsgebote. Stuttgart, S. 173–187.

BUSCH, Matthias (2022): Historisches Lernen als Dimension politischer Bildung. In: Sander, Wolfgang/Pohl, Kerstin (Hg.): Handbuch politische Bildung. Frankfurt/M., S. 312–319.

DÄUBLE, Helmut (2016): Der fruchtbare Dissens um den Beutelsbacher Konsens. In: Gesellschaft – Wirtschaft – Politik 65, S. 449–458.

FORWERGK, Nikola (2022): Das Schulfach Gesellschaftswissenschaften – eine Bestandsaufnahme. In: Geschichte für heute. Zeitschrift für historisch-politische Bildung 15, H.1, S. 17–30.

FRECH, Siegfried/Richter, Dagmar (Hg.) (2017): Der Beutelsbacher Konsens. Bedeutung, Wirkung, Kontroversen. Schwalbach/Ts.

GAGEL, Walter (1996): Der Beutelsbacher Konsens als historisches Ereignis. Eine Bestandsaufnahme. In: Schiele, Siegfried/Schneider, Herbert (Hg.): Reicht der Beutelsbacher Konsens? Schwalbach/Ts., S. 14–28.

GAUTSCHI, Peter u. a. (2012): Guter Geschichtsunterricht – Prinzipien. In: Lücke, Martin/Barricelli, Michele (Hg.): Handbuch Praxis des Geschichtsunterrichts, Bd. 1. Schwalbach/Ts., S. 326–348.

GRAMMES, Tilman (2016): Ein pädagogischer Professionsstandard der politischen Bildung. Fachdidaktisches Denken mit dem Beutelsbacher Konsens. In: Widmaier, Benedikt/Zorn, Peter (Hg.): Brauchen wir den Beutelsbacher Konsens? Eine Debatte der politischen Bildung. Bonn/Berlin, S. 155–165.

HAKER, Christoph/Otterspeer, Lukas (2021): Bedingte Autonomie, nicht Neutralität. „Neutrale Schulen Hamburg" (AfD) und ihre Kritik. In: Drerup, Johannes u. a. (Hg.): Dürfen Lehrer ihre Meinung sagen? Demokratische Bildung und die Kontroverse über Kontroversitätsgebote. Stuttgart, S. 209–227.

HEUER, Christian u. a. (2020): Der lange Sommer der Geschichtsdidaktik. Aufriss einer reflexiven Disziplingeschichte. In: Zeitschrift für Geschichtsdidaktik 19, S. 73–89.

KAISER, Wolf (2011): Historisch-politische Bildung in Gedenkstätten. In: Gedenkstättenrundbrief 159, S. 3–14.

KNEIP, Sascha (2023): Editorial. In: Aus Politik und Zeitgeschichte 43–45/2023, S. 3.

KNOCH, Habbo (2018): Gedenkstätten, Version: 1.0. In: Docupedia-Zeitgeschichte, 11.9.2018 (Online unter: http://docupedia.de/zg/knoch_gedenkstaetten_v1_de_2018; aufgerufen am 9.8.2023).

KÜHBERGER, Christoph (2015): Kompetenzorientiertes historisches und politisches Lernen. Methodische und didaktische Annäherungen für Geschichte, Sozialkunde und Politische Bildung. Innsbruck.

KULTUSMINISTERKONFERENZ (Hg.) (2018): Demokratie als Ziel, Gegenstand und Praxis historisch-politischer Bildung und Erziehung in der Schule, Beschluss der KMK vom 6.3.2009 i. d. F. vom 11.10.2018. Berlin.

LANGE, Dirk/Himmelmann, Gerhard (2010): Demokratiekritik. Impulse für die Politische Bildung. Wiesbaden.

MASSING, Peter (2006): Zeitgeschichte als Rückgrat der politischen Bildung? In: Barricelli, Michele/Hornig, Julia (Hg.): Aufklärung, Bildung „Histotainment"? Zeitgeschichte in Unterricht und Gesellschaft heute. Frankfurt/M., S. 67–81.

MEYER-HAMME, Johannes (2018): Was heißt „historisches Lernen"? Eine Begriffsbestimmung im Spannungsfeld gesellschaftlicher Anforderungen, subjektiver Bedeutungszuschreibungen und Kompetenzen historischen Denkens. In: Sandkühler, Thomas u. a. (Hg.): Geschichtsunterricht im 21. Jahrhundert. Eine geschichtsdidaktische Standortbestimmung. Bonn, S. 75–92.

MÜLLER, Fabian/Ruppert-Kelly, Martina (2016): „Die Kinder sollen das ruhig mal nachempfinden können". Thesen zur Bedeutung des Beutelsbacher Konsenses in der Gedenkstättenpädagogik. In: Widmaier, Benedikt/Zorn, Peter (Hg.): Brauchen wir den Beutelsbacher Konsens? Eine Debatte der politischen Bildung. Bonn, S. 242–250.

POHL, Karl Heinrich (2006): Wann ist ein Museum „historisch korrekt"? „Offenes Geschichtsbild", Kontroversität, Multiperspektivität und „Überwältigungsverbot" als Grundprinzipien musealer Geschichtspräsentation. In: Hartung, Olaf (Hg.): Museum und Geschichtskultur. Ästhetik – Politik – Wissenschaft. Bielefeld, S. 273–286.

REINHARD, Sibylle (2019): Jagd auf Lehrer statt Beutelsbacher Konsens. Kommentar zum Portal „Neutrale Schulen" der AfD in Hamburg. In: Gesellschaft – Wirtschaft – Politik 68, S. 13–19.

RÜSEN, Jörn (2021): Dürfen Lehrer ihre Meinung sagen? In: Drerup, Johannes u. a. (Hg.): Dürfen Lehrer ihre Meinung sagen? Demokratische Bildung und die Kontroverse über Kontroversitätsgebote. Stuttgart, S. 121–129.

SANDER, Wolfgang (2022): Politische Bildung als fächerübergreifende Aufgabe in der Schule. In: ders./Pohl, Kerstin (Hg.): Handbuch politische Bildung. Frankfurt/M., S. 152–159.

SANDKÜHLER, Thomas (2016): Die Entstehung der Geschichtsdidaktik. Warum die 70er Jahre? In: Hasberg, Wolfgang/Thünemann, Holger (Hg.): Geschichtsdidaktik in der Diskussion. Grundlagen und Perspektiven. Frankfurt/M., S. 415–434.

SCHIELE, Siegfried (1987): Zehn Jahre „Beutelsbacher Konsens". In: ders./Schneider, Herbert (Hg.): Konsens und Dissens in der politischen Bildung. Stuttgart, S. 1–8.

SCHIELE, Siegfried/Schneider, Herbert (Hg.) (1977): Das Konsensproblem in der politischen Bildung. Stuttgart.

SCHIELE, Siegfried/Schneider, Herbert (Hg.) (1987): Konsens und Dissens in der politischen Bildung. Stuttgart.

SCHIELE, Siegfried/Schneider, Herbert (Hg.) (1996): Reicht der Beutelsbacher Konsens? Schwalbach/Ts.

SCHMIDT, Jochen/Schoon, Steffen (Hg.) (2016): Poltische Bildung auf schwierigem Terrain. Rechtsextremismus, Gedenkstättenarbeit, DDR-Aufarbeitung und der Beutelsbacher Konsens. Schwerin.

SCHÖRKEN, Rolf (1977): „Zur Lage der politischen Bildung an den Schulen". Bericht über die Studienkonferenz vom 29.6. bis 1.7.1977 in der Akademie für politische Bildung, Tutzing. In: Geschichtsdidaktik 2, S. 278–280.

SCHÖRKEN, Rolf (Hg.) (1978): Zur Zusammenarbeit von Geschichts- und Politikunterricht. Stuttgart.

SÜSSMUTH, Hand (Hg.) (1973): Historisch-politischer Unterricht. Planung und Organisation. Stuttgart.

SUTOR, Bernard (2002): Politische Bildung im Streit um die „intellektuelle Gründung" der Bundesrepublik Deutschland. Die Kontroversen der siebziger und achtziger Jahre. In: Aus Politik und Zeitgeschichte 52, B45/2002, S. 17–27.

THYROFF, Julia (2021): Kontroverse Geschichte(n) unterrichten. Eine Ausleordnung von Lernzielen an der Schnittstelle historischen und politischen Lernens. In: Kuhn, Konrad J. u. a. (Hg.): ZwischenWelten. Grenzgänge zwischen Geschichts- und Kulturwissenschaften, Geschichtsdidaktik und Politischer Bildung. Festschrift für Béatrice Ziegler. Münster, S. 251–266.

THÜNEMANN, Holger (2023): Kontroversen austragen? Der Beutelsbacher Konsens aus geschichtskultureller Perspektive. In: Siegfried Frech u. a. (Hg.): Kontroversität in der politischen Bildung. Frankfurt/M., S. 69–87.

UFFELMANN, Uwe (1977): Die Befähigung zum sozialen Handeln als Dimension des Verbots der Überwältigung des Schülers. In: Schiele, Siegfried/Schneider, Herbert (Hg.): Das Konsensproblem in der politischen Bildung. Stuttgart, S. 185–201.

WEHLING, Hans-Georg (1977): Konsens à la Beutelsbach? In: Schiele, Siegfried/Schneider, Herbert (Hg.): Das Konsensproblem in der politischen Bildung. Stuttgart, S. 173–184.

WIDMAIER, Benedikt/Zorn, Peter (2016a): Konsens in der politischen Bildung? Zur Einführung. In: dies. (Hg.): Brauchen wir den Beutelsbacher Konsens? Eine Debatte der politischen Bildung. Bonn, S. 9–13.

WIDMAIER, Benedikt/Zorn, Peter (Hg.) (2016b): Brauchen wir den Beutelsbacher Konsens? Eine Debatte der politischen Bildung. Bonn.

WIELAND, Joachim (2019): Was man sagen darf: Mythos Neutralität in der Schule (Online unter: https://www.bpb.de/themen/bildung/dossier-bildung/292674/was-man-sagen-darf-mythos-neutralitaet-in-schule-und-unterricht/; aufgerufen am 9.8.2023).

WINDISCHBAUER, Elfriede (2013): Zum Verhältnis zwischen Zeitgeschichte und Politischer Bildung. In: Furrer, Markus/Messmer, Kurt (Hg.): Handbuch Zeitgeschichte im Geschichtsunterricht. Schwalbach/Ts., S. 61–73.

WRASE, Michael (2020): Wie politisch dürfen Lehrkräfte sein? Rechtliche Rahmenbedingungen und Perspektiven. In: Aus Politik und Zeitgeschichte 70, 14–15/2020, S. 10–15.

HANS-GEORG WEHLING

Konsens à la Beutelsbach?

Nachlese zu einem Expertengespräch (1977)

Vorbemerkung des Herausgebers
Das, was wir heute als „Beutelsbacher Konsens" kennen, ist bekanntlich nur ein kleiner Ausschnitt aus einem längeren Text, der in der einschlägigen Literatur zudem oftmals verkürzt zitiert oder lediglich paraphrasiert zu finden ist. Da eine genaue Quellenkenntnis aber bekanntlich die Grundlage für eine fundierte und systematische Auseinandersetzung mit einem Phänomen darstellt, ist auf den folgenden Seiten der gesamte Beitrag von Hans-Georg Wehling aus dem Sammelband zur Beutelsbacher Tagung dokumentiert. Sprachlich-formale und inhaltliche Anpassungen wurden dabei nicht vorgenommen, auch die Hervorhebungen, Anmerkungen und Literaturangaben stammen vom Autor selbst. Der Nachdruck ermöglicht nicht nur, sich die Konsenssätze im Original zu erschließen und so die Beiträge im vorliegenden Band besser nachzuvollziehen. Wehlings Beitrag vermittelt als Quelle auch Einblicke in zeitgenössische Debatten um die politische Bildung, in dessen Kontext die Formulierung der Konsenssätze eingebettet ist.

1. Politik und Politische Bildung oder: Die Suche nach dem Konsens kommt nicht zufällig

Daß zwischen der jeweiligen politischen Szenerie und den Konzeptionen Politischer Bildung, die diskutiert und praktiziert werden, ein enger Zusammenhang besteht, ist keine neue Entdeckung. Die Zeit des Wiederaufbaus und des „Kalten Krieges" brachte eine Politische Bildung hervor, die im Zeichen von Partnerschaft, Absetzung von der nationalsozialistischen Vergangenheit und Antikommunismus stand. Der kritische und konfliktbereite Bürger als Leitvorstellung Politischer Bildungsarbeit wurde gefordert, als einerseits die inneren Konflikte der Bundesrepublik nicht mehr zu übersehen waren und andererseits die junge Demokratie gefestigt genug war, sich die offene Austragung ihrer Konflikte leisten zu können. Der bislang letzte große Anlaß zur Revision der bis dahin gültigen Konzepte Politischer Bildung ging von der „Studentenrevolte" aus.

Hier wird zugleich die Art des Zusammenhangs von politischer Szenerie und Politischer Bildung besonders deutlich: Das wissenschaftliche Gedankengebäude der „Frankfurter Schule" war nicht neu, es existierte beinahe seit Jahrzehnten. Daß sie aber in Wissenschaft und in Didaktik sehr stark in den Vordergrund trat und auch solche Didaktiker in starkem Maße beeinflußte, die von anderen wissenschaftstheoretischen Grundlagen herkamen, läßt sich nur aus dem zeitgeschichtlichen Kontext erklären.

Das letzte Beispiel zeigt auch, allerdings so deutlich wie selten zuvor, daß nicht *eine* Konzeption in zeitlicher Reihenfolge die anderen ablöst, sondern daß gleichzeitig *unterschiedliche* Vorstellungen von Politischer Bildung nebeneinander bestehen können, die um so ausgeprägter sein können, je schwächer der allgemeine politische Konsens ist. Die politische Landschaft der ersten Hälfte der siebziger Jahre war gekennzeichnet durch die Konfrontation zweier annähernd gleich starker politischer Lager. Die Politische Bildung geriet in die Kraftfelder der beiden Pole dieser Auseinandersetzung, diente als Anstoß und als Instrument dieser politischen Polarisierung, was am deutlichsten wohl die Auseinandersetzung um die „Hessischen Rahmenrichtlinien" zeigt: der Streit der Pädagogen geriet unversehens zur Fortsetzung der Politik mit anderen Mitteln.

Keiner der beteiligten Pädagogen mochte darüber so recht froh werden. So mancher hat dabei seine politischen Schlüsselerlebnisse gehabt, wie Herbert *Schneider* so eindrucksvoll am eigenen Beispiel schildert (1). Eine Neubesinnung trat ein; eine Neubesinnung, die erleichtert und gefördert wurde durch die gleichzeitig sich abzeichnende Entspannung zwischen den politischen Lagern in der Bundesrepublik, für die die neuen Koalitionen über die Lagergrenzen hinweg in Hannover und Saarbrücken immerhin ein Symptom sind. Ohnedies ist die politische Kultur der Bundesrepublik, wie Gerhard *Lehmbruch* gezeigt hat, sehr stark durch das Konfliktregelungsmuster des „Aushandelns" bestimmt, das *vor* dem Modell des Parteienwettbewerbs mit dem Mehrheitsprinzip als wesentlichem Bestandteil da war und heute zu diesem in Konkurrenz steht (2). Begünstigt wird das Modell des „Aushandelns" in seiner Fortexistenz durch den *Föderalismus* und seine institutionellen Ausprägungen wie Bundesrat und Kultusministerkonferenz (um ein Beispiel einer nicht im Grundgesetz vorgesehenen bundesstaatlichen Institution zu nennen). Hierdurch wird gleichsam eine informelle Allparteienregierung in wesentlichen Bereichen der Politik der Bundesrepublik erzwungen. Politische Konfrontation kann deshalb nur von begrenzter Dauer sein.

Die Suche nach dem Konsens in der Politischen Bildung als Folge der Abkehr von der Konfrontation in der Politik also? So einfach ist das Verhältnis von Politik und Politischer Bildung nicht. Das Unbehagen daran, wie sich

Politiker des Streits um didaktische Konzeptionen bemächtigten und sie dabei vergröberten und verfälschten, war unter denen, die in unserem Lande Politische Bildung betreiben, von Anfang an groß. Eine Spaltung der Bundesländer in solche mit einem sozialliberalen Politischen Unterricht und solche mit einem christlich-demokratischen dürfte ihnen stets eher als Alptraum denn als etwas Erstrebenswertes erschienen sein. Der Versuch, die Vorstellungen politisch anders eingestellter politischer Didaktiker wenigstens teilweise zu amalgamieren, ist nicht untypisch für die Politische Bildung. Zu sehen ist das alles auf dem Hintergrund der *sozialen Rolle*, die der Lehrende in der Politischen Bildung internalisiert hat: Zu ihr gehört das Bemühen um Überparteilichkeit und der Versuch, andere politische Standpunkte nicht nur fair zu würdigen, sondern auch das Übernehmbare zu entdecken. Die soziale Rolle dessen, der auf dem Gebiet der Politischen Bildung als Lehrender tätig ist, ist somit gleichsam *auf Konsens hin angelegt*. Reaktionen wie etwa die von Herbert *Schneider* in Wildbad Kreuth sind somit durchaus zu erwarten.

Nicht unschuldig am Streit um die Politische Bildung ist auch, daß die Konfrontation in der Politik mit der *Curriculumtheorie* in der Pädagogik zeitlich zusammentraf. Gerade weil die Technokraten der Curriculumentwicklung die Abkehr von der relativen Unverbindlichkeit von Lernzielen und Lehrplänen verkündeten und die Operationalisierung vorgegebener Lernziele in einzelne Lernschritte sowie die genaue Überprüfbarkeit des jeweiligen Lernerfolges für unabdingbar erklärten, konnte der Streit um die Politische Bildung überhaupt so brisant werden. Hier mußte die Auseinandersetzung unter Didaktikern ernst werden, weil eine Entscheidung – so oder so – für Lehrer, Schüler, Eltern plötzlich jeden Freiraum zu nehmen drohte. Der Streit um die Politische Bildung ist somit wohl auch ein Symptom für das Unbehagen am technokratischen Curriculum.

2. Nichts als Unbehagen oder: Lehrplanerstellung und Schulbuchzulassung im Kreuzfeuer der Kritik

Wo nun ist Übereinstimmung zwischen Didaktikern verschiedener wissenschaftstheoretischer und politischer Herkunft festzustellen und wo liegen Ansätze im Hinblick auf einen möglichen Konsens über die Ziele Politischer Bildung?

Sehr ausgeprägt ist die Übereinstimmung zunächst in einem eher *formalen* Bereich: Wie *Lehrplankommissionen* zusammengestellt werden, nach welchen Kriterien ihre Mitglieder ausgesucht werden, ist vielfach äußerst undurchsichtig. Zufall und persönliche Bekanntschaften scheinen durchweg eine große Rolle zu spielen. Die Fachwissenschaftler scheinen dabei kaum berücksichtigt zu werden.

Diese Kritik betrifft die Erstellung von Lehrplänen. Theoretisch sehr viel schwieriger zu lösen ist die Frage der *Legitimierung* von Lehrplänen. Daß sie keine Lehrpläne der jeweils bestimmenden Landesregierung sein dürfen, kann unter den Didaktikern der Politischen Bildung als unbestritten gelten. Ob Lehrpläne wie Verfassungsänderungen von einer Zwei-Drittel-Mehrheit der Länderparlamente gebilligt werden sollten, um die jeweilige Opposition nicht auszuschalten, mag als überdimensioniert, politisch nicht sinnvoll und wenig praktikabel erscheinen. Immerhin aber – und darüber bestand Einigkeit – sollten Politiklehrpläne so beschaffen sein, daß sie auch von der jeweiligen Opposition *hingenommen* werden können.

Auf besonders scharfe und einhellige Kritik stoßen die gängigen Verfahren zur *Schulbuchzulassung*. Die Auswahl der Gutachter ist willkürlich, die fachliche und didaktische Kompetenz nicht immer gegeben, Kriterien zur Begutachtung liegen selten vor und werden auch von den Gutachtern selbst nicht offengelegt. Daß sich die Zulassungsverfahren zumeist im Dunkeln abspielen, ist daher nicht ohne Grund. Gefordert werden muß daher zumindest ein Verfahren, das durchsichtig und rational ist, dessen Kriterien bekannt sind; die Möglichkeit zur Abgabe von Gegengutachten muß bestehen. Zu fragen ist sogar, ob nicht bei einem Politischen Unterricht, der von der Kontroverse lebt (s. u.), mehrere Schulbücher nebeneinander benutzt werden sollten und somit ein Zulassungsverfahren überhaupt entfallen könnte. Der – nicht auszuschließende – Fall eines Schulbuches mit verfassungswidrigem Inhalt könnte durch ein ausgesprochenes Verbotsverfahren geregelt werden.

3. Abschied vom Curriculum? oder: Gefahren, die Lehrplänen innezuwohnen pflegen

Curricula, die Lehrer und Schüler bis ins Detail festlegen, widersprechen dem Sinn und der Aufgabe des Politikunterrichts. Fragwürdig werden Curricula aber auch dadurch, daß sie einen wissenschaftlichen Diskussionsstand auf unabsehbare Zeit *festschreiben*. In der Wissenschaft ist alles vergänglich, gilt nur solange, bis neue Erkenntnisse vorliegen; im Curriculum wird das Vergängliche zur Festen Burg. Das ist ein *strukturelles Problem* und von daher prinzipiell kaum änderbar. Aber man muß sich dessen *ständig bewußt bleiben*.

Dieses Problem haftet *jedem* Lehrplan an, nicht nur dem Curriculum. Gegenüber einem Lehrplan allerdings ist ein Curriculum – ex definitione – weniger flexibel, da an ihm weniger zu deuten ist. Erhöht wird die Gefahr, wenn von seiten der Curriculum-Kommission mehr oder weniger offiziell Unterrichtseinheiten oder

„Handreichungen" zur Realisierung des Curriculums in Auftrag gegeben werden, die dann, versehen mit der ausdrücklichen Genehmigung des Kultusministeriums, über Jahre hinweg den Politikunterricht in feste Bahnen zu lenken versuchen.

Übersehen werden darf freilich auch nicht, daß Curricula und Handreichungen dazu vielfach schon bei ihrem Erscheinen hinter dem jeweiligen Stand der Wissenschaft herhinken. Schuld daran hat auch die Wissenschaft, die sich wenig um didaktische Fragen kümmert. Ihr Fachverstand wird aber auch nicht immer von den Kultusministerien gesucht. – Wichtig ist, daß *Fachkompetenz und didaktische Kompetenz* klar auseinandergehalten werden (auch wenn beides in einunddersleben Person zusammenfallen kann). Daß diese unterschiedliche Kompetenz für jeweils verschiedene Bereiche nicht immer deutlich gesehen wird, zeigt die Alltagspraxis, wenn fachwissenschaftliche Positionen unter Berufung auf Werke der Didaktik vertreten werden. Daß auch Experten davon nicht frei sind, zeigte die Beutelsbacher Konferenz.

4. Grundprinzipien Politischer Bildung oder: Wo liegen die Chancen für einen möglichen Konsens?

Eine genaue Durchsicht der Positionspapiere der Beutelsbacher Expertenkonferenz wie auch die Eindrücke, die man von der Diskussion gewinnen konnte, legen den Schluß nahe: Die Chancen für einen (Minimal-)Konsens in der Politischen Bildung sind zur Stunde durchaus gegeben. Um ihn zu erreichen, ist man nicht darauf angewiesen, sich auf *letzte Werte und politische Zielvorstellungen* zu verständigen. Um ein Beispiel von zentraler Bedeutung in der gegenwärtigen politischen und wissenschaftlichen Diskussion anzuführen: Eine Verständigung über den Demokratiebegriff (Staatsform oder Lebensform?) ist nicht erforderlich. – Ähnlich wie das Grundgesetz der Bundesrepublik Deutschland keine Verständigung über weltanschauliche Prämissen darstellt, sondern einen Kompromiß im praktischen Bereich unbeschadet verschiedenartiger letzter Begründungen, so könnte es auch bei einem (Minimal-)Konsens über Ziele und Inhalte Politischer Bildung sein. Unter Beibehaltung unterschiedlicher wissenschaftstheoretischer und politischer Positionen scheint uns hier eine *Verständigung auf der mehr praktischen Ebene* möglich zu sein.

Das Expertengespräch von Beutelsbach diente der Klarstellung von Positionen und der Erkundung von Konsensmöglichkeiten. Ein Auftrag, einen Konsens – etwa in Form eines Lehrplanes – nun auch tatsächlich zu produzieren, war nicht gegeben. So kann es sich an dieser Stelle nur darum handeln, zu skizzieren, wo der Verfasser nach seinen – zugegebenermaßen subjektiven – Eindrücken einen Konsens für möglich hält, einen Konsens zwischen so unterschiedlichen wissenschaftstheoretischen, politischen und auch didaktischen Positionen wie denen von Rolf *Schmiederer*, Kurt Gerhard *Fischer*, Hermann *Giesecke*, Dieter *Grosser*, Bernhard *Sutor* bis hin zu Klaus *Hornung*. Unwidersprochen scheinen mir *drei Grundprinzipien* Politischer Bildung zu sein:

1. *Überwältigungsverbot.* Es ist nicht erlaubt, den Schüler – mit welchen Mitteln auch immer – im Sinne erwünschter Meinungen zu überrumpeln und damit an der „Gewinnung eines selbständigen Urteils" zu hindern (3). Hier genau verläuft nämlich die Grenze zwischen Politischer Bildung und *Indoktrination*. Indoktrination aber ist unvereinbar mit der Rolle des Lehrers in einer demokratischen Gesellschaft und der – rundum akzeptierten – Zielvorstellung von der Mündigkeit des Schülers.

2. Was in Wissenschaft und Politik *kontrovers* ist, muß auch im Unterricht kontrovers erscheinen. Diese Forderung ist mit der vorgenannten aufs engste verknüpft, denn wenn unterschiedliche Standpunkte unter den Tisch fallen, Optionen unterschlagen werden, Alternativen unerörtert bleiben, ist der Weg zur Indoktrination beschritten. Zu fragen ist, ob der Lehrer nicht sogar eine *Korrekturfunktion* haben sollte, d. h. ob er nicht solche Standpunkte und Alternativen besonders herausarbeiten muß, die den Schülern (und anderen Teilnehmern politischer Bildungsveranstaltungen) von ihrer jeweiligen politischen und sozialen Herkunft her fremd sind.

Bei der Konstatierung dieses zweiten Grundprinzips wird deutlich, warum der persönliche Standpunkt des Lehrers, seine wissenschaftstheoretische Herkunft und seine politische Meinung verhältnismäßig uninteressant werden. Um ein bereits genanntes Beispiel erneut aufzugreifen: Sein Demokratieverständnis stellt kein Problem dar, denn auch dem entgegenstehende andere Ansichten kommen ja zum Zuge.

3. Der Schüler muß in die Lage versetzt werden, eine *politische Situation* und seine *eigene Interessenlage zu analysieren*, sowie nach Mitteln und Wegen zu suchen, die vorgefundene politische Lage im Sinne seiner Interessen *zu beeinflussen*. Eine solche Zielsetzung schließt in sehr starkem Maße die Betonung *operationaler Fähigkeiten* ein, was aber eine logische Konsequenz aus den beiden vorgenannten Prinzipien ist. Der in diesem Zusammenhang gelegentlich – etwa gegen Herman *Giesecke* und Rolf *Schmiederer* – erhobene Vorwurf einer „Rückkehr zur Formalität", um die eigenen Inhalte nicht korrigieren zu müssen, trifft insofern nicht, als es hier nicht um die Suche nach einem Maximal-, sondern nach einem Minimalkonsens geht.

Die drei vorgenannten Grundprinzipien eines möglichen Minimalkonsenses in der Politischen Bildung haben sowohl *für die Stundentafeln* (wenn wir einmal nur die Folgerungen für die Schule betrachten) wie auch *für die methodische Gestaltung* des Unterrichts *Folgen*: Mindestens zwei Stunden pro Woche müßten dem Politikunterricht durchgängig in der Sekundarstufe I und II zur Verfügung stehen (wobei die Berücksichtigung der Politik im Rahmen des Sachunterrichts in der Grundschule hier unerörtert bleiben soll). In methodischer Hinsicht folgt daraus, daß Selbständigkeit und Eigenarbeit des Schülers Vorrang haben müssen vor Formen des Belehrens (4).

5. Minimalkonsens oder: Was sonst?

Der Begriff „Minimalkonsens" setzt voraus, daß es einen Bereich des *Dissenses* gibt – und geben darf –, der unter Umständen größer ist als der des Konsenses. Kurt Gerhard *Fischer* hat zu Recht immer wieder darauf aufmerksam gemacht, daß Dissens in der Bundesrepublik nicht nur von Verfassungswegen erlaubt, sondern geradezu als Grundlage unserer (pluralistischen) politischen Ordnung angesehen werden muß. Konsens braucht sich von daher nur auf die *Geltung des Grundgesetzes* als solchem zu erstrecken, wobei sowohl *verschiedene Interpretations-, Ausfüllungs- und Weiterentwicklungsmöglichkeiten* anerkannt werden müssen; wie auch das Streben, das Grundgesetz in wesentlichen Teilen *abzuändern*, als legitim betrachtet werden muß. Mag Bernhard *Sutor* auch nicht über jeden Verdacht erhaben sein, die *herrschende Lehre* bei der Auslegung der Verfassung und im Wesentlichen die *gegenwärtige Verfassungswirklichkeit* zu meinen, wenn er die Ziele politischer Bildungsarbeit vom Grundgesetz her abzuleiten versucht (und dagegen richtet sich Kurt Gerhard *Fischers* Kritik): die Beutelsbacher Diskussion zeigte jedenfalls, daß Bernhard *Sutor* den Dissens über Auslegung, Fortentwicklung oder mögliche Abänderung der Verfassung als gegeben und legitim anerkennt.

Verständlich wird Bernhard *Sutors* didaktischer Rekurs auf das Grundgesetz, wenn man bedenkt, daß allen gegenwärtigen Positionen innerhalb der Politischen Bildung unausgesprochen bereits ein *Minimalkonsens über das politisch Erlaubte und Unerlaubte* zugrunde zu liegen scheint. Ganz im Gegensatz etwa zu Italien fehlen im politischen Leben der Bundesrepublik die extremen Ränder als mitbestimmende Größe, und das spiegelt sich in der Politischen Bildung wieder. Bernhard *Sutor* scheint mir diesen uneingestanden vorhandenen politischen Minimalkonsens fassen und dabei aber zugleich zu einer „kämpferischen Didaktik" (entsprechend der Vorstellung von einer „wehrhaften Demokratie") erhöhen zu wollen.

6. Konsensfindung und menschliche Nähe oder: Ein optimistischer Ausblick

Der Verdacht ist nicht ohne weiteres von der Hand zu weisen, daß sich bei dem Beutelsbacher Expertengespräch – bedingt durch die menschliche Nähe, die Abwesenheit von Öffentlichkeit und den quasi politikfreien Raum – eine *vorschnelle Harmonisierung* unterschiedlicher Standpunkte eingestellt haben könnte. Hier fand eine rationale Auseinandersetzung unter Gentlemen statt, von denen von Veranstalterseite her zudem noch Konsens als Tagungsergebnis erwartet wurde.

Diese Gefahr muß durchaus gesehen werden. Allerdings ist auf einen breiten Dissens bereits zur Genüge verwiesen worden. Auf der anderen Seite ergab sich aber doch, daß das, was als *primitive Alternativen* gehandelt wird (z. B. Demokratisierung oder Demokratie als Staatsform? Emanzipation oder Anpassung?) doch erheblich *differenziert* werden muß. Selbstverständlich kann eine solche Alternativenbildung die Übersichtlichkeit fördern wie auch der Abgrenzung des eigenen Standpunktes gegenüber anderen dienen. Übersehen werden kann aber auch nicht, daß solche Abstempelungen des öfteren der Verleumdung Andersdenkender dienen, wenn z. B. aus der ganzen Palette unterschiedlicher Positionen im Rahmen eines Oberbegriffs (wie z. B. Emanzipation) eine Randposition (etwa die marxistische) zur typischen erklärt wird.

Die menschliche Nähe vermag solche Abstempelungen zu unterbinden und gegensätzliche Positionen auf ihren *eigentlichen Kern zurückzuführen*; nicht zuletzt auch, weil hier die Gelegenheit zur Präzisierung und zur Nachfrage gegeben ist. Ein Beispiel mag das verdeutlichen: „Demokratie ist ein politisches Prinzip staatlicher Ordnung, das zur Formierung anderer Sozialbereiche, die nicht primär politische Ziele verfolgen, nicht geeignet ist", heißt es in der Schrift „Politische Bildung", herausgegeben von den CDU/CSU-Kultusministern und von Bernhard *Sutor* und Dieter *Grosser* mitverfaßt. Daß damit Demokratie ausschließlich auf ein „staatliches Ordnungsprinzip" eingeengt werden soll (wie die entsprechende Zwischenüberschrift der genannten Veröffentlichung glauben macht), wurde vom Autor Bernhard *Sutor* bestritten. Seinen Standpunkt differenzierte er in der Weise, daß alles Politische demokratisierbar sei, ganz gleich, ob es in Staat oder Gesellschaft vorkomme. An den eigentlichen Kern des Streites gelangt man, wenn Bernhard *Sutor* weiter argumentiert, daß der eigentliche Zweck dieser Sozialgebilde (z. B. Hochschule) allerdings nicht „wegdemokratisiert" werden darf. Hier müßten dann die politischen Streitfragen diskutiert werden: Was ist jeweils der „eigentliche Zweck" und: An welchem Punkt beginnt er „wegdemokratisiert" zu werden?

Andere Fragen, die hier diskutiert werden könnten, um die Schmalheit und (unterschiedliche) Interpretierbarkeit des Minimalkonsens zu zeigen, sind: An welchem Punkt beginnt eigentlich *Indoktrination*, ab wann wird gegen das Überwältigungsverbot verstoßen (eine Frage, die mit Hilfe zweier Unterrichtsbeispiele in diesem Reader verdeutlicht werden soll)?

Oder: Wie steht es eigentlich mit *Vorurteilen* (eine Problematik, die unerörtert blieb)? Sind sie hinzunehmen als „kontroverse Meinung"? Wenn nicht: wo liegt die Grenze zwischen (gerechtfertigtem) Urteil und (zu bekämpfendem) Vorurteil?

Trotz dieser einschränkenden Anmerkungen läßt die Expertenkonferenz von Beutelsbach einen optimistischen Ausblick zu. Gerade weil es bei der Erstellung eines Lehrplanes nicht darum gehen kann, politische Glaubensbekenntnisse abzulegen, wäre es in Beutelsbach vermutlich möglich gewesen, einen gemeinsamen Lehrplan für den Politikunterricht (bzw. die Politische Bildung) zu erstellen, wenn das als Aufgabe gestellt gewesen wäre. Der Minimalkonsens wäre tragfähig genug gewesen; auf zentrale *inhaltliche Bereiche* (wie Internationale Beziehungen, Sicherheitspolitik, Wirtschaftspolitik bis hin zur Kommunalpolitik, aber auch Familie und soziale Schichtung) hätte man sich vermutlich einigen können. Doch wie bereits angedeutet: dieser optimistische Ausblick ist ein *subjektiver Eindruck*, zur Nagelprobe kam es nicht.

Anmerkungen

(1) Vgl. seine Vorbemerkung „Persönliche Betroffenheit" in der Einführung zu diesem Buch.
(2) Vgl. G. Lehmbruch: Parteienwettbewerb im Bundesstaat, Stuttgart 1976.
(3) Vgl. F. Minssen: Legitimationsprobleme in der Gesellschaftslehre. Zum Streit um die hessischen „Rahmenrichtlinien", Aus: Politik und Zeitgeschichte, Bd. 41, 1975, S. 15; vgl. u. S. 252 ff.
(4) Die beste Übersicht über Methoden der Politischen Bildung, ihre Einsatzmöglichkeiten, Nutzen und Grenzen bietet H. Giesecke: Methodik des politischen Unterrichts, 2. Aufl. München 1974.

Annäherungen

MONIKA OBERLE

Der Beutelsbacher Konsens aus politikdidaktischer Perspektive

1. Einleitung: Zu Genese und Status des Beutelsbacher Konsenses

Der sogenannte „Beutelsbacher Konsens" ist seit Jahrzehnten ein zentraler Referenzpunkt der politischen Bildung in Deutschland, der zunehmend auch in anderen Disziplinen (vgl. z. B. für die Didaktik der Philosophie und Ethik Bussmann/Haase 2016, für Religionspädagogik Herbst 2021, für die Geschichtsdidaktik die Beiträge im vorliegenden Band) und auch international[1] (z. B. Huh 1993; Ferreira/Bombardelli 2016; Sim u. a. 2018) rezipiert wird. Er basiert auf dem Protokoll einer Tagung, zu welcher die Landeszentrale für politische Bildung Baden-Württemberg 1976 Politikdidaktiker*innen unterschiedlicher politischer und wissenschaftlicher Ausrichtung[2] eingeladen hatte, um die Möglichkeit eines Minimalkonsenses „für politische Bildung im öffentlichen Auftrag" (Schiele 1996, 69) auszuloten, wobei der Fokus zunächst auf dem Schulunterricht lag. Hintergrund war eine gesellschafts- und parteipolitische Polarisierung, die sich auch in einem Ringen um eher konservativ oder progressiv orientierte, also auf Systemstabilisierung oder auf Emanzipation und Demokratisierung zielende Lehrpläne für den politischen Fachunterricht niederschlug. Dies zeigte sich besonders prominent am Disput um die „Hessischen Rahmenrichtlinien" (vgl. Zoll u. a. 1996). Wie Siegfried Schiele, damals Leiter der Landeszentrale und gemeinsam mit Herbert Schneider von der Pädagogischen Hochschule Heidelberg Gastgeber der Beutelsbacher Tagung, rückblickend beschreibt, wendet sich die Veranstaltung dagegen, dass politische Bildung in diesen Jahren „als

---

1 Auf der Homepage der Landeszentrale für politische Bildung Baden-Württemberg finden sich Übersetzungen des Konsenses in fünf Sprachen (https://www.lpb-bw.de/beutelsbacher-konsens; aufgerufen am 9.8.2023).
2 Rolf Schmiederer, Kurt Gerhard Fischer, Dieter Grosser, Bernhard Sutor und Klaus Hornung wirkten als Referenten an der Tagung mit, während Hermann Giesecke nicht in Beutelsbach anwesend war, allerdings einen Beitrag zum Tagungsband beisteuerte (vgl. Buchstein u. a. 2016, 115). An der Tagung nahmen auch Fachleiter*innen und Lehrkräfte teil, sodass darauf hingewiesen wurde, dass auch Perspektiven der Bildungspraxis direkt in die Entwicklung des Beutelsbacher Konsenses einflossen (vgl. Schiele 2017, 22).

politisches Kampfinstrument missbraucht" (Schiele 1996, 68) wurde. Auf einer Tagung der Hanns-Seidel-Stiftung, bei welcher die Frage diskutiert wurde, wie mittels politischer Bildung der Einfluss der Frankfurter Schule zurückgedrängt werden könne, habe er den Entschluss zur Veranstaltung einer fachdidaktischen Fachtagung gefasst, um die politische Bildung durch die Verständigung auf einen Grundkonsens vor der Instrumentalisierung durch unterschiedliche politische Lager zu schützen. Dies sollte einer Situation entgegenwirken, bei welcher der Politikunterricht an Schulen von der aktuellen politischen Couleur der jeweiligen Landesregierung abhänge und die Ausrichtung der politischen Bildung für Schüler*innen einer Lotterie gleiche (vgl. Schiele im Interview mit Buchstein u. a. 2016, 109–111; vgl. auch Schiele 2016).

Zwar wurde der Beutelsbacher Konsens nie formal verabschiedet, sondern lediglich vom damaligen Landeszentralen-Mitarbeiter Hans-Georg Wehling im Nachgang zur Beutelsbacher Fachtagung in seinem Beitrag „Konsens à la Beutelsbach?" (Wehling 1977; s. Nachdruck im vorliegenden Band) als wahrgenommene Essenz an Gemeinsamkeiten der Tagungsvorträge und -diskussionen skizziert, er konnte sich aber vielleicht gerade aufgrund seines informellen Charakters (vgl. Sander 1996) in den Folgejahren als Maxime politischer Bildung durchsetzen (vgl. Oberle 2020). Pohl und Will (2016) weisen allerdings zurecht darauf hin, dass 1.) die didaktischen Prinzipien Kontroversitätsgebot und Überwältigungsverbot im Jahr 1976 nicht erfunden wurden, sondern sich in zahlreichen früheren politikdidaktischen und politikwissenschaftlichen Publikationen beispielsweise von Hermann Giesecke, Bernhard Sutor, Ernst Fraenkel und Theodor Eschenburg wiederfinden (vgl. auch Detjen 2017; Grammes 2017), und dass 2.) die Suche nach einem gemeinsamen Grundkonsens mit der Beutelsbacher Tagung nicht abgeschlossen war – die Tagung sei demnach „nicht der singuläre Wendepunkt, als der sie im Nachhinein vielfach wahrgenommen wurde" (Pohl/Will 2016, 41 f.). Der von Wehling publizierte Vorschlag eines Grundkonsenses, der erst in den Folgejahren allmählich als „Beutelsbacher Konsens" tituliert wurde (vgl. z. B. Schiele 1996), entwickelte sich nichtsdestotrotz zu einem bis heute wirkmächtigen Referenzpunkt für Politikdidaktik, Bildungspolitik und politische Bildung.

Der Beutelsbacher Konsens formuliert drei grundlegende Prinzipien politischer Bildung: (1) das Überwältigungs- bzw. Indoktrinationsverbot, welches besagt, dass Lernende nicht im Sinne einer erwünschten Meinung „überrumpelt" und an einer selbstständigen Urteilsbildung gehindert werden dürfen; (2) das Kontroversitätsgebot, wonach alles, was in Wissenschaft und Politik kontrovers ist, auch im Unterricht kontrovers erscheinen muss; sowie (3) das Ziel, Schüler*innen zur Analyse der politischen Situation und ihrer eigenen Interessen sowie zur politischen Einflussnahme zu befähigen (Wehling 1977, 179 f.). Das dritte Prinzip wird oftmals als „Schülerorientierung" tituliert, wodurch allerdings regelmäßig in Vergessenheit gerät, dass es hier um mehr geht als um die Berücksichtigung der subjektiven Interessen bzw. thematischen Präferenzen der Lernenden im Unterricht: Explizit wird hier auch deren Befähigung zur Einflussnahme auf Politik im Sinne der eigenen Interessen als Ziel des Politikunterrichts formuliert, wozu auch „die Förderung operationaler Fähigkeiten" (ebd.) gehöre. Damit entspricht der Beutelsbacher Konsens dem unterrichtlichen Leitbild des/der „interventionsfähigen Bürger*in", was über das besonders in der schulischen Bildung verbreitete (vgl. z. B. Detjen 2011) Bürgerleitbild der/des „reflektierten Zuschauer*in" hinausgeht.

Nach der eingangs erfolgten Skizzierung der Genese des Beutelsbacher Konsenses wird im Folgenden seine Rezeption im weiteren politikdidaktischen Diskurs sowie in der Praxis der politischen Bildung beleuchtet. Dabei werden zunächst einige zentrale Kritik- bzw. Diskussionspunkte entlang seiner drei Prinzipien vorgestellt und eingeordnet. Anschließend werden Ergebnisse empirischer Studien zur Rezeption des Beutelsbacher Konsenses seitens angehender und praktizierender Lehrkräfte präsentiert. Der abschließende Ausblick unterstreicht den Bedarf an weiterer empirischer Forschung, fragt nach der Bedeutung des Beutelsbacher Konsenses für benachbarte Domänen und plädiert für einen interdisziplinären Austausch zu seinen Prinzipien.

2. Zur Rezeption der Beutelsbacher Prinzipien im politikdidaktischen Diskurs

Der Beutelsbacher Konsens erfährt heute in der schulischen und außerschulischen politischen Bildung breite Anerkennung und findet sich beispielsweise in Formulierungen von Kerncurricula sowie in Förderkriterien von Bundes- und Landeszentralen für politische Bildung wieder. Zugleich wurden und werden seine Prinzipien, deren Interpretation und bildungspraktische Realisierung bzw. Realisierungsmöglichkeiten stets auch kontrovers diskutiert.[3] Im Folgenden wird

---

3 Vgl. z. B. die Jubiläumsbände der sogenannten „Beutelsbacher Gespräche", die zunächst weiterhin in Beutelsbach, dann seit 1993 regelmäßig im Haus auf der Alb in Bad Urach stattfanden und auch fortlaufend von der Landeszentrale für politische Bildung Baden-Württemberg veranstaltet und in Kooperation mit Politikdidaktiker*innen ausgerichtet werden, siehe Schiele/Schneider 1987; Schiele/Schneider 1996; Frech/Richter 2017 sowie den ebenfalls zum 40-jährigen Jubiläum des Beutelsbacher Konsenses in der bpb-Schriftenreihe herausgegebenen Band Widmaier/Zorn 2016.

zunächst auf den kritischen Diskurs um die ersten beiden, eng miteinander zusammenhängenden Prinzipien und anschließend auf Diskussionen um das dritte Prinzip eingegangen.

Wiederholt wurde zum einen auf die mangelnde Realisierbarkeit des Kontroversitätsgebots in der Bildungspraxis hingewiesen, da angesichts einer begrenzten Unterrichtszeit und didaktisch erforderlichen Komplexitätsreduktion niemals alle in Politik und Gesellschaft existierenden Ansichten und Perspektiven berücksichtigt werden könnten (vgl. z. B. Sander 1996; Weißeno 1996). In diesem Zusammenhang wurde eine zu pragmatische Umsetzung des Kontroversitätsgebots im Unterrichtsalltag kritisiert, indem politische Streitfragen lediglich auf eine Pro-Contra-Frage reduziert würden oder Ansichten jenseits des politischen Mainstreams ausgeblendet blieben (z. B. Nonnenmacher 2020). Allerdings wurde argumentiert, dass auch eine Pro-Contra-Debatte wichtige politische Einsichten (Pluralismusprinzip, Vielfalt von Interessen und Argumenten) und Kompetenzen (analytische Unterscheidung von Urteilsebenen, kommunikative Handlungsfähigkeit) fördern könne und einen wertvollen Baustein des politikdidaktischen Methodenrepertoires darstelle (Oberle 2023). Dagegen entsprechen „beliebige Meinungsgirlanden" (Weißeno 1996, 110), mögen sie noch so viele kontroverse Positionen streifen, keinem qualitätsvollen Politikunterricht. Die Berücksichtigung von Standpunkten jenseits des Mainstreams, von weniger populären oder marginalisierten Positionen, kann zu Recht gefordert werden, um die eigenständige kritische Urteilsbildung der Lernenden zu fördern. Allerdings kann dieser Anspruch sich bei Berücksichtigung der Beutelsbacher Prinzipien nicht nur auf eine bestimmte politische Richtung beschränken.

Zum anderen wurde die Frage der Grenzen der Kontroversität in den vergangenen Jahren, in denen u. a. Populismus, Extremismus, Fake News und Verschwörungstheorien als bedeutende Herausforderungen der Demokratie und politischen Bildung im Fokus standen, besonders intensiv diskutiert (vgl. z. B. Frech u. a. 2023). Der Wortlaut des Beutelsbacher Konsenses geht nicht explizit auf Limitationen des Kontroversitätsgebots ein. Alles, was in Wissenschaft und Politik kontrovers ist, müsse im Unterricht kontrovers erscheinen. Geht mit dem Beutelsbacher Konsens also ein Gebot der Beliebigkeit politischer Positionen und Urteile einher? Bereits früh wurde im politikdidaktischen Diskurs darauf verwiesen, dass den Beutelsbacher Prinzipien ein impliziter, immanenter Wertekonsens zugrunde liege. Diese Prinzipien machten nur Sinn, wenn man die Lernenden als gleichberechtigte Subjekte mit der prinzipiellen Fähigkeit zur selbständigen Urteilsbildung begreife und ihre „personale Würde" ernst nehme (Detjen 2017, 179; vgl. auch Schiele 1996, 8 f.). Es wurde betont, dass der Beutelsbacher Konsens von der freiheitlich-demokratischen Grundordnung gerahmt werde und dass die schulische bzw. staatlich verantwortete politische Bildung hierzulande normativen Grundprinzipien verpflichtet sei: der Wahrung der Menschenwürde, dem Demokratieprinzip sowie dem Prinzip der Rechtsstaatlichkeit (vgl. GPJE u. a. 2018; Oberle 2022a). Eine moderne Demokratie geht damit nicht allein im Mehrheitsprinzip auf – eine „Tyrannei der Mehrheit" (Tocqueville) wird durch die Garantie von Menschenwürde, Minderheitenschutz, Pluralismusprinzip und Rechtsstaatlichkeit verhindert. Dieser Grundkonsens liegt außerhalb des kontroversen Sektors, womit Positionen, die sich gegen die Menschenwürde (z. B. Rassismus, Sexismus, gruppenbezogene Menschenfeindlichkeit), gegen das Demokratieprinzip (z. B. Führerkult) oder gegen Rechtsstaatlichkeit (z. B. Abbau von Gewaltenteilung) richten, im Unterricht nicht als gleichberechtigte Standpunkte behandelt werden müssen.

Dass der Beutelsbacher Konsens als „Neutralitätsgebot" missverstanden werden kann oder als solches instrumentalisiert wird, ist vielleicht der gewichtigste Kritikpunkt an ihm. Dieses missverstandene Neutralitätsgebot hat zwei Dimensionen: Neben dem soeben diskutierten (für die politische Bildung nichtzutreffenden) „Wertneutralitätsgebot" könnte aus dem Überwältigungsverbot und Kontroversitätsgebot geschlussfolgert werden, der Beutelsbacher Konsens fordere eine „unpolitische Lehrkraft" und verbiete einer Lehrperson, ihre eigene politische Position den Lernenden gegenüber offenzulegen. Erfahrungen in der Lehrkräftebildung sowie erste empirische Untersuchungen (siehe unten) bestätigen, dass der Konsens tatsächlich oftmals so interpretiert wird, dass Politiklehrkräfte ihre eigene politische Position gegenüber den Lernenden verbergen müssten. Auch ein solches „Neutralitätsgebot" ist allerdings ein Missverständnis. Die im zweiten Beutelsbacher Prinzip formulierte Aussage, die politische Meinung der Lehrkraft sei „verhältnismäßig uninteressant" (Wehling 1977, 179), unterstreicht die Forderung, dass der Unterricht kontrovers zu gestalten ist und Positionen unabhängig von der politischen Couleur bzw. Meinung der Lehrkraft zu Wort kommen sollen. Sie verbietet jedoch keineswegs eine transparente politische Positionierung der Lehrperson. Inwiefern diese in der jeweiligen Lehr-Lern-Situation angemessen ist, müssen Lehrer*innen jeweils selbst entscheiden.

Es gibt gute Gründe, die für und gegen solch eine Offenlegung sprechen (vgl. Oberle 2016, 256). Das zentrale Gegenargument ist, dass die Schüler*innen auf Grund der Vorbild-, Autoritäts- bzw. Benotungsfunktion der Lehrperson in ihrer politischen Urteilsbildung beeinflusst werden könnten, unabhängig von inhaltlichen Argumenten. Allerdings könnte ein Verschweigen der Lehrerhaltung zu einer subtileren Überwältigung führen, wenn diese nämlich den eigenen

Unterricht unbeabsichtigt beeinflusst, was sich an vielen Stellen des Planungs- und Durchführungsprozesses manifestieren kann. Auch trägt das Bekunden einer politischen Meinung und des eigenen politischen Engagements zur Authentizität der Lehrkraft bei, die so den Lernenden auch als Vorbild eines politischen Menschen dienen kann. Die Abwägung dieser Aspekte obliegt der Lehrkraft, die auch entscheiden kann, welcher Zeitpunkt sich für eine solche Offenlegung der eigenen Positionierung eignet, um den eigenständigen Urteilsbildungsprozess der Lernenden möglichst wenig zu beeinflussen.

Anlässlich der AfD-Aktion Meldeplattformen „Neutrale Schulen", die dazu aufrief, AfD-kritische Lehrkräfte (auch anonym) zu denunzieren, kam es zu einer öffentlichkeitswirksamen Klärung beider Dimensionen der Frage, ob der Beutelsbacher Konsens als „Neutralitätsgebot" der politischen Bildung zu verstehen ist. So haben Fachverbände (GPJE u. a. 2018) und Bildungspolitik (z. B. KMK 2018) klargestellt, dass einerseits demokratiefeindliche, menschenverachtende und verfassungsfeindliche Positionen in der politischen Bildung nicht zu tolerieren und nicht als gleichberechtigt darzustellen sind, sondern ihnen in Schule und (Politik-) Unterricht entschieden entgegenzutreten ist, und dass andererseits Lehrkräfte ihre eigene politische Meinung den Lernenden durchaus offen zeigen dürfen.

Neben dem Wertebezug stellt das politikdidaktische Prinzip der Wissenschaftsorientierung (vgl. Juchler 2022) eine weitere Limitierung des Kontroversitätsprinzips dar, was angesichts der insbesondere in sozialen Medien intensivierten Verbreitung von „Fake News" und Verschwörungstheorien an Relevanz für die politische Bildungspraxis gewonnen hat (vgl. Oberle 2023; Oberle 2022b). Damit ist allerdings nicht gesagt, dass solche Positionen in der politischen Bildung nicht behandelt werden dürfen – in welcher Form und in welchem Umfang sie im Unterricht aufgegriffen werden und wie beispielsweise mit antidemokratischen oder menschenverachtenden Äußerungen von Schüler*innen umgegangen wird, ist eine didaktische Entscheidung, die auch lerngruppenabhängig und situativ zu treffen ist (vgl. auch May 2016).

Die transparente Auseinandersetzung mit normativen Prämissen der politischen Bildung (vgl. beispielsweise die anthropologische Dialektik bei Sutor 1992, die A-Priori-Urteile bzw. „Einsichten" bei Fischer 1993, die drei Optionen bei Hilligen 1992, die Kategorie der Menschenwürde in Gieseckes Konfliktanalyse 1997) kann dazu beitragen, in der politischen Bildung für demokratische Grundwerte einzutreten, ohne zu überwältigen. Allerdings ist auch zu berücksichtigen, dass Emotionalität eine relevante Ressource von Populismus und Extremismus ist, denen eine der Demokratie verpflichtete politische Bildung vermutlich mehr als kühle Rationalität entgegenhalten muss, um ihr Potenzial zu entfalten.

Auch die emotionale Dimension der politischen Urteilsbildung sollte nicht den Feinden der Demokratie überlassen werden. Der Umgang mit Emotionen in der politischen Bildung bleibt insbesondere vor dem Hintergrund des Überwältigungsverbots eine Gratwanderung und ist bei Weitem nicht ausdiskutiert (vgl. z. B. Besand u. a. 2019; Frech/Richter 2019).

Kritik wurde des Weiteren am diffusen Interessenbegriff im dritten Grundsatz geübt. Einerseits sei unklar, ob subjektive oder objektive Interessen gemeint sind und wie sich objektive Interessen ggf. mit dem Überwältigungsverbot vereinbaren lassen. Andererseits könnten in dem Passus verkürzt egoistische Eigeninteressen der Lernenden gelesen und damit ein „homo oeconomicus" als Bildungsziel (statt als eine denkbare Heuristik) interpretiert werden. Früh wurden daher in Publikationen erweiterte Formulierungen dieses Satzes vorgeschlagen (vgl. Schneider 1987; Sander 1996), eine Änderung seines Wortlauts ist allerdings schon aufgrund der fehlenden formalen Verabschiedung des Beutelsbacher Konsenses kaum realisierbar. Jedoch besteht heute ein breit geteiltes Verständnis, dass sich das dritte Beutelsbacher Prinzip auf „wohlverstandene Eigeninteressen" (Schneider 1996, 220) bezieht, die auch das Wohl anderer Menschen (und Kreaturen – zur problematischen Unterbelichtung der Mensch-Tier-Beziehung in Politikdidaktik und politischer Bildung vgl. Juchler/Oberle 2023) umfassen können und berücksichtigen sollten.

Hinsichtlich der Rezeption des Beutelsbacher Konsenses wird kritisiert, dass sein dritter Satz oftmals entweder gänzlich in Vergessenheit gerate oder aber sehr verkürzt erinnert werde. Dass das dritte Prinzip in der Tat beim Rekurs auf den Beutelsbacher Konsens oftmals unerwähnt bleibt (siehe z. B. die verkürzte Darstellung bei Sutor 2002; vgl. auch Oberle u. a. 2018), mag auch daran liegen, dass dieser Satz mit der Formulierung von Zielen politischer Bildung auf einer anderen Ebene liegt als die ersten beiden, die die Unterrichtsgestaltung fokussieren. Die gängige Bezeichnung „Schülerorientierung" in Ermangelung einer anderen griffigen Kurzformel spiegelt und fördert wiederum seine verkürzte Rezeption. Tatsächlich geht der dritte Satz deutlich über die Berücksichtigung von Schülerinteressen im Unterricht hinaus, fordert er doch explizit die Förderung „operationaler Fähigkeiten" für die politische Beteiligung, sprich die Förderung der politischen Handlungskompetenz der Lernenden. Dem Beutelsbacher Konsens entspricht demnach das Bürgerleitbild der/des „interventionsfähigen Bürger*in", er begnügt sich nicht mit dem Leitbild der/des „reflektierten Zuschauer*in".

Da über angemessene Bürgerleitbilder der politischen Bildung jedoch in der politikdidaktischen Fachcommunity weiterhin kein Einvernehmen herrscht, könnten Zweifel begründet werden, ob hinsichtlich des dritten Satzes tatsächlich ein so breit anerkannter Konsens in der Disziplin besteht, wie dies für die ersten beiden Sätze der Fall ist. Das unterrichtliche Leitbild der/des „reflektierten Zuschauer*in" scheint insbesondere in der schulischen politischen Bildung bzw. in schulbezogenen politikdidaktischen Empfehlungen verbreitet, v. a. aus pragmatischen Gründen (vgl. z. B. Detjen 2011), auch wenn die Förderung der politischen Handlungsfähigkeit der Lernenden zugleich begrüßt wird (im Modell von Detjen et al. 2012 ist sie als Kompetenzdimension enthalten). Mit dem Beutelsbacher Konsens besteht jedenfalls auch für den Schulkontext die Forderung, mit politischer Bildung auch die operationalen Fähigkeiten der Lernenden zu fördern, um ihre politische Teilhabe zu ermöglichen. Kerncurricula des Politikunterrichts, welche die politische Handlungsfähigkeit der Schüler*innen zwar in ihrer Präambel als Kompetenzdimension skizzieren, die folgenden Konkretisierungen jedoch ausschließlich auf Wissen, Analyse- und Urteilsfähigkeit als Unterrichtsziele beziehen, sind entsprechend kritisch zu hinterfragen.

Manche Autor*innen plädieren für reales politisches Handeln in der politischen Bildung, um die Lernenden für politisches Handeln zu befähigen und zu motivieren, und üben Kritik daran, wenn das Überwältigungsverbot als Argument gegen politische Aktionen im Politikunterricht angeführt wird (vgl. z. B. Widmaier 2011; Wohnig 2021). Hier zeichnet sich allerdings Übereinstimmung zumindest dahingehend ab, dass einerseits reales politisches Handeln unter gewissen Umständen (z. B. Eigeninitiative der Lernenden, Eintreten für Grundwerte, Freiwilligkeit, Ermöglichung alternativer Positionierungen, Sensibilität gegenüber Gruppenzwang, keine Benotung; vgl. Nonnenmacher 2011; Oberle 2016) mit Begleitung des Politikunterrichts im Schulkontext stattfinden kann und dass andererseits auch andere Unterrichtssettings wie z. B. Planspiele, welche die Erprobung von politischen Aushandlungs- und Entscheidungsprozessen simulativ ermöglichen, die politische Handlungsfähigkeit und -bereitschaft der Lernenden fördern können (vgl. ebd.; Oberle/Leunig 2018).

Die Kritikpunkte am Beutelsbacher Konsens richten sich also zusammenfassend in der Regel nicht gegen die formulierten Prinzipien an sich, sondern gegen deren Rezeption in der Praxis, oder sie beleuchten grundsätzliche Probleme der politischen Bildung (wie Zeitknappheit und Erfordernis der Komplexitätsreduktion), die durch den Konsens nicht hervorgerufen, aber eben auch nicht überwunden werden. Der Beutelsbacher Konsens löst demnach viele Dilemmata der politischen Bildung letztlich nicht auf, gibt ihr jedoch einen wichtigen Orientierungsrahmen und hilfreichen Bezugspunkt für die Auseinandersetzung mit relevanten Entscheidungsfragen. Peter Henkenborg (2016) stellt rhetorisch die Frage nach seiner Alternative und formuliert die Beutelsbacher Prinzipien in ihr

Gegenteil, um damit plastisch zu veranschaulichen, wie elementar diese Grundprinzipien – Indoktrinationsverbot, Kontroversitätsgebot sowie Schülerinteressen- bzw. Handlungsorientierung – für politische Bildung in der Demokratie sind. Wie Siegfried Schiele (2012, 88 f.) formulierte: Wenn es den Beutelsbacher Konsens nicht gäbe, müsste man ihn erfinden.

Wie steht es aber um die Kenntnis, Interpretation und Bewertung der Beutelsbacher Prinzipien in der Bildungspraxis? Und inwiefern finden sie im alltäglichen Unterricht Berücksichtigung? Im Folgenden wird die Studienlage zu diesen Fragen skizziert und auf einige zentrale Befunde der empirischen Forschung eingegangen.

3. Vorstellungen praktizierender und angehender Lehrkräfte zu den Beutelsbacher Prinzipien – Ergebnisse empirischer Studien

Während sich der Beutelsbacher Konsens in der Fachcommunity als prominenter Bezugspunkt etablierte und die Diskussionen um die Bedeutung seiner Prinzipien intensiv weitergeführt wurden, konstatierte Wolfgang Hilligen 1987, dass man über die Orientierungen praktizierender Lehrkräften zu den Beutelsbacher Prinzipien eigentlich nichts wisse – weder hinsichtlich ihrer Kenntnisse, noch hinsichtlich ihrer Einstellungen oder ihrer Umsetzung seiner Prinzipien im Unterricht existierten verlässliche Daten (Hilligen 1987, S. 9). An diesem Defizit empirischer Forschung änderte sich auch in den folgenden Jahrzehnten kaum etwas. In den letzten Jahren wurden zunehmend systematische Studien zu den Vorstellungen und Einstellungen von Lehrkräften zum Beutelsbacher Konsens und seinen Prinzipien durchgeführt, von denen ausgewählte Ergebnisse im Folgenden kurz vorgestellt werden.

Ein Team des Lehrstuhls Politikwissenschaft/Didaktik der Politik der Universität Göttingen führte im Frühjahr 2017 eine Befragung von Politiklehrkräften und Referendar*innen durch, um mehr darüber zu erfahren, inwiefern ihnen der Beutelsbacher Konsens bekannt ist, welche Bedeutung sie ihm gegebenenfalls beimessen und inwiefern in der Literatur vermutete Missverständnisse seiner Prinzipien in der Bildungspraxis verbreitet sind (vgl. Oberle u. a. 2018). Mit einem teilstandardisierten *paper-pencil*-Fragebogen wurden hierfür 125 praktizierende und angehende Lehrkräfte allgemeinbildender (Gymnasien und Gesamtschulen) und berufsbildender Schulen aus Niedersachsen, Hessen und Schleswig-Holstein befragt. Die Studienergebnisse bescheinigen dem Beutelsbacher Konsens insgesamt eine breite Bekanntheit – knapp 70 % der Befragten gaben an, bereits von ihm gehört zu haben. Allerdings fällt dieser Anteil unter den ausgebildeten Politiklehrkräften (82,4 %) und den Referendar*innen (100 %) deutlich höher aus als unter den Politische Bildung fachfremd unterrichtenden Lehrkräften, die sich v. a. an Gesamtschulen und berufsbildender Schulen finden und von denen zwei Drittel noch nie vom Beutelsbacher Konsens gehört haben. Diesbezügliche Kenntnisse haben die Lehrkräfte überwiegend im Hochschulstudium oder Studienseminar erworben, dagegen kaum in Fortbildungen oder über andere Lehrkräfte. Antworten auf eine offene Frage zeigen darüber hinaus, dass insbesondere das Kontroversitätsgebot und das Überwältigungsverbot mit dem Beutelsbacher Konsens assoziiert werden, der dritte Grundsatz der Schülerinteressen- bzw. Handlungsorientierung dagegen deutlich seltener (ca. ein Drittel der Nennungen) Erwähnung findet.

Die befragten Politiklehrkräfte und Referendar*innen halten den Beutelsbacher Konsens, sofern sie denn bereits von ihm gehört haben, mit großer Mehrheit für sehr oder eher sinnvoll bzw. wichtig – nur 4,5 % finden ihn „eher nicht wichtig", nur eine Person bewertet ihn als „eher nicht sinnvoll". Die Analyse von Antworten auf offene Fragen gibt darüber hinaus einen Einblick, was die Lehrkräfte an den Konsensprinzipien besonders schätzen bzw. kritisieren. So gefällt den Befragten, dass der Beutelsbacher Konsens Lehrkräften eine Richtlinie bzw. Orientierung gebe, im Unterricht für Überparteilichkeit und Mehrperspektivität sorge, der Förderung der politischen Urteilsbildung und Mündigkeit diene sowie die Lernenden vor Überwältigung schütze. Dagegen problematisieren sie, dass der Beutelsbacher Konsens zu einer unpolitischen Lehrkraft führen könne und in der Praxis schwierig umzusetzen sei. Ferner seien die Grenzen der Kontroversität unklar und der Interessenbegriff des dritten Prinzips uneindeutig.

Die Studie bestätigt allerdings auch die Verbreitung einiger Missverständnisse bzw. Fehlinterpretationen des Beutelsbacher Konsenses, die in der Literatur immer wieder vermutet und befürchtet wurden: Dass gemäß Beutelsbacher Konsens „extremistische Positionen" im Politikunterricht „gleichberechtigt" mit anderen Positionen behandelt werden müssen, bejaht ca. ein Viertel derjenigen, die den Konsens kennen. Einschränkend muss hier allerdings angemerkt werden, dass der Begriff „gleichberechtigt" unterschiedlich interpretiert werden kann und offenbleibt, ob die der These zustimmenden Befragten sich eine lediglich im Umfang ähnliche oder tatsächlich gleichwertige Darstellung verfassungsfeindlicher Positionen wünschen. Gut die Hälfte derjenigen, die von ihm gehört haben, stimmt der Aussage zu, dass laut Beutelsbacher Konsens eine Lehrkraft ihre eigene politische Meinung den Schüler*innen *nicht* mitteilen *dürfe*. Immerhin ein Drittel aller Befragten ist auch persönlich der Ansicht, dass eine Lehrkraft ihre eigene politische Meinung im Politikunterricht *nicht* zeigen *könne*, zwei Drittel meinen, dass sie dies nicht tun *sollte*.[4]

Einige der genannten Befunde werden außerdem von einer zweiten Göttinger Studie bestätigt, die im Jahr 2022 im Kontext einer Begleitforschung von Lehrkräftefortbildungen zu den Themen Demokratiebildung, politische Europabildung und politische Medienbildung durchgeführt wurde (vgl. Oberle 2023, 99–102). Die Teilstudie zum Beutelsbacher Konsens hatte zum Ziel, Elemente der vorangegangenen Studie zu replizieren und zudem die Veränderbarkeit der Kenntnisse des Beutelsbacher Konsenses durch dessen Thematisierung im Rahmen der jeweils eintägigen analogen oder digitalen Fortbildungen zu untersuchen. Dabei wurde der Beutelsbacher Konsens jeweils in einer ca. 1,5-stündigen Einheit thematisiert, wobei kurze Inputs erfolgten und die Lehrkräfte sich anhand kontroverser Thesen und Fallbeispiele zu den eigenen Ansichten, Unterrichtserfahrungen, Zweifeln und Problemen austauschen konnten. An den Fortbildungen nahmen praktizierende sowie wenige angehende Politiklehrkräfte allgemeinbildender und berufsbildender Schulen teil, die überwiegend in Niedersachsen und Hessen unterrichteten. Die Datenerhebung erfolgte in einem Prä-Post-Design mit teilstandardisierten Online-Fragebögen (N=81 Teilnehmende im Prätest, N=76 im Längsschnitt-Sample; knapp ein Viertel der Lehrkräfte unterrichtete Politik fachfremd).

Die Datenanalysen bestätigen, dass der Beutelsbacher Konsens der Mehrheit der Politiklehrkräfte bekannt ist. Nur 11 % der Teilnehmenden gaben zu Beginn der Fortbildungen an, „gar nichts" über ihn zu wissen, 70 % dagegen „eher viel" oder „sehr viel". Wie bereits bei Oberle u. a. 2018 hängt die Kenntnis auch in dieser Studie von der fachlichen Ausbildung der Lehrkräfte ab – wer kein Fachlehramtsstudium Politik absolviert hat, kennt den Beutelsbacher Konsens deutlich seltener. Das Alter und das Geschlecht der Lehrkräfte haben dagegen wiederum keinen Einfluss auf das subjektive Wissen zum Beutelsbacher Konsens. Im Gegensatz zu den Befunden von Oberle u. a. 2018, wo Gymnasiallehrkräfte auch unter Kontrolle der Fachausbildung über mehr (subjektive) Kenntnisse zum Beutelsbacher Konsens verfügten, spielt die Schulform hier keine Rolle.

---

4 Dieser letzte Aspekt wird von Ergebnissen der International Civic and Citizenship Education Study 2016 bestätigt, in deren Rahmen in Nordrhein-Westfalen eine Gelegenheitsstichprobe von 440 Lehrkräften, die an unterschiedlichen Schulformen Politik bzw. Sozialwissenschaften unterrichteten (davon 68,6 % fachfremd), u. a. zu ihren fachdidaktischen Überzeugungen befragt wurde (vgl. Manzel u. a. 2016). Eine Mehrheit von 60 % plädiert dafür, dass Lehrer*innen sich in der Schule „neutral" zeigen und das eigene politische Engagement nicht zu erkennen geben.

Eine große Mehrheit der Befragten ist der Ansicht, dass Schüler*innen ihrer Lehrkraft im Politikunterricht offen widersprechen können sollten. Der Wert eines für Diskussionen „offenen Unterrichtsklimas" (Manzel u. a. 2016) wird somit bejaht. Die Lehrkräfte sind außerdem der Ansicht, dass der Politikunterricht überparteilich sein sollte und im Unterricht grundsätzlich unterschiedliche Sichtweisen vorzustellen sind. Ein geteiltes Bild zeigt sich dagegen bei der Frage nach der Wertneutralität: Zu Fortbildungsbeginn ist fast die Hälfte der Befragten der Ansicht, Politikunterricht müsse „wertneutral" sein. Dieser Befund bestätigt erneut die Vermutung, dass viele Lehrkräfte von einem problematischen „Neutralitätsgebot" ausgehen, was im Widerspruch zum Wertebezug der schulischen bzw. staatlich verantworteten politischen Bildung steht. Allerdings ist unter den „fachfremden" Lehrkräften der Anteil der Befragten, die ein solches Wertneutralitätsgebot bejahen, mit 66,6 % deutlich höher als der Anteil unter den fachlich ausgebildeten Politiklehrkräften (42,3 %). Die These, dass laut Beutelsbacher Konsens eine Lehrkraft den Schüler*innen ihre eigene politische Meinung *nicht* mitteilen *darf*, findet geteiltes Echo: Zwar sieht die Mehrheit der Befragten das anders, doch ca. ein Viertel stimmt dieser Aussage voll oder eher zu. Auch persönlich sind die Teilnehmenden zwar mehrheitlich der Ansicht, dass eine Lehrkraft ihre politische Meinung offenbaren *kann*, doch ein gutes Viertel stimmt dieser Aussage eher nicht zu. Wie in der Studie von Oberle u. a. (2018) und ähnlich Manzel u. a. (2016) geben außerdem zwei Drittel der Befragten an, dass eine Lehrkraft die eigene politische Meinung im Unterricht *nicht* zeigen *sollte*.

Die längsschnittlichen Datenanalysen zeigen signifikante Veränderungen der Einstellungen der Teilnehmenden zu den Beutelsbacher Prinzipien bzw. den Fragen nach dem Umgang mit Normativität, Kontroversität und dem eigenen Standpunkt im Politikunterricht. So steigt nach Fortbildungsteilnahme die ohnehin hohe Zustimmung zur Aussage „Schüler*innen sollten einer Lehrkraft in politischen Fragen offen widersprechen können." weiter an. Die Aussage „Ich persönlich bin der Meinung, dass eine Lehrkraft ihre eigene politische Meinung im Politikunterricht zeigen kann." findet nun deutlich mehr Zustimmung, ebenso wie die Aussage, dass laut Beutelsbacher Konsens eine Lehrkraft ihre eigene politische Meinung den Schüler*innen nicht mitteilen dürfe, nun deutlich stärker abgelehnt wird. Schließlich wird auch die Aussage, Politikunterricht müsse „wertneutral" sein, nach der Fortbildungsteilnahme von den Lehrkräften stärker abgelehnt.

Dass problematische Fehlkonzepte eines „Neutralitätsgebots" für Lehrkräfte auch bei Studierenden verbreitet sind, zeigt eine Befragung von 252 Lehramtsstudierenden unterschiedlicher Fächer an der Heidelberg School of Education (HSE) auf. Matthias Heil (2020) ermittelt mit einem Online-Fragebogen, dass

8,5 % der teilnehmenden Studierenden davon ausgehen, dass Lehrkräfte keiner Partei angehören dürfen, und mehr als ein Viertel von ihnen die These bejaht, dass Lehrkräfte nicht demonstrieren dürfen (ebd., 120 f.). Fast zwei Drittel der Lehramtsstudierenden sind außerdem der Ansicht, dass Lehrkräfte ihre eigene politische Meinung im Unterricht nicht mitteilen dürfen. Allerdings sind es unter den Studierenden, die den Beutelsbacher Konsens kennen, nur 54,4 % – in der Gruppe, die ihn nicht kennt, liegt der Anteil dagegen bei 73,5 %.

Eine empirische Studie von Annika Boltze (2007) zeigt darüber hinaus auf, dass es sich lohnt, auch die Schülerperspektive auf die Umsetzung des Beutelsbacher Konsenses in den Blick zu nehmen, und zwar sowohl was deren Wahrnehmung des Unterrichtsgeschehens als auch deren Erwartungen an die Lehrkräfte angeht. Die Studie untersuchte die Selbst- und Fremdeinschätzung des Umgangs von Berufsschullehrkräften mit dem eigenen politischen Standpunkt, wobei an baden-württembergischen berufsbildenden Schulen 21 Gemeinschaftskundelehrkräfte und deren 480 Schüler*innen befragt wurden. Boltze stellt fest, dass die Schülerwahrnehmungen des Unterrichtsstils deutlich von den Selbstwahrnehmungen der Lehrkräfte abweichen. Dabei variieren die Präferenzen der Schüler*innen hinsichtlich der Offenlegung des politischen Standpunktes der Lehrkraft. Während einige angeben, dass dies für sie interessant und hilfreich sei oder zu einer guten Arbeitsatmosphäre beitrage, lehnen andere die Offenlegung der Lehrerposition ab, da diese Privatsache sei, oder weil dadurch „Hemmungen" entstehen könnten, wenn die Schüleransichten von denen der Lehrkraft abweichen (ebd., 149). Manche Schüler*innen gehen von einer rechtlichen Verpflichtung der Lehrkraft aus, sich neutral zu verhalten und den eigenen politischen Standpunkt nicht offenzulegen. Dieser Befund weist darauf hin, dass nicht nur Lehrkräfte, sondern auch Schüler*innen über den Beutelsbacher Konsens und das verbreitete Missverständnis eines „Neutralitätsgebots" aufgeklärt werden sollten, um einen angemessenen Politikunterricht einfordern zu können.

Insgesamt zeigen die vorliegenden empirischen Studien, dass die Kenntnis des Beutelsbacher Konsenses besonders bei den fachlich ausgebildeten Politiklehrkräften verbreitet ist, wobei der Konsens v. a. mit den ersten beiden Prinzipien assoziiert wird. Lehrkräfte messen dem Beutelsbacher Konsens große Bedeutung zu und erachten ihn als wertvoll für die Unterrichtspraxis. Allerdings sind auch Missverständnisse verbreitet, die den Konsens als „Neutralitätsgebot" wahrnehmen. Diese problematischen Vorstellungen finden sich allerdings auch bei Lehrkräften, die den Konsens nicht kennen, wie die hier vorgestellten Studien übereinstimmend zeigen. Es ist also nicht (nur) die Kenntnis des Beutelsbacher Konsenses, welche die Missverständnisse der Wertneutralität und der meinungslosen bzw. unpolitischen

Lehrkraft direkt transportiert, sondern diese Fehlvorstellungen scheinen auch unabhängig davon unter (angehenden) Lehrkräften weit verbreitet. Die vertiefte Auseinandersetzung mit dem Beutelsbacher Konsens, dem Wertebezug der politischen Bildung und den Grenzen der Kontroversität im Unterricht kann zu mehr Klarheit führen und Unsicherheiten der Lehrkräfte vermindern.

4. Ausblick

Über 40 Jahre nach der namensgebenden Tagung zählt der Beutelsbacher Konsens hierzulande zum Kernbestand politikdidaktischer Prinzipien und erfreut sich großer sowie über die Disziplin- und Landesgrenzen hinaus zunehmender Bekanntheit. Auch wenn er viele Dilemmata der politischen Bildung letztlich nicht auflöst, gilt der Beutelsbacher Konsens als ein zentrales Element der Professionalisierung von Politiklehrkräften (vgl. Oberle 2017) bzw. als Teil ihres „Berufsethos" (Henkenborg 2016, 187). Dies macht allerdings einen offenen Diskurs über seine Interpretation und Implikationen sowie eine stete transparente Kursbestimmung von Bildungsakteur*innen und -maßnahmen nicht obsolet. Immer wieder aufs Neue muss ausgelotet werden, wie Grundwertebezug und Wissenschaftsorientierung in politischer Bildung umzusetzen sind bzw. worin der nicht-kontroverse Sektor der politischen Bildung konkret besteht. Was impliziert die Setzung einer allgemeinen Menschenwürde heute – was bedeuten beispielsweise Geschlechtergleichstellung und gendersensible politische Bildung angesichts der Überwindung eines binären Geschlechterkonzepts, und welche Anforderungen gehen mit einer rassismuskritischen Bildung vor dem Hintergrund divergierender Rassismuskonzepte einher? Und inwiefern ist es angebracht, das anthropozentrische Weltbild, das bisher als Basis für die meisten politikdidaktischen und bildungspolitischen Konzeptionen politischer Bildung fungierte, durch eine Neubestimmung des Mensch-Tier-Verhältnisses in Frage zu stellen oder zu überwinden? Die Notwendigkeit der kontinuierlichen Auseinandersetzung mit derlei Fragen bedeutet allerdings nicht, dass man den Beutelsbacher Konsens umformulieren müsste. Abgesehen davon, dass dies in Ermangelung seiner Verabschiedung bzw. angesichts seines informellen Status' schwierig ist, sind seine drei Sätze so allgemein gehalten, dass sie weiterhin als Kernprinzipien politischer Bildung tragen und diesen wichtigen Debatten und didaktischen Entscheidungen einen andauernd wertvollen Rahmen bieten.

Großer Bedarf besteht allerdings an empirischer Forschung zur Rezeption und Umsetzung des Beutelsbacher Konsenses in der (schulischen und außerschulischen) politischen Bildungspraxis sowie zu den Möglichkeiten, Lehrpersonen angemessen für die politische Bildung zu professionalisieren. Angesichts des großen Anteils an fachfremd erteiltem Politikunterricht (vgl. Grieger/Oberle 2020) ist dabei neben der Ausbildung insbesondere auch die Lehrkräftefortbildung ein entscheidender Faktor. Ähnliches gilt für Akteure in der außerschulischen politischen Bildung und sozialen Arbeit. Interventionsstudien zu Wirkungen der Aus- und Fortbildung von Lehrpersonen sollten dabei möglichst auch Kontrollgruppen und mindestens einen dritten Messzeitpunkt integrieren. Ergänzende qualitative Studien können neben Interviews auch Unterrichtsbeobachtungen realisieren sowie Unterrichtsplanungen und -materialien analysieren. Auch die Befragung von Schüler*innen zu ihren Wahrnehmungen und Wünschen ist relevant.

Und schließlich ist es Zeit für einen stärker disziplinübergreifenden Diskurs zur Bedeutung der Beutelsbacher Prinzipien, was nicht zuletzt auch für die Umsetzung fächerübergreifender Unterrichtsprinzipien wie Bildung für Nachhaltige Entwicklung, Medienbildung und Demokratiebildung sowie das Unterrichten in Verbundfächern wie Gesellschaftslehre bedeutsam ist. Es ist zu hoffen, dass die intensivierte Auseinandersetzung mit dem Beutelsbacher Konsens u. a. in der Geschichtsdidaktik und Religionspädagogik auch einen solchen interdisziplinären Diskurs befördert. Dies kann der Professionalisierung von Lehrkräften dienen, die in gesellschaftswissenschaftlichen Verbundfächern unterrichten, aber auch generell die Basis für Lehrkräftekooperationen für erfolgreiches fächerübergreifendes Unterrichten (nicht nur) in den Gesellschaftswissenschaften legen. Normative Grundlagen und Grenzen der Kontroversität gilt es auch mit Bezug zu geschichtsdidaktischen oder religionspädagogischen Prinzipien auszuloten, schließlich haben alle Unterrichtsfächer den Auftrag, zur Demokratiebildung beizutragen. Im interdisziplinären Austausch kann dann eine gegenseitige Verständigung erfolgen und möglicherweise eine gemeinsame Begriffssprache entwickelt werden, die auch Lehrkräften an Schulen das Unterrichten in Verbundfächern sowie die fächerübergreifende Kooperation erleichtert.

Literatur

BESAND, Anja u. a. (Hg.) (2019): Politische Bildung mit Gefühl. Vom Umgang mit Gefühlen und anderen Kleinigkeiten im Feld von Politik und politischer Bildung. Bonn.

BOLTZE, Annika (2007): Zur Realisierung des „Beutelsbacher Konsenses". Schüler- und LehrerInnenwahrnehmung im Vergleich. In: Jung, Eberhard/Kenner, Martin (Hg.): Soziale Integration durch politische Bildung – Erwartungen, Konzepte und Befunde in der beruflichen Bildung. Bielefeld, S. 136–153.

BUCHSTEIN, Hubertus u. a. (Hg.) (2016): Beutelsbacher Konsens und Politische Kultur. Siegfried Schiele und die Politische Bildung. Schwalbach/Ts.

BUSSMANN, Bettina/Haase, Volker (2016): Was heißt es, Indoktrination zu vermeiden? In: Zeitschrift für Didaktik der Philosophie und Ethik 3/2016, S. 87–99.

DETJEN, Joachim (2011): Keine „demokratischen Märchenerzählungen"! Zur Notwendigkeit eines realistischen Bürgerbildes und zur Faszinationskraft des Aktivbürgers als Leitbild für die politische Bildung. In: Widmaier, Benedikt/Nonnenmacher, Frank (Hg.): Partizipation als Bildungsziel. Politische Aktion in der politischen Bildung. Schwalbach/Ts., S. 125–136.

DETJEN, Joachim u. a. (2012): Politikkompetenz – ein Modell. Wiesbaden.

DETJEN, Joachim (2017): Indoktrinationsverbot und Kontroversitätsverbot vor „Beutelsbach". Äußerungen der frühen Politikwissenschaft zur politischen Bildung in der Demokratie. In: Frech, Siegfried/Richter, Dagmar (Hg.): Der Beutelsbacher Konsens. Bedeutung, Wirkung, Kontroversen. Schwalbach/Ts., S. 179–194.

FERREIRA, Pedro D./Bombardelli, Olga (2016): Editorial: Digital Tools and Social Science Education. In: Journal of Social Science Education 15, S. 2–5.

FISCHER, Kurt Gerhard (1993): Das Exemplarische im Politikunterricht: Beiträge zu einer Theorie politischer Bildung. Schwalbach/Ts.

FRECH, Siegfried/Geyer, Robby/Oberle, Monika (Hg.) (2023): Kontroversität in der Politischen Bildung. Frankfurt/M.

FRECH, Siegfried/Richter, Dagmar (Hg.) (2017): Der Beutelsbacher Konsens – Bedeutung, Wirkung, Kontroversen. Schwalbach/Ts.

FRECH, Siegfried/Richter, Dagmar (Hg.) (2019): Emotionen im Politikunterricht. Schwalbach/Ts.

GIESECKE, Hermann (1997): Kleine Didaktik des politischen Unterrichts. Schwalbach/Ts.

GPJE [Gesellschaft für Politikdidaktik und politische Jugend- und Erwachsenenbildung]/DVPB [Deutsche Vereinigung für Politische Bildung]/Sektion Politikwissenschaft und Politische Bildung der DVPW [Deutsche Gesellschaft für Politikwissenschaft] (2018): Gemeinsame Stellungnahme von GPJE, DVPB und DVPW-Sektion zur AfD-Meldeplattform „Neutrale Schulen" (Online unter: http://gpje.de/stellungnahmen; aufgerufen am 9.8.2023).

GRAMMES, Tilman (2017): Inwiefern ist der Beutelsbacher Konsens Bestandteil der Theorie politischer Bildung? In: Frech, Siegfried/Richter, Dagmar (Hg.): Der Beutelsbacher Konsens. Bedeutung, Wirkung, Kontroversen. Schwalbach/Ts., S. 69–86.

GRIEGER, Marcel/Oberle, Monika (2020): Fächerübergreifendes Unterrichten im Fach Gesellschaftslehre: Herausforderungen und Ansätze für die Lehrerbildung. In: Albrecht, Achim u. a. (Hg.): Jetzt erst recht: Politische Bildung! Bestandsaufnahme und bildungspolitische Forderungen. Frankfurt/M., S. 147–163.

HEIL, Matthias (2020): Das Lehramt als politischer Beruf. Siegen.

HENKENBORG, Peter (2016): „Eine politische Kultur des Dissenses". Über den pädagogischen Sinn des Beutelsbacher Konsenses für die politische Bildung. In: Widmaier, Benedikt/Zorn, Peter

(Hg.): Brauchen wir den Beutelsbacher Konsens? Eine Debatte der politischen Bildung. Bonn, S. 187–196.

HERBST, Jan-Hendrik (2021): Braucht religiöse Bildung einen Beutelsbacher Konsens? Philosophiedidaktische Impulse für die religionspädagogische Debatte. In: Theo-Web. Zeitschrift für Religionspädagogik 20, S. 321–338.

HILLIGEN, Wolfgang (1987): Mutmaßungen über die Akzeptanz des Beutelsbacher Konsenses in der Lehrerschaft. In: Schiele, Siegfried/Schneider, Herbert (Hg.): Konsens und Dissens in der politischen Bildung. Stuttgart, S. 9–26.

HILLIGEN, Wolfgang (1992): Didaktische Zugänge in der politischen Bildung. Schwalbach/Ts.

HUH, Young-Sik (1993): Interesse und Identität. Frankfurt/M.

JUCHLER, Ingo (2022): Wissenschaftsorientierung. In: Sander, Wolfgang/Pohl, Kerstin (Hg.): Handbuch politische Bildung. Frankfurt/M., S. 260–268.

JUCHLER, Ingo/Oberle, Monika (2023): Zur Mensch-Tier-Beziehung in der politischen Bildung. In: Oberle, Monika/Stamer, Märthe-Maria (Hg.): Politische Bildung in der superdiversen Gesellschaft. Frankfurt/M., S. 136–145.

KULTUSMINISTERKONFERENZ (Hg.) (2018): Demokratie als Ziel, Gegenstand und Praxis historisch-politischer Bildung und Erziehung in der Schule. Beschluss der Kultusministerkonferenz vom 6.3.2009 i. d. F. vom 11.10.2018 (Online unter www.kmk.org/fileadmin/Dateien/pdf/PresseUndAktuelles/2018/Beschluss_Demokratieerziehung.pdf; aufgerufen am 9.8.2023).

MANZEL, Sabine u. a. (2016): Lehrervoraussetzungen (ICCS 2016). Ausbildung und Überzeugungen von Lehrer*innen im Fach Politik/Sozialwissenschaften. In: Abs, Hermann Josef/Hahn-Laudenberg, Katrin (Hg.): Das politische Mindset von 14-Jährigen. Ergebnisse der International Civic and Citizenship Education Study 2016. Münster, S. 325–353.

MAY, Michael (2016): Die unscharfen Grenzen des Kontroversitätsgebots und Überwältigungsverbots. In: Widmaier, Benedikt/Zorn, Peter (Hg.): Brauchen wir den Beutelsbacher Konsens? Eine Debatte der politischen Bildung. Bonn, S. 233–241.

NONNENMACHER, Frank (2011): Handlungsorientierung und politische Aktion in der schulischen politischen Bildung. Ursprünge, Grenzen und Herausforderungen. In: ders./Widmaier, Benedikt (Hg.): Partizipation als Bildungsziel. Politische Aktion in der politischen Bildung. Schwalbach/Ts., S. 83–100.

NONNENMACHER, Frank (2020): Analyse, Kritik und Engagement – Möglichkeit und Grenzen schulischen Politikunterrichts. In: Lösch, Bettina/Thimmel, Andreas (Hg.): Kritische politische Bildung – Ein Handbuch. Schwalbach/Ts., S. 459–470.

OBERLE, Monika (2016): Der Beutelsbacher Konsens – eine kritische Würdigung. In: Widmaier, Benedikt/Zorn, Peter (Hg.): Brauchen wir den Beutelsbacher Konsens? Eine Debatte der politischen Bildung. Bonn, S. 251–259.

OBERLE, Monika (2017): Wie politisch dürfen, wie politisch sollen Politiklehrer/-innen sein? Politische Orientierungen von Lehrkräften als Element ihrer professionellen Kompetenz. In: Frech,

Siegfried/Richter, Dagmar (Hg.): Der Beutelsbacher Konsens – Bedeutung, Wirkung, Kontroversen. Schwalbach/Ts., S. 114–127.

OBERLE, Monika u. a. (2018): Grenzenlose Toleranz? Lehrervorstellungen zum Beutelsbacher Konsens und dem Umgang mit Extremismus im Unterricht. In: Möllers, Laura/Manzel, Sabine (Hg.): Populismus und Politische Bildung. Frankfurt/M., S. 53–61.

OBERLE, Monika/Leunig, Johanna (2018): Wirkungen politischer Planspiele auf Einstellungen, Motivationen und Kenntnisse von Schüler/innen zur Europäischen Union. In: Ziegler, Béatrice/Waldis, Monika (Hg.): Politische Bildung in der Demokratie. Interdisziplinäre Perspektiven. Wiesbaden, S. 213–237.

OBERLE, Monika (2020): Beutelsbacher Konsens. In: Achour, Sabine u. a. (Hg.): Wörterbuch Politikunterricht. Frankfurt/M., S. 30–32.

OBERLE, Monika (2022a): Demokratiebildung in der Schule. In: Möller, Kurt/Neuscheler, Florian/Steinbrenner, Felix (Hg.): Demokratie gestalten! Herausforderungen und Ansätze für Bildungs- und Sozialarbeit. Stuttgart, S. 62–73.

OBERLE, Monika (2022b): Medienkompetenz als Herausforderung für Demokratie und politische Bildung. In: Marci-Boehncke, Gudrun u. a. (Hg.): Medien – Demokratie – Bildung. Normative Vermittlungsprozesse und Diversität in mediatisierten Gesellschaften. Wiesbaden, S. 117–133.

OBERLE, Monika (2023): Wie kontrovers darf es sein? Vorstellungen von Lehrkräften zu den Prinzipien des Beutelsbacher Konsenses. In: Frech, Siegfried u. a. (Hg.): Kontroversität in der Politischen Bildung. Frankfurt/M., S. 88–107.

POHL, Kerstin/Will, Stephanie (2016): Der Beutelsbacher Konsens: Wendepunkt in der Politikdidaktik? In: Widmaier, Benedikt/Zorn, Peter (Hg.): Brauchen wir den Beutelsbacher Konsens? Eine Debatte der politischen Bildung. Bonn, S. 39–67.

SANDER, Wolfgang (1996): Politische Bildung nach dem Beutelsbacher Konsens. In: Schiele, Siegfried/Schneider, Herbert (Hg.): Reicht der Beutelsbacher Konsens? Schwalbach/Ts., S. 29–38.

SCHIELE, Siegfried (1996): Der Beutelsbacher Konsens kommt in die Jahre. In: ders./Schneider, Herbert (Hg.): Reicht der Beutelsbacher Konsens? Schwalbach/Ts., S. 1–13.

SCHIELE, Siegfried (2012): Konsens und Kontroverse. In: Journal für politische Bildung 2, H.4, S. 88–92.

SCHIELE, Siegfried (2016): Der Beutelsbacher Konsens ist keine Modeerscheinung! Zu seiner historischen Genese und gegenwärtigen Aktualität. In: Widmaier, Benedikt/Zorn, Peter (Hg.): Brauchen wir den Beutelsbacher Konsens? Eine Debatte der politischen Bildung. Bonn, S. 68–77.

SCHIELE, Siegfried (2017): „Die Geister, die ich rief…!" – Der Beutelsbacher Konsens aus heutiger Sicht. In: Frech, Siegfried/Richter, Dagmar (Hg.): Der Beutelsbacher Konsens – Bedeutung, Wirkung, Kontroversen. Schwalbach/Ts., S. 21–34.

SCHIELE, Siegfried/Schneider, Herbert (Hg.) (1987): Konsens und Dissens in der politischen Bildung. Stuttgart.

SCHIELE, Siegfried/Schneider, Herbert (Hg.) (1996): Reicht der Beutelsbacher Konsens? Schwalbach/Ts.

SCHNEIDER, Herbert (1987): Ergänzungsbedürftiger Konsens? Zum Identitäts- und Identifikationsproblem in der politischen Bildung. In: Schiele, Siegfried/Schneider, Herbert (Hg.): Konsens und Dissens in der politischen Bildung. Stuttgart, S. 27–47.

SCHNEIDER, Herbert (1996): Gemeinsinn, Bürgergesellschaft und Schule – ein Plädoyer für bürgerorientierte politische Bildung. In: Schiele, Siegfried/Schneider, Herbert (Hg.): Reicht der Beutelsbacher Konsens? Schwalbach/Ts., S. 199–225.

SIM, Sung-Bo u. a. (2018): Beutelsbacher Konsens und Demokratische Bildung. Seoul.

SUTOR, Bernhard (1992): Politische Bildung als Praxis: Grundzüge eines didaktischen Konzepts. Schwalbach/Ts.

SUTOR, Bernhard (2002): Politische Bildung im Streit um die „intellektuelle Gründung" der Bundesrepublik Deutschland. Die Kontroversen der siebziger und achtziger Jahre. In: Aus Politik und Zeitgeschichte B45/2002, S. 17–27.

WEHLING, Hans-Georg (1977): Konsens à la Beutelsbach? Nachlese zu einem Expertengespräch. In: Schiele, Siegfried/Schneider, Herbert (Hg.): Das Konsensproblem in der politischen Bildung. Stuttgart, S. 173–184.

WEISSENO, Gerog (1996): „Was in Wissenschaft und Politik kontrovers ist, muß auch im Unterricht kontrovers dargestellt werden". Probleme bei der Umsetzung dieser Forderung. In: Schiele, Siegfried/Schneider, Herbert (Hg.): Reicht der Beutelsbacher Konsens? Schwalbach/Ts., S. 107–127.

WIDMAIER, Benedikt (2011): Das ganze Erfolgspaket auf seine Bedeutung hin befragen! Der Beutelsbacher Konsens und die aktionsorientierte Bildung. In: Außerschulische Bildung 2/2011, S. 142–150.

WIDMAIER, Benedikt/Zorn, Peter (Hg.) (2016): Brauchen wir den Beutelsbacher Konsens? Eine Debatte der politischen Bildung. Bonn.

WOHNIG, Alexander (2021): Zum Stellenwert der politischen Aktion in der politischen Bildung. In: ders. (Hg.): Politische Bildung als politisches Engagement. Überzeugungen entwickeln – sich einmischen – Flagge zeigen. Frankfurt/M., S. 152–165.

ZOLL, Ralf u. a. (1996): Die Rahmenrichtlinien für Gesellschaftslehre in Hessen. In: Imbusch, Peter/Zoll, Ralf (Hg.): Friedens- und Konfliktforschung. Wiesbaden, S. 274–312.

PETER JOHANNES DROSTE

Werte- und Demokratieerziehung im Geschichtsunterricht

Anmerkungen zum Überwältigungsverbot aus geschichtsdidaktischer Perspektive

1. Einleitung

Nach Jahrzehnten friedlichen und demokratischen Zusammenlebens in Deutschland ist deutlich geworden, dass dies nicht selbstverständlich ist. Populistische Auswüchse in Teilen der politischen Debatte, gesellschaftliche Spaltungstendenzen, die sich u. a. im Kontext der Corona-Pandemie zeigten, sowie die damit oft verbundene Instrumentalisierung von Geschichte als Argument machen es nötig, dass der Umgang mit und das Leben in der Demokratie von jungen Schülerinnen und Schülern ,erlernt' werden müssen. Lehrkräfte sind durch ihren Lehrauftrag verpflichtet, ihnen dabei zu helfen, ohne sie zu überwältigen, wie der erste Konsenssatz des Beutelsbacher Konsenses es 1976 treffend formulierte:

„Es ist nicht erlaubt, den Schüler – mit welchen Mitteln auch immer – im Sinne erwünschter Meinungen zu überrumpeln und damit an der ‚Gewinnung eines selbständigen Urteils' zu hindern. Hier genau verläuft nämlich die Grenze zwischen Politischer Bildung und *Indoktrination*. Indoktrination aber ist unvereinbar mit der Rolle des Lehrers in einer demokratischen Gesellschaft und der – rundum akzeptierten – Zielvorstellung von der Mündigkeit des Schülers." (Wehling 2016, 24; Hervorhebung im Original)

Im Entstehungsjahr des Beutelsbacher Konsenses lag die NS-Diktatur 30 Jahre zurück, belastete Lehrpersonen, die es durchaus noch gab, gingen vermehrt in den Ruhestand, die Aufarbeitung der NS-Zeit in Schule und Gesellschaft hatte Fahrt aufgenommen, Rechts- und Linksextremismus sowie Terrorismus waren allerdings präsent. Die Idee des Überwältigungsverbotes zielte auf eine liberale, tolerante Erziehung der Schülerinnen und Schüler im Geiste des Grundgesetzes. Der Konsens richtete sich gegen eine Indoktrination durch die Lehrenden.

Und heute? Es gibt gestern wie heute links- oder rechtsextremistische Aussagen von Lernenden, auf die das Lehrpersonal reagieren muss. In der gegenwärtigen Gesellschaft verfügen wieder mehr Schülerinnen und Schüler über

Erfahrungen mit Rassismus, Krieg[1], antidemokratischen Gesellschaften sowie mit politischen oder religiösen Ideologien, die mit unserer demokratischen Grundordnung nur schwer vereinbar sind. Diese Erfahrungen wurden allerdings selten in Deutschland gemacht. Darüber hinaus bringen die Familiengedächtnisse der bundesrepublikanischen Zuwanderungsgesellschaft unterschiedliche Werte, Perspektiven und Narrationen ein.

Relativismus, Indifferentismus, ein strapazierter Toleranzbegriff und falschverstandene Neutralität haben Lehrerinnen und Lehrer bisweilen ermuntert, bei politisch sensiblen Themen des Geschichtsunterrichtes und den damit verbundenen Werturteilen nicht so genau hinzuhören oder einfach jede Schülermeinung als angemessen zuzulassen. Die Gründe für dieses Verhalten sind komplex. Einerseits haben die Nachkriegsjahrzehnte zu einem stabilen und selbstbewussten Demokratieverständnis geführt, das einiges aushalten kann; anderseits bedarf es zur Sicherung des Erreichten, so die Erfahrungen nach 30 Jahren Wiedervereinigung, der Reflexion und Vergewisserung.[2] Die letzten Feinde der Demokratie schienen in Deutschland spätestens mit dem Ende des RAF-Terrorismus, der Wiedervereinigung und der Überwindung des DDR-Regimes verschwunden zu sein. Die Idee einer multikulturellen Gesellschaft hat zu einem meist unreflektierten Nebeneinander von Werten beigetragen. Ein Konsens als Bezugsbasis für eine Werte- und Demokratieerziehung bleibt ein kontroverses und offenes Thema (vgl. Droste 2020; Droste/Schweppenstette 2013).

2. Das Überwältigungsverbot in der Diskussion

Wann Indoktrination beginnt, ist in der Komplexität des Geschichtsunterrichtes nicht leicht zu bestimmen. Eine Zurückhaltung der Lehrenden soll ermöglichen, dass die Schülerinnen und Schüler selbsttätig zu validen Erkenntnissen über historische Situationen gelangen, ohne dass sie von Fakten oder vorgefertigten Narrationen der Lehrenden überfahren, überfordert oder überwältigt werden. Die fachliche und methodische Kompetenz darf nicht zur Überredung genutzt werden. Lehrkräfte verfügen über erzieherische Kompetenz und müssen laut

---

1 Kriegserfahrungen sowie die damit verbundenen gesellschaftlichen und politischen Folgen sind seit Februar 2022 besonders in den Fokus gerückt. Der vorliegende Text ist jedoch vor Beginn des Ukraine-Krieges entstanden, weshalb er trotz der Relevanz, die dem Beutelsbacher Konsens bei der unterrichtlichen Auseinandersetzung mit diesem Thema unzweifelhaft zukommt, nicht darauf eingehen kann.

2 Ähnlich äußerte sich der Bundespräsident in seiner Rede zum Tag des Gedenkens an die Opfer des Nationalsozialismus am 29.1.2020 in Berlin (vgl. Steinmeier 2020).

vieler Richtlinien und Landesverfassungen als Erziehungsberechtigte des Staates (vgl. Droste/Schweppenstette 2013, 11) Positionen beziehen und eine Diskurskultur vorleben, die nicht auf persönlicher Meinung, sondern historischen Argumenten und Urteilen beruht. Sie sind der freiheitlichen demokratischen Grundordnung verpflichtet, dürfen ihre persönliche Meinung aussprechen, aber diese nicht zum Unterrichtsziel machen. Um die Frage, ob dies einer politisch oder religiös als radikal eingestuften Lehrkraft möglich sein kann, ist in den 70er und 80er Jahren heiß gestritten worden.[3]

Zur Verunsicherung mancher Lehrkräfte trägt bei, dass der Unterschied zwischen dem Grundrecht auf Meinungsäußerung und der Urteilskompetenz im Geschichtsunterricht häufig unscharf wahrgenommen wird. Gern wird der Beutelsbacher Konsens bemüht (vgl. z. B. Hagemann 2020, 19; Kayser/Hagemann 2010, 13) und die Meinung vertreten, dass die Geschichtslehrkraft politisch neutral zu sein habe, die Schülerinnen und Schüler nicht durch Meinungsäußerung bzw. Fachautorität beeinflussen und dadurch „überwältigen" dürfe. Aus dieser Perspektive erinnert der Beutelsbacher Konsens an die freiwillige Selbstkontrolle (FSK) der Film- und Kulturbranche, die knapp 20 Jahre älter ist.

Der Politikunterricht wendet sich vehement gegen ein vermeintliches Neutralitätsgebot (vgl. z.B. Hoffmann 2016; Oberle im vorliegenden Band). Ein Neutralitätsgebot ist ein „Mythos" (Wieland 2019, 1), es ist vielmehr ausweichend oder politisch. Die Annahme verpflichtender Neutralität dient häufig dazu, unliebsame Diskussionen in der Schule zu vermeiden oder die Teilnahme an der politischen Diskussionskultur an Schulen (juristisch) zu erstreiten. Die AfD drängt z.B., häufig mit anwaltlicher Unterstützung, auf ein generelles politisches Meinungsäußerungsverbot in Schulen.[4] „Im Beamtenrecht verankert ist vielmehr der Grundsatz, dass Beamt*innen ‚bei politischer Betätigung diejenige Mäßigung und Zurückhaltung zu (wahren) haben, die sich aus ihrer Stellung gegenüber der Allgemeinheit und aus Rücksicht auf die Pflichten ihres Amtes ergibt' (§33 Abs. 2 Beamtengesetz)" (Wrase 2020, 10). Politische Ausgewogenheit, Multiperspektivität und Kontroversität sind aber nicht erst erfüllt, wenn alle Parteien oder Positionen berücksichtigt werden. Vorgeschobene „Vollständigkeit", die von den Verfechtern eines Neutralitätsgebotes zudem fälschlicherweise mit

---

3 Der sog. Radikalenerlass (1972) war ein Beschluss zur Überprüfung von Bewerbern für den Öffentlichen Dienst auf deren Verfassungstreue, der für Unruhe in der Bevölkerung sorgte und zu Protesten führte (vgl. Heinz-Jung-Stiftung 2019; Jaeger 2019).
4 Der Autor beruft sich auf ostdeutsche Kolleginnen und Kollegen sowie Museums- und Gedenkstättenvertreterinnen.

„Ausgewogenheit" oder „Neutralität" gleichgesetzt wird, ist im Geschichtsunterricht weder erreichbar, noch erwünscht oder notwendig. Multiperspektivität, Perspektivwechsel, historischer Vergleich und andere Methoden reichen völlig aus, um zu validen Erkenntnissen zu gelangen.

Der Wunsch nach Neutralität wirft kein gutes Licht auf die Diskursfähigkeit an unseren Schulen. Im Geschichtsunterricht werden politische und ethische Meinungsäußerung und Meinungsbildung gefordert, aber es geht vorranging um Erkenntnisse, Urteile und die Entwicklung eines reflektierten Geschichtsbewusstseins. In den Curricula ist länderspezifisch ausgewiesen, wie die Diskurs- und Urteilsfähigkeit im Geschichtsunterricht inhaltlich und methodisch gefördert und ausgebaut werden soll.

3. Überwältigung im Geschichtsunterricht

Die Geschichte des postnationalsozialistischen Geschichtsunterrichtes in Deutschland ist älter als der Beutelsbacher Konsens und weniger statisch. Eine unveränderte Fortführung des Geschichtsunterrichtes über 1945 hinaus war wegen seiner Legitimationsfunktion im Nationalsozialismus weder möglich noch gewünscht. In der NS-Zeit wurde der Geschichtsunterricht zweifellos zur Überwältigung der Schülerinnen und Schüler im Sinne des Nationalsozialismus missbraucht. Es gibt deshalb wenige Fächer, die sich seit 1945 so lebendig entwickelt haben, wie die Geschichtswissenschaften, inklusive der Fachdidaktik (vgl. Bongertmann/Droste 2022, 7; Rohlfes 1997). Der Beutelsbacher Konsens kam zur rechten Zeit, passte in das Konzept eines notwendig neuen Geschichtsunterrichtes und wurde integriert. Die Ansprüche an modernen Geschichtsunterricht gingen damals bereits deutlich weiter (vgl. Thünemann 2020; Droste 2021). Neben dem (reflektierten) Geschichtsbewusstsein und der Problemorientierung kam der konstruktivistische Ansatz hinzu, der das Fach Geschichte endgültig vom Lern- zum Erkenntnis- und Denkfach beförderte (vgl. Völkel 2002, 10), das mit Sach- und Werturteil immun gegen Ideologisierung und neuerdings auch Fake-News schien.[5]

Neben dem quellenkritischen Verfahren sind das Sach- und Werturteil Instrumente der Wissenschaftspropädeutik, um junge Menschen zu kritischen und demokratischen Staatsbürgerinnen und Staatsbürgern zu erziehen. Alteritätserfahrung, Perspektivwechsel, Kontrastivität und Reflexion des eigenen Standpunktes reichen weiter als die Kategorien, die vom Fach Politik für das Werturteil

---

5 Umfassend zur Sach- und Werturteilsbildung im Geschichtsunterricht vgl. Winklhöfer (2021).

im Geschichtsunterricht herangetragen wurden.⁶ Auf Universalität gegründete historische Urteile, die sich reflektiert, d. h. den historischen Kontext und die Borniertheit des eigenen Standpunktes erkennend und dadurch relativierend, auf den kategorischen Imperativ und Menschenrechte berufen, können brisante historische Ereignisse wie den Holocaust ‚beurteilen'.

Werturteil und Handlungskompetenz haben in den Richtlinien einen prominenten Stellenwert. Sie helfen Schülerinnen und Schülern, nicht nur Werte und Wertesysteme kennenzulernen, sondern fördern auch das Einüben von Werten sowie das Abwägen und Reflektieren von Wertmaßstäben für ihr Handeln in Alltags- oder Schulsituationen. Veränderungen der medialen und digitalen Gesellschaft und deren negative Auswüchse wie „Hate Speech" und „Shit-Storms" oder mangelndes wissenschaftliches Ethos, das sich z. B. in Copy-Paste-Strategien spiegelt (vgl. Droste/Schweppenstette 2013, 18–21), haben neuen Bedarf evoziert. Werteerziehung und Wertebildung sind allerdings nur ein Teil des Geschichtsunterrichtes.

Der Geschichtsunterricht scheint durch das Postulat des Gegenwartsbezuges, der auch eine Legitimitätsfunktion ausübt, für die Herausforderungen der Gegenwart gewappnet. Als Herausforderung darf man neben fachlichen Defiziten den sogenannten „Werteverfall" sehen, der spätestens seit Ende der 1960er-Jahre immer wieder kontrovers diskutiert wird (vgl. ebd., 11). Das Beharren auf einem umfänglichen Faktenwissen oder einem ‚abendländischen', christlich-europäischen Wertekonsens könnte für manche Schülerinnen und Schüler eine Überwältigung darstellen. Neutralität und die Gleichgültigkeit postmoderner Auffassungen wären, aus der fachlichen Perspektive eines reflektierten Geschichtsbewusstseins, aber falscher Geschichtsunterricht. Ein valides Werturteil muss Werte als Gegenstand des Geschichtsunterrichtes reflektieren (vgl. Thünemann 2020, 18), denn Schülerinnen und Schüler glauben nur zu gern, dass sie ‚modern' seien und alles ‚richtig' machten, was unseren Vorfahren ‚leider' noch nicht möglich war. Sie beginnen ihre Meinungsäußerungen häufig mit der Floskel ‚heutzutage', die zwar die Distanz zur Geschichte dokumentiert, aber nicht reflektiert.

Urteilskompetenz benötigt Kenntnisse über Ereignisse, Perspektivität und den Kontext der zu beurteilenden Handlungen. Das Herbeiführen eines

---

6 Gemeint sind die Kategorien der Machbarkeit und der Effizienz, wie sie von Hagemann mehrfach für den Geschichtsunterricht als verpflichtend gefordert wurden. 2020 konzediert er die unzureichende Triftigkeit seiner Kategorien (hier: Vorteil, Erfolg, Fortschritt ...) (vgl. Hagemann 2020).

historischen Werturteils im Unterricht bleibt trotzdem ein Ritt auf der Rasierklinge: Immunisiere ich meine Schülerinnen und Schüler durch guten Geschichtsunterricht gegen politische Verführer oder überwältige ich sie dadurch, dass ich von ihnen die Berücksichtigung unserer Verfassungswerte verlange, zumal dies in der Leistungsbeurteilung eine zentrale Rolle spielt? Niemand käme anders als leichtfertig zu dem Schluss, dass der zweite hermeneutische Zirkel dem Erkenntnisvermögen abträglich sei. Erkenntnis- und Urteilsvermögen liegen nicht nur im Geschichtsunterricht nah beieinander. Besondere Bedeutung haben die Methoden und Inhalte[7] der Werteerziehung, die hier jedoch nicht erörtert werden können.

4. Grenzen des Geschichtsunterrichtes

Es bleibt fragwürdig, ob man aus der Geschichte lernen kann (vgl. Pampel 2021). Der Wertediskurs bleibt eine gesellschaftliche Herausforderung, der sich der Geschichtsunterricht stellen muss. Lehrpläne und fachliche Konzepte müssen den gesellschaftlichen Anforderungen angepasst werden. Globalgeschichte und die Themen der Herkunftsländer unserer Schülerinnen und Schüler müssen stärker berücksichtigt sowie Demokratieerziehung und Holocaust-Erziehung zum Kerngeschäft der schulischen Erziehung werden.

Als Unterrichtsfach bleibt Geschichte aber auch Lernfach. Schülerinnen und Schüler werden in Schulbuchtexten, Abbildungen und Darstellungen ständig und selbstverständlich mit historischen Urteilen konfrontiert, die nicht von ihnen stammen. Sie lernen Methoden und Verfahren, um diese zu beurteilen. Der Geschichtsunterricht nutzt dabei auch universale Werte in seiner Heuristik, um rationales und logisches Denken zu erleichtern und zu fördern. Werturteile sind im Geschichtsunterricht weniger ethisch als intersubjektiv und rational begründet. Aus diesem Grund sind sie eine individuelle Leistung der Lernenden und können benotet werden. Bei der Entwicklung und Reflexion von Werten kann der Geschichtsunterricht helfen.

Der Beutelsbacher Konsens berührt aber auch andere Fächer und Gesellschaftsbereiche. Das Fach Philosophie vertritt die Ethik und Erkenntnistheorie fachwissenschaftlich, das Fach Politik erhebt zu Recht Anspruch auf eine

---

7 Bei den Methoden lohnt ein Blick auf die affinen Fächer: Die Dilemma-Methode des Philosophie-Unterrichtes lässt sich z.B. mit Einschränkungen im Geschichtsunterricht verwenden. Viele Inhalte beider Sekundarstufen eignen sich für Werturteile, die sich auf Universalität zurückführen lassen (Sklaverei, Kriege, ...).

Demokratieerziehung in der Schule. Auch außerhalb der Schule finden Werte- und Demokratieerziehung statt. Neben den Familien und Institutionen der politischen Bildung sind es z. b. die Einrichtungen zur Holocaust Education oder außerschulische Lernorte. In nahezu jeder Stadt gibt es historische Relikte oder Konstruktionen (Denkmäler) zu historischen Ereignissen mit hohem ethischen Lernpotenzial (Baudenkmäler, Friedhöfe, Gedenkstätten, Stolpersteine, etc.) (vgl. Schlögel 2003; Schaarschmidt 2021, 295), das auch in Arbeitsgemeinschaften oder Projekten zur Werteerziehung genutzt werden kann (vgl. Kuchler 2012).

Der Geschichtsunterricht ist allerdings kein Ethik- oder Politikunterricht. Vorrangig bleibt das wissenschaftliche und möglichst rationale und sachlogische Vorgehen, um quellenbasiert, multiperspektivisch und methodengeleitet belegbare und nachvollziehbare Aussagen über die Geschichte und deren Relevanz zu erarbeiten. In diesem Sinne sind die ethischen und politischen Unterrichtsziele zu trennen von den Lernzielen sui generis, die die Schülerinnen und Schüler befähigen sollen, „historische Entwicklungen zu beschreiben und zu bewerten". Bestenfalls werden sie dadurch befähigt, „unsere Welt als durch eigenes Tun gestaltbar und veränderbar zu begreifen" (Kultusministerkonferenz 2014, 2). Die Schlüsselqualifikation bleibt die Urteilskompetenz, die als Anforderungsbereich (AFB) III zum anspruchsvollsten Teil des Geschichtsunterrichtes zählt.

5. Konsequenzen für das Lehrerhandeln

Guter Geschichtsunterricht wird in allen Phasen der Lehrerbildung grundlegend reflektiert und gefördert. Die methodischen und fachlichen Standards der Wissenschaft und die Anforderungen einer diversen Gesellschaft, die sich um Reflexion und Identität bemühen, sind anspruchsvoll. Dekonstruktion und Konstruktion sind Schlüsselbegriffe des modernen Geschichtsunterrichtes und dürfen nicht zur Herstellung beliebiger Narrationen missbraucht werden: Historische Urteile können falsch sein, können sich verändern, unterliegen nicht der gleichen Diskursivität, wie z. B. ethische Urteile, sondern müssen den Fachmethoden, der Quellenkritik, der Alterität verpflichtet sein und die Perspektivität des eigenen Urteils reflektieren. Ein falsches historisches Urteil bleibt für sich genommen falsch, weil es an den Zeitpunkt des Urteilens gebunden ist, es wird nicht von der historischen Entwicklung überholt oder vielleicht irgendwann oder irgendwo ‚richtig'.

Ähnliches gilt auch für das Überwältigungsverbot, das die Grenze zwischen historisch-politischer Bildung und Indoktrination markiert. Geschichtslehrkräfte müssen bei allen Unterrichtsgegenständen den Forschungsstand der

Geschichtswissenschaft berücksichtigen und diesen ihren Schülerinnen und Schülern im Sinne von Wissenschaftspropädeutik vermitteln. Das Überwältigungsverbot passt damit in die Begrifflichkeiten der Kompetenzorientierung (Sach-, Methoden-, Urteilskompetenz).

Meinungsfreiheit und Urteilskompetenz sind im Geschichtsunterricht häufig wie zwei Seiten einer Medaille: Meinungsfreiheit und Meinungsäußerung ja, aber außerhalb des bewertbaren Leistungsbereiches, Sach- und Werturteil hingegen sind als Ausdruck von Kompetenz kognitive Leistungen und expliziter Bestandteil des AFB III und damit bewertbar und Bestandteil der Noten. Die Schülerinnen und Schüler lernen im Geschichtsunterricht, vor allem in den AFB II-III, dass sich die Auseinandersetzung mit Quellen, Texten und vielerlei Meinungsäußerungen nicht allein auf die Inhaltsentnahme beschränkt.

Die Werte- und Demokratieerziehung sind eine gesellschaftliche und besonders auch eine pädagogische Herausforderung. Die Kernlehrpläne und fachlichen Konzepte sind in dieser Hinsicht zum Teil obsolet bzw. bilden mit ihren inhaltlichen Schwerpunktsetzungen nicht mehr die immer heterogenere Gesellschaft und ihre vielfältigen Orientierungsbedürfnisse ab. Die drängenden Themen Rassismus, Krieg, Migration, Postkolonialismus können nicht mehr allein mit den klassischen Themen erschöpfend behandelt werden. Was dies für zukünftige Lehrpläne bedeutet, bleibt zu diskutieren.

Die vielen Perspektiven und auch die heterogener werdenden Normen und Wertvorstellungen, die nicht immer mit unseren Verfassungsnormen korrespondieren müssen, sind eine Herausforderung für Schule und Geschichtsunterricht. Die Prinzipien des Beutelsbacher Konsenses können im Umgang mit ihnen Orientierung bieten. Dass sich aus ihnen keine Verpflichtung für ein neutrales Lehrerhandeln ableiten lässt, ist deutlich geworden. Zu diskutieren wäre hierbei aber, ob das Überwältigungsverbot im Zusammenhang mit Werteerziehung um ein Interventionsgebot ergänzt werden müsste. Denn was passiert, wenn Schülerinnen und Schüler unsere demokratischen Verfassungswerte, an denen der Geschichtsunterricht ausgerichtet sein soll, unwissentlich oder bewusst verletzen? Wie immer die Antwort hierauf ausfällt: Der Blick auf die gesellschaftlichen Entwicklungen zeigt, dass Werteerziehung ein Kerngeschäft der Schule ist und bleiben muss, um den Schülerinnen und Schülern Orientierung in der Gegenwart zu ermöglichen. Ohne Lehrkräfte, die aktiv demokratische Grundwerte vorleben und für sie eintreten, lässt sich dieses Ziel nicht erreichen.

Literatur

BONGERTMANN, Ulrich/Droste, Peter Johannes (2022): Trendfach Gesellschaftslehre? In: Geschichte für heute 15, H.1, S. 5–16.

DROSTE, Peter Johannes (2020): Demokratie und Demokratieerziehung im Geschichtsunterricht. In: Lüdicke, Lars (Hg.): Deutsche Demokratiegeschichte. Eine Aufgabe der Erinnerungsarbeit. Berlin, S. 133–147.

DROSTE, Peter Johannes (2021): Die Relevanz des Rohlfes'schen Werkes für Referendarinnen und Referendare. In: Deile, Lars u. a. (Hg.): Brennpunkte heutigen Geschichtsunterrichts. Joachim Rohlfes zum 90. Geburtstag. Frankfurt/M., S. 189–194.

DROSTE, Peter Johannes/Schweppenstette, Frank (2013): Werte und Werteerziehung im modernen Geschichtsunterricht. In: dies. u. a. (Hg.): Ceterum Censeo. Überlegungen zu einem zeitgemäßen Geschichtsunterricht. Festschrift für Rolf Brütting zum 70. Geburtstag. Oberhausen, S. 11–24.

HAGEMANN, Ulrich (2020): Das Modell historisch-politischer Urteilsbildung – eine legitime Grenzüberschreitung? In: Geschichte in Wissenschaft und Unterricht 71, S. 19–34.

HEINZ-JUNG-STIFTUNG (Hg.) (2019): Wer ist denn hier der Verfassungsfeind! Radikalenerlass, Berufsverbote und was von ihnen geblieben ist. Köln.

HOFFMANN, Astrid (2016): Plädoyer für politisch nicht-neutrale Lehrende und die Förderung realen politischen Handelns. „Heppenheimer Intervention". In: Widmaier, Benedikt/Zorn, Peter (Hg.): Brauchen wir den Beutelsbacher Konsens? Eine Debatte der politischen Bildung. Bonn, S. 197–206.

JAEGER, Alexandra (2019): Auf der Suche nach „Verfassungsfeinden". Der Radikalenbeschluss in Hamburg 1971–1987. Göttingen.

KAYSER, Jörg/Hagemann, Ulrich (2010): Urteilsbildung im Geschichts- und Politikunterricht. Baltmannsweiler.

KUCHLER, Christian (2012): Historische Orte im Geschichtsunterricht. Frankfurt/M.

KULTUSMINISTERKONFERENZ (Hg.): Erinnern für die Zukunft. Empfehlungen zur Erinnerungskultur als Gegenstand historisch-politischer Bildung in der Schule. Beschluss der KMK vom 11.12.2014. Berlin/Bonn 2014.

PAMPEL, Bert (2021): Warum wir nicht aus der Geschichte lernen. Leipzig.

ROHLFES, Joachim (1997): Literaturbericht Geschichtsdidaktik und Geschichtsunterricht. In: Geschichte in Wissenschaft und Unterricht 48, S. 41–59, 107–125, 169–188 u. 245–259.

SCHAARSCHMIDT, Thomas (2021): Ein Kunstprojekt macht Geschichte. Gunter Demnigs Stolpersteine. In: Bösch, Frank u. a. (Hg.): Public Historians. Zeithistorische Interventionen nach 1945. Göttingen, S. 288–300.

SCHLÖGEL, Karl (2003): Im Raume lesen wir die Zeit. Über Zivilisationsgeschichte und Geopolitik. München.

STEINMEIER, Frank-Walter (2020): „Meine Sorge ist, dass wir die Vergangenheit inzwischen besser verstehen als die Gegenwart". Gedenkstunde des Deutschen Bundestages zum Tag des Gedenkens an die Opfer des Nationalsozialismus. Berlin, 29. Januar 2020. In: ders.: „Ja, wir sind verwundbar". Reden, Interviews und Namensbeiträge, Bd. 4: 10. Januar–25. Dezember 2020. Berlin, S. 39–50.

THÜNEMANN, Holger (2020): Historische Werturteile. Positionen, Befunde, Perspektiven. In: Geschichte in Wissenschaft und Unterricht 71, S. 5–18.

VÖLKEL, Bärbel (2002): Wie kann man Geschichte lehren? Die Bedeutung des Konstruktivismus für die Geschichtsdidaktik. Schwalbach/Ts.

WEHLING, Hans-Georg (2016): Konsens à la Beutelsbach? Nachlese zu einem Expertengespräch. Textdokumentation aus dem Jahr 1977. In: Widmaier, Benedikt/Zorn, Peter (Hg.): Brauchen wir den Beutelsbacher Konsens? Eine Debatte der politischen Bildung. Bonn, S. 19–27.

WIELAND, Joachim (2019): Was man sagen darf: Mythos Neutralität in Schule und Unterricht. Hintergrundpapier zur „Politischen Bildung in der Schule". Berlin.

WINKLHÖFER, Christian (2021): Urteilsbildung im Geschichtsunterricht. Frankfurt/M.

WRASE, Michael (2020): Wie politisch dürfen Lehrkräfte sein? Rechtliche Rahmenbedingungen und Perspektiven. In: Aus Politik und Zeitgeschichte 14–15/2020, S. 10–15.

HOLGER THÜNEMANN

Kontroversität ohne Plausibilität und Konsens?

Geschichtsdidaktische Überlegungen zum Kontroversitätsgebot des Beutelsbacher Konsenses

1. Einleitung: Omnipräsenz geschichtskultureller Kontroversen

Geschichte ist allgegenwärtig und zugleich oft heftig umstritten. Tagtäglich konfrontieren uns unterschiedliche Akteure, Praktiken und Institutionen der Geschichtskultur mit bestimmten Vergangenheitsdeutungen und beeinflussen so unsere Vorstellungen, Urteile und Einstellungen zu historischen Personen, Ereignissen oder Entwicklungen sowie zu ihrer Relevanz für Gegenwart und Zukunft. Das gilt nicht zuletzt für geschichtskulturelle Kontroversen, in denen unterschiedliche Vergangenheitsbezüge, wechselnde historische Orientierungsbedürfnisse und konkurrierende Deutungsangebote verhandelt und hinsichtlich ihrer Plausibilität diskutiert werden. Folgt man einem integralen Konzept von Geschichtskultur (Rüsen 1994, 4; vgl. Thünemann 2018, 130–132), dann ist klar, dass sich solche Kontroversen nicht auf die akademische Sphäre der Geschichtswissenschaft beschränken (vgl. z. B. Sabrow u. a. 2003; Große Kracht 2005), sondern dass sie auch in einer breiteren Öffentlichkeit – in Politik, Gesellschaft, Familie und Schule, in den klassischen Printmedien ebenso wie im digitalen Raum (vgl. z. B. Bunnenberg/Steffen 2019) – intensiv ausgetragen werden. Geschichte wird in solchen Kontroversen sowohl von *non-professionals* als auch von Historikerinnen und Historikern manchmal einseitig wahrgenommen, aus heutiger Sicht bewertet und mit unterschiedlichen Absichten zu gegenwärtigen Zwecken genutzt.[1]

Insbesondere in den letzten Jahren hat die Intensität der Auseinandersetzungen über eine angemessene Repräsentation bestimmter Vergangenheiten

---

1 Bei den folgenden Überlegungen handelt es sich um die aktualisierte und teilweise ergänzte Fassung eines Beitrags, der 2023 in dem von Siegfried Frech, Robby Geyer und Monika Oberle herausgegebenen Sammelband „Kontroversität in der politischen Bildung" erschienen ist.

wieder deutlich zugenommen. Die vor allem durch Jan Böhmermann befeuerte „Hohenzollerndebatte" hat nicht nur die Geschichtswissenschaft in jüngster Zeit intensiv beschäftigt (vgl. Machtan 2021; Malinowski 2021; Kroll u. a. 2021; Hürter/Süß 2021; Steinbach 2023). Die Diskussionen über die Rekonstruktion des Berliner Stadtschlosses und die Eröffnung des Humboldt Forums haben sich als zunächst ungewollter Resonanzraum für geschichtskulturelle Kontroversen über Fragen der Restitution und des Umgangs mit kolonialen Vergangenheiten entwickelt (vgl. Sandkühler u. a. 2020; Schönberger 2021). Das Feld der historischen Auseinandersetzung mit den zwar nicht unbedingt ereignisgeschichtlich-kausal, aber zumindest geschichtskulturell aufeinander bezogenen Vergangenheiten der deutschen Kolonialverbrechen und des Holocaust ist mittlerweile derart umkämpft, dass bereits von einem neuen Historikerstreit die Rede ist (vgl. Friedländer u. a. 2022). Und die auf dem Münsteraner Historikertag im Jahr 2018 eröffnete Diskussion über eine Resolution des Historikerverbandes zu „gegenwärtigen Gefährdungen der Demokratie" und über das damit verbundene, aus meiner Sicht gut begründete Plädoyer für „Humanität und Recht, gegen die Diskriminierung von Migranten" (vgl. Thünemann 2020, 5 f.) hallt in anderen Debatten immer noch deutlich nach (vgl. Walter 2021, 129). Dies ist nur eine relativ kurze Liste von Beispielen für die Omnipräsenz geschichtskultureller Kontroversen, die sich leicht verlängern ließe, zumal dann, wenn man neben nationalen auch regionale (vgl. z. B. für Münster Großbölting 2015) oder internationale Kontexte (vgl. für die Niederlande z. B. Museum Amsterdam 2021) berücksichtigen würde.

„Was in Wissenschaft und Politik kontrovers ist", so der zweite Satz des Beutelsbacher Konsenses, „muß auch im Unterricht kontrovers erscheinen" (Wehling 2016, 24). Obwohl der Beutelsbacher Konsens mit wenigen Ausnahmen (vgl. von Borries 2008, 40–42, 120, 229; 2013; Meyer-Hamme 2018, 77–80; Brüning 2021; Thyroff 2021, 261 f.) in der Geschichtsdidaktik keine besonders intensive Resonanz gefunden hat, ist diese Forderung für den Geschichtsunterricht ebenso relevant wie für den Politikunterricht. Angesichts des „fundamental kontroversen Charakters von Historie" (von Borries 2008, 41) ist Kontroversität für historisches Denken und Lernen geradezu konstitutiv. Spätestens seit den 1970er Jahren besteht in der Geschichtsdidaktik jedenfalls ein weitgehender Konsens, dass Geschichte ein perspektivengebundenes Konstrukt ist, das ausgehend von sich wandelnden historischen Orientierungsbedürfnissen und Fragestellungen immer wieder aufs Neue diskursiv ausgehandelt wird. Das vor allem von Klaus Bergmann profilierte Konzept der Multiperspektivität (Bergmann 1997; 2008; vgl. Lücke 2017), das wiederum in der Politikdidaktik kaum rezipiert wurde (vgl. jedoch Grammes 1998, 352–359; Winckler 2020, 154), ist das maßgebliche Prinzip, in dem diese Auffassung zum Ausdruck kommt. Seit ungefähr fünf Jahrzehnten sind dieses Prinzip und seine Dimensionen der Perspektivität, Kontroversität und Pluralität in den „geschichtsdidaktischen Wissensordnungen" (Heuer 2021, 38 u. 47; vgl. auch Sandkühler im vorliegenden Band) daher fest verankert.

Wenn Lehrerinnen und Lehrer Kontroversität im Geschichtsunterricht zur Geltung bringen wollen, dann stehen sie allerdings vor mindestens vier Herausforderungen, die ich im Folgenden kurz skizzieren möchte.[2] Praktisch lassen sich diese Herausforderungen kaum voneinander trennen und auch theoretisch hängen sie sehr eng miteinander zusammen.

2. Geschichtstheorie: Ist jede Position gleich gültig?

Die erste Herausforderung ist vor allem geschichtstheoretischer Natur. Dass kontroverse Positionen im Geschichtsunterricht ihren Platz haben sollen, lässt sich zumindest dann, wenn man Geschichte als Bewusstseinskonstrukt versteht, kaum bestreiten. Dass Geschichte ein Konstrukt ist, bedeutet jedoch nicht, dass sich jede beliebige historische Position mit gleicher Berechtigung vertreten lässt (vgl. dazu aus politikdidaktischer Perspektive Oberle 2020). Woran lässt sich also die Qualität unterschiedlicher Vorstellungen, Urteile und Einstellungen zu historischen Themen bzw. die Gültigkeit bestimmter historischer Narrationen bemessen? Im Sinne einer fachspezifischen Profilschärfung bietet das gerade bereits erwähnte geschichtsdidaktische Prinzip der Multiperspektivität hier wesentliche Anregungen und Anknüpfungspunkte. Einerseits lassen sich mit den Dimensionen der Perspektivität, der Kontroversität und der Pluralität unterschiedliche Zeitbezüge und Artikulationsformen historischen Denkens unterscheiden. Andererseits verbinden sich mit dieser Begriffstrias – gerade auch angesichts „rechtspopulistischer historischer Narrative" (Köster 2018, 72) oder Instrumentalisierungsversuche sowie zunehmend verbreiteter Halbwahrheiten (vgl. Gess 2021) und postfaktischer Fake-News (vgl. Schlinkheider 2020) – notwendige Plausibilitätsansprüche, die ich im Folgenden mit Blick auf die verschiedenen Teiloperationen historischen Denkens und Ebenen der Multiperspektivität zur Diskussion stellen werde (Tab. 1).

---

2 Für Anregungen, Kritik und Korrekturen danke ich Johannes Jansen, Andreas Johannes, Stefanie Lammers, Felix Westhoff und Christian Winklhöfer.

Teiloperationen historischen Denkens	Ebenen der Multiperspektivität	Dimensionen und Kriterien narrativer Plausibilität
Sachverhaltsanalyse	Perspektivität historischer Quellen	Empirische Plausibilität • formal: Quellenvielfalt • inhaltlich: Quellenwert
Sachurteil	Kontroversität historischer Darstellungen	Theoretische Plausibilität • formal: Theorieförmigkeit • inhaltlich: Theoriequalität
Werturteil	Pluralität historischer Orientierungsleistungen	Normative Plausibilität • formal: Standpunktreflexion • inhaltlich: Wertmaßstab

Tab. 1: Dimensionen historischer Erkenntnis: eigene Darstellung[3]

Erstens geht es auf der Ebene der Quellen um die Perspektivität unterschiedlicher zeitgenössischer Wahrnehmungen historischer Akteurinnen und Akteure, Ereignisse und Entwicklungen. Sklaverei beispielsweise bedeutete für die davon Betroffenen Entmenschlichung, für die Profiteure dagegen, die dies lange systematisch ausgeblendet haben, verhieß sie ungeahnten Reichtum. Die Industrialisierung empfanden die einen als großartigen Fortschritt, die anderen als Bedrohung. Die Vereinigung der beiden deutschen Teilstaaten wurde sowohl euphorisch begrüßt als auch scharf kritisiert. Und dass nicht nur Migration, sondern auch Gastfreundschaft ein unveräußerliches Menschenrecht ist, wird ebenso nachdrücklich gefordert (vgl. z. B. Balibar 2018; Kohlenberger 2022)[4] wie energisch bestritten. Im historischen Erkenntnisprozess kommt es darauf an, unterschiedliche zeitgenössische Perspektiven so weit und so umfassend wie möglich zu berücksichtigen. Nur unter dieser Voraussetzung können Historikerinnen und Historiker oder, allgemeiner formuliert, alle diejenigen, die sich mit Geschichte

---

3 Vgl. hierzu und zum Folgenden neben den bereits zitierten Beiträgen von Klaus Bergmann (1997; 2008) und Martin Lücke (2017) vor allem Jörn Rüsen (2013, 58–63), insbesondere das „Schema der Wahrheitsansprüche des historischen Denkens" (62), und Bodo von Borries (2008, 170 f.), insbesondere Grafik 24 zu den „Teiloperationen des Historischen Erkennens". Historische Fragen als Ausgangspunkt historischen Denkens bleiben hier unberücksichtigt. Rüsen spricht inzwischen nicht mehr von Triftigkeiten (1983, 85–136), sondern von Plausibilitäten (2013, 60–62). Seine Triftigkeits- bzw. Plausibilitätsdimensionen sind in der Geschichtsdidaktik zwar intensiv rezipiert, aber sehr unterschiedlich und teilweise auch missverständlich definiert worden. Vgl. zuletzt van Norden (2020, 124).

4 Vgl. in diesem Zusammenhang auch die grundlegenden Überlegungen von Habbo Knoch (2023) zur Menschenwürde.

beschäftigen, einen „selektiven Erfahrungsbezug" (Gess 2021, 33) vermeiden und historische Sachverhalte möglichst angemessen beschreiben; nur unter dieser Voraussetzung gewinnt eine bestimmte historische Narration Jörn Rüsen zufolge an empirischer Plausibilität. Mit anderen Worten: Wer seine eigene Narration nicht auf eine möglichst breite und zuverlässige Grundlage historischer Zeugnisse stützen kann, der scheitert am „Vetorecht" der Quellen (Koselleck 2013, 206). Um den Begriff der empirischen Plausibilität im Zusammenhang mit dem Prinzip der Multiperspektivität noch genauer zu fassen, liegt es aus meiner Sicht allerdings nahe, eine formale und eine inhaltliche Dimension zu unterscheiden. In formaler Hinsicht kommt es auf Quellenvielfalt an, in inhaltlicher Hinsicht auf den Quellenwert, also darauf, dass eine möglichst enge Korrespondenz zwischen Quelleninhalten bzw. -aussagen und den untersuchten historischen Sachverhalten besteht.

Zweitens geht es auf der Ebene der von späteren Betrachterinnen und Betrachtern verfassten historischen Darstellungen um die Kontroversität unterschiedlicher Deutungen bzw. Sachurteile, wie sie insbesondere in den Debatten von Historikerinnen und Historikern, aber auch in einer historisch interessierten breiteren Öffentlichkeit zur Sprache kommen. Zur Erklärung von NS-Politik und NS-Verbrechen hat, um ein klassisches Beispiel zu nennen, die Geschichtswissenschaft sehr unterschiedliche theoretische Positionen entwickelt. Während intentionalistisch oder personalistisch argumentierende Historikerinnen und Historiker vor allem Hitler ins Zentrum ihrer Deutung stellen, betonen die Vertreter funktionalistischer bzw. strukturalistischer Ansätze stärker das polykratische Geflecht konkurrierender Einflussgruppen sowie politische Eigendynamiken und vermeintliche Handlungszwänge (vgl. Hildebrand 2009, 150 f., 166–169, 281–284). Unterschiedliche Theorieansätze prägen ebenso die bereits erwähnte „Hohenzollerndebatte". Denn die Beantwortung der Frage, ob der ehemalige preußische Kronprinz Wilhelm der nationalsozialistischen Machtetablierung „erheblichen Vorschub" geleistet hat oder nicht, hängt auch davon ab, ob man eher politik- oder kulturgeschichtlich argumentiert, ob man den Fokus also stärker auf konkrete politische Einflussmöglichkeiten oder die Relevanz symbolischen Kapitals richtet (vgl. Hürter/Süß 2021). Je größer die historische „Erklärungskraft" eines bestimmten Ansatzes, desto höher ist seine theoretische Plausibilität (vgl. Rüsen 2013, 62). Auch auf dieser Ebene halte ich es allerdings für sinnvoll, zwischen einer formalen und einer inhaltlichen Dimension zu unterscheiden. In formaler Hinsicht geht es darum, ob historische Narrationen überhaupt explizit theorieförmig sind. In inhaltlicher Hinsicht kommt es darauf an, ob Historikerinnen und Historiker die Auswahl ihrer Theorien überzeugend begründen und ob der gewählte Theorierahmen aktuellen Kriterien wissenschaftlicher Qualität entspricht. Woran sich diese Qualität bemisst und inwieweit sich dafür konsensfähige Gesichtspunkte definieren lassen, müsste meines Erachtens intensiver diskutiert werden.[5]

Drittens geht es auf der Ebene der Pluralität um die Vielfalt historischer Orientierungsangebote und -leistungen. Mit bestimmten historischen Akteurinnen und Akteuren, Ereignissen und Entwicklungen können sich heute völlig unterschiedliche Werturteile, Valenz- und Relevanzzuschreibungen (Thünemann 2020, 17 f.; vgl. Winklhöfer 2021, 17 f., 35; Thünemann 2022, 244) verbinden. Und die Konsequenzen, die sich daraus für konkretes politisches Handeln ergeben, sind möglicherweise sehr verschieden. „Das klassische Beispiel", so Bodo von Borries (2013, 83), „ist der Kosovo-Einsatz der Bundeswehr, als für einen Grünen als Außenminister plötzlich *‚Nie wieder Krieg! Nie wieder Auschwitz!'* auseinanderbrach: *‚Leider nötiger Krieg, damit nie wieder Auschwitz!'* Dieser Schluss war und ist kontrovers."[6] Auf dieser Ebene kommt es auf die normative Plausibilität (vgl. Rüsen 2013, 61 f.) historischer Erkenntnis an. Als wesentliches Kriterium normativer Plausibilität nennt Rüsen das Verfahren der „Standpunktreflexion". Es geht also darum, die eigene historisch-politische Position reflektiert zu begründen, wesentliche Urteilsprämissen offenzulegen und eine konkrete historische Orientierungsleistung auf diese Weise argumentativ so transparent wie möglich zu machen. Der Begriff der Standpunktreflexion konzentriert sich aus meiner Sicht allerdings im Wesentlichen auf die formale Dimension normativer Plausibilität. In inhaltlicher Hinsicht geht es zugleich um die Frage, ob und inwieweit die Normen und Werte, die einer bestimmten historischen Narration oder einem historischen Werturteil zu Grunde liegen, zustimmungsfähig sind. Ein universaler Maßstab zur Beantwortung dieser Frage sind die Menschenrechte (vgl. von Borries 2011), auch wenn ihre Verbindlichkeit in Politik und Gesellschaft de facto immer wieder zur Disposition gestellt wird.

---

5 Vgl. dazu die grundlegenden Überlegungen von Thomas S. Kuhn, die zwar möglicherweise fachübergreifend anschlussfähig, aber im Wesentlichen vor dem Hintergrund naturwissenschaftlicher Forschungstraditionen entstanden sind. Kuhn (1977, 422–423) nennt als Kriterien „Tatsachenkonformität, Widerspruchsfreiheit, Reichweite, Einfachheit und Fruchtbarkeit". Qualitätskriterien für historische Theorien lassen sich zumindest indirekt auch dadurch gewinnen, dass man ihre spezifischen Funktionen genauer bestimmt. Vgl. dazu Rüsen (1986, 65–79) und Hans-Jürgen Pandel (2017, 161–163).

6 Hervorhebungen im Original. Gemeint ist Joschka Fischer, der sich im Mai 1999 auf einem Parteitag zu dieser Frage äußerte.

Diese drei Plausibilitätsdimensionen ergänzt Rüsen schließlich noch um eine narrative Plausibilität. Hier sei „der maßgebliche Gesichtspunkt derjenige der ‚Lebensdienlichkeit'". Obwohl Rüsen die Gefahr der ideologischen oder machtpolitischen Instrumentalisierung, die sich mit diesem Kriterium verbindet, durchaus erkennt und obwohl er betont, dass „Lebensdienlichkeit" immer „auch darauf angelegt" sei, „‚lebensdienerisch' zu sein" (Rüsen 2013, 62), sind dieser Begriff und die damit verbundene geschichtstheoretische Position von mehreren Seiten zu Recht problematisiert worden (vgl. z. B. Geiss 2018, 30–33; Köster 2018, 86). Insbesondere Peter Geiss warnt vor einer „sicher nicht gewollten [...] ‚postfaktischen' Kontamination historischen Denkens im Geiste einer instrumentellen Bedürfnisgeschichte" (2018, 33). Möglicherweise ist es daher überzeugender, den Begriff der narrativen Plausibilität als formalen Oberbegriff zu verwenden, der die anderen Plausibilitätsdimensionen umfasst.[7] Narrativ plausibel wären historische Narrationen, die sowohl Sachverhaltsanalysen als auch Sach- und Werturteile umfassen, also immer dann, wenn sie unter empirischen, theoretischen und normativen Gesichtspunkten überzeugen können.[8]

Obwohl die skizzierten geschichtstheoretischen Plausibilitätskriterien sicher nicht völlig trennscharf[9] und in der Praxis des Geschichtsunterrichts angesichts des damit verbundenen Reflexivitätsanspruchs wohl auch keineswegs leicht anzuwenden sind, haben sie doch eine wichtige regulative Funktion. Nur wenn Schülerinnen und Schüler – und natürlich ebenso ihre Lehrkräfte – ihre eigenen Narrationen und Urteile auf der Basis möglichst vielfältiger sowie zuverlässiger historischer Quellen, unter Berücksichtigung verschiedener historischer Positionen und in Kenntnis erklärungsstarker Theorien reflektiert entwickeln können und wenn sie zugleich in der Lage sind, ihren eigenen Standpunkt überzeugend sowie im Rückgriff auf möglichst universale und zustimmungsfähige Werte zu begründen, nur dann ist Kontroversität im Geschichtsunterricht kein postmodernes Spiel des Austauschs beliebiger Meinungen. Nur dann kann das Prinzip der

---

7 Rüsen unterscheidet zwar vier Plausibilitätsdimensionen, spricht aber an einer Stelle selbst davon, dass es bei der narrativen Plausibilität um eine „Synthese aus Empirie, Theorie und Normativität" gehe (2013, 59).

8 Alternativ wäre es möglich, den Begriff der narrativen Plausibilität stärker an Gesichtspunkten formaler Kohärenz oder an sprachlichen Registervariablen (field, mode, tenor) auszurichten. Vgl. dazu Köster (2018, 74–86).

9 Kuhns (1977, 423) Theoriekriterium der Tatsachenkonformität beispielsweise bedeutet für die Geschichtswissenschaft, dass sich empirische und theoretische Triftigkeit nicht völlig klar voneinander trennen lassen. Vgl. in diesem Sinne mit Bezug auf Jürgen Kocka auch Rüsen (2013, 153).

Multiperspektivität bzw. Kontroversität das leisten, was es leisten soll: einen unverzichtbaren Beitrag zum historischen Erkenntnisgewinn und zum geschichtskulturellen Kompetenzerwerb.

3. Geschichtsdidaktik: Geschichtsunterricht ohne Kontroversen?

Damit komme ich zur zweiten Herausforderung, die mit der ersten eng zusammenhängt und primär geschichtsdidaktischer Natur ist. Unbestreitbar besteht nämlich eine bereits seit Langem beklagte Kluft zwischen Theorie und Praxis historischen Lernens, deren Gründe dringend genauer untersucht werden müssten. Auch wenn die Relevanz historischer Kontroversen bzw. eines kritischen Umgangs mit verschiedenen historischen Narrationen theoretisch kaum jemand in Frage stellt, spielt Kontroversität in der Praxis des Geschichtsunterrichts offenbar keine besonders große Rolle. Vor allem von Borries hat auf der Grundlage eigener empirischer Studien immer wieder betont, dass der Umgang mit Geschichte in einem geschichtsdidaktisch anspruchsvollen Geschichtsunterricht zwar „zwingend" multiperspektivisch, kontrovers und plural sein müsse, dass diese „Grundeinsicht" aber „leider nicht breitenwirksam" umgesetzt werde (2008, 229).[10] Besonders aufschlussreich sind in diesem Zusammenhang auch zahlreiche Befunde der geschichtsdidaktischen Schulbuchforschung, denn zumindest im deutschsprachigen Raum gilt das Geschichtsschulbuch nach wie vor als „Leitmedium des Geschichtsunterrichts".[11] Ebenso wie Befragungen zum Schulbuchideal von Schülerinnen und Schülern sowie von Lehrkräften (vgl. z. B. von Borries u. a. 2005, 62) deuten zahlreiche Schulbuchanalysen jedenfalls darauf hin, dass das Prinzip der Multiperspektivität bzw. Kontroversität bei der Konzeption von Geschichtsschulbüchern immer noch nicht konsequent genug berücksichtigt wird (vgl. z. B. Fiebig 2013, 329; Buchberger 2020, 322–323; Thyroff 2021, 251–254; bei Thyroff, 259–261, finden sich auch wichtige Hinweise auf den englischsprachigen Diskurs zum Thema Kontroversität). Geschichte wird allen theoretischen Einsichten zum Trotz also eher selten als kontroverses Konstrukt verhandelt, sondern erscheint in der Regel als geschlossene

---

10 In eine etwas andere Richtung deutet die von Johannes Meyer-Hamme u. a. (2016) publizierte Analyse einer Doppelstunde zur Oktoberrevolution 1917, die jedoch selbstverständlich nicht repräsentativ ist.

11 Auch wenn diese Einschätzung möglicherweise nicht mehr uneingeschränkt geteilt wird, konnten Ulrike Kipman und Christoph Kühberger (2020, 173) sic für Österreich noch vor Kurzem empirisch absichern.

Narration mit hohem Anspruch auf Deutungsautorität.[12] Inwieweit dies der Erwartungshaltung von Schülerinnen und Schülern entspricht, müsste genauer untersucht werden.

Allerdings gibt es nicht nur einen Mangel an Kontroversitätsangeboten seitens der Lehrerinnen und Lehrer sowie der verwendeten Schulbücher, sondern das Problem ist in erkenntnistheoretischer Hinsicht wesentlich grundsätzlicher. Manuel Köster hat in seiner Studie zum historischen Textverstehen sehr überzeugend nachgewiesen, dass Schülerinnen und Schüler verschiedene historische Deutungen zu einem bestimmten Thema, also eine historische Kontroverse, aufgrund unbewusster Vorurteilsstrukturen und eines positivistischen Geschichtsverständnisses oftmals überhaupt nicht erkennen (vgl. Köster 2013, 244–245). Ganz konkret waren zahlreiche Lernende nicht dazu in der Lage, fundamental verschiedene Ansätze zur Erklärung des Holocaust – Goldhagens These über „Hitlers willige Vollstrecker" einerseits, ein die deutsche Bevölkerung weitgehend exkulpierender Text andererseits (vgl. ebd., 300–302) – als solche zu identifizieren. Kontroversität als Prinzip historischen Lernens stellt also nicht zuletzt deshalb eine besondere Herausforderung dar, weil Schülerinnen und Schüler über ausgeprägte, teils fachspezifische, teils fachübergreifend relevante Kompetenzen des Lesens bzw. sprachlichen Handelns verfügen müssen, wenn sie diesem Prinzip gerecht werden wollen.[13]

Um diese Kompetenzen scheint es allerdings nicht gut bestellt zu sein. Das legen nicht nur geschichtsdidaktische Untersuchungen nahe, sondern auch die Sonderauswertung der PISA-Studie zum „Lesen im 21. Jahrhundert" deutet darauf hin. „Beim veröffentlichten PISA-Item aus der Domäne Lesen, bei dem es darum geht, Fakten von Meinungen zu unterscheiden", lag der Anteil richtiger Antworten in Deutschland bei 45 %, also leicht unter dem OECD-Durchschnitt von 47 % (vgl. Sälzer 2021, 6). Mehr als die Hälfte der 15-Jährigen schafft es dieser Studie zufolge also nicht, zwischen Fakten und Meinungen zu differenzieren. Dass diese Befunde gerade aus geschichtsdidaktischer Perspektive eine besondere Herausforderung darstellen, dürfte kaum bestreitbar sein. Denn bei

---

12 Vgl. Johannes Jansen (2021, 361, Anm. 1102), der darauf hinweist, „dass sich gängige Konzeptionen von Geschichtsschulbüchern [...] der Ermöglichung wirklicher Kontroversität entziehen", und Kipman/Kühberger (2020, 22, 128, 172).

13 Zum Zusammenhang von historischem Denken, für das das Prinzip der Multiperspektivität bzw. Kontroversität konstitutiv ist, und sprachlichen Kompetenzen vgl. auch die Studie von Viola Schrader (2021). Vgl. außerdem die im Vergleich zu Köster (2013) etwas positiveren Befunde bei Marschnig (2022, 183).

historischen Lehr-Lernprozessen und im Umgang mit historischen Kontroversen kommt es nicht zuletzt darauf an, reine Meinungsäußerungen von empirisch abgesicherten Sachverhaltsaussagen sowie theoretisch und normativ plausiblen Urteilen begründet zu unterscheiden. Welche fachspezifischen Handlungskonsequenzen sich daraus gerade auch im Zeitalter der Digitalität für die Praxis des Geschichtsunterrichts ergeben, müsste eingehend diskutiert werden.

4. Geschichtspolitik: Identität statt Diskurs?

Neben primär geschichtstheoretischen und geschichtsdidaktischen Herausforderungen bezieht sich die dritte Herausforderung vor allem auf den Bereich der Geschichtspolitik und damit auf den Zusammenhang zwischen Vergangenheitsrepräsentation und individuellen oder kollektiven Identitätsansprüchen. Historisches Denken beschränkt sich nicht auf die akademische Sphäre der Geschichtswissenschaft oder auf den nur vermeintlich geschlossenen Raum des Geschichtsunterrichts, sondern es vollzieht sich ebenso in einer breiten Öffentlichkeit und ist ein Phänomen politischer Praxis. Geschichte ist stets auch ein Mittel politischer Auseinandersetzung und historischer Identitätsstiftung. Geschichtskulturelle Kontroversen bewegen sich also immer in einem Spannungsfeld zwischen Erinnern, Verdrängen und Vergessen, zwischen Eigenem und Fremdem, zwischen Wir und Ihr. Darüber hinaus geht es darum, die Grenzen des historisch Sagbaren stets aufs Neue auszuloten. Zu einem zentralen Problem werden die Identitätsansprüche bestimmter geschichtspolitischer Akteurinnen und Akteure immer dann, wenn sie das Prinzip der Kontroversität grundsätzlich in Frage stellen und schlichte Dichotomien auf diese Weise eher verfestigen anstatt sie diskursiv zu verflüssigen.

Wolfgang Sander hat diese Gefahr für die Politikdidaktik kürzlich auf die prägnante Frage zugespitzt: „Identität statt Diskurs?", und er sieht darin eine „erhebliche Herausforderung für die Professionalität von Lehrerinnen und Lehrern". Im „Sinne der intendierten Förderung von [...] Mündigkeit und Urteilsfähigkeit" der Schülerinnen und Schüler, so Sander weiter, dürften sich Lehrkräfte „von Versuchen, identitätspolitisch begründete Tabus zu errichten und Diskursräume einzuengen, nicht beeindrucken lassen" (Sander 2021, 303). Diese Forderung ist aus meiner Sicht für den Geschichtsunterricht ebenso relevant wie für den Politikunterricht. Dass wir es, wie Sander meint, primär mit einer „linken Identitätspolitik" (Sander 2021, 303) zu tun haben, bezweifle ich allerdings. Zahlreiche Einlassungen der AfD zur NS-Vergangenheit sowie zu den Formen und Praktiken ihrer geschichtskulturellen Vergegenwärtigung sind unter identitätspolitischen Gesichtspunkten jedenfalls keineswegs weniger irritierend. Wenn einige AfD-Politiker, um nur wenige Beispiele zu nennen, NS-Zeit und NS-Verbrechen als „Vogelschiss" verharmlosen, wenn sie gegen einen angeblichen „Schuldkult" polemisieren oder ein sogenanntes „Meldeportal" einrichten, damit Schülerinnen und Schüler vermeintlich zu wenig neutrale Lehrkräfte „denunzieren" können (Oberle 2020, 31 f.; vgl. Brüning 2021, 177 f.), dann sind dies klare Indizien dafür, dass kritische (historische) Auseinandersetzungen beendet und Diskursfreiräume massiv eingeschränkt werden sollen. Ähnliche Beispiele aus dem Ausland ließen sich leicht ergänzen. Und mit Blick auf die inzwischen (vorerst) beendete „Hohenzollernkontroverse" ist es ebenso aussagekräftig, dass eine Gruppe vor allem konservativer Historiker zwar nicht müde wurde, ein angeblich vor allem durch die ehemalige VHD-Vorsitzende Eva Schlotheuber dekretiertes Ende der Debatte mit äußerster Schärfe zu kritisieren (vgl. Kroll u. a. 2021), aber zugleich erkennbare Sympathien für das „Haus Hohenzollern" zeigt(e), obgleich gerade von dieser Seite die Freiheit des wissenschaftlichen Diskurses durch Unterlassungsklagen und einstweilige Verfügungen lange Zeit massiv beschnitten wurde.[14]

Um Schülerinnen und Schüler für die sprachliche Dimension geschichtspolitischer Identitätsstrategien, die quer zu allen anderen Herausforderungen liegt, zu sensibilisieren, eignet sich das Beispiel der „Hohenzollerndebatte" ebenfalls. Öffentliche Kommentare „über die Ansprüche und das Agieren der Hohenzollern", so der Althistoriker Uwe Walter (2021, 127), trügen „bisweilen Züge von generationenübergreifender Sippenhaft, Hassrede und ‚gruppenbezogener Menschenfeindlichkeit'". Zugespitzt formuliert, wird hier ein Vokabular, das ‚rechte' Kritiker als Ausdruck ‚linker Identitätspolitik' umgekehrt wohl deutlich zurückweisen würden (insbesondere „Hassrede", „gruppenbezogene Menschenfeindlichkeit"), gezielt genutzt, um die eigene Diskursgruppe als Opfer einer vermeintlich zunehmend illiberalen Debattenkultur darstellen zu können. Angesichts solcher Frontbildungen ist es jedenfalls umso wichtiger, in Wissenschaft, Gesellschaft und Schule entschieden für ein Diskursklima und für eine Art der Kontroverse einzutreten, bei der ausschließlich das bessere Argument und das Ziel gemeinsamen Erkenntnisgewinns Priorität haben.

---

14 Selbst Walter (2021, 127), einer der schärfsten Kritiker Schlotheubers, konnte diesen Widerspruch nicht überzeugend auflösen.

5. Gesellschaft: Kontroversen ohne Konsens?

Damit komme ich zur letzten Herausforderung. Anspruchsvolle und differenzierte historische Erkenntnisse sind ohne vorausgehende historische Kontroversen nicht möglich; wissenschaftlich belastbare Erkenntnisse aber – das gilt für die Geschichtswissenschaft ebenso wie für andere Disziplinen –, die in Gesellschaft und Schule nicht als zumindest vorläufig gesichertes Wissen geteilt und als konsensfähig akzeptiert werden, sind nutzlos. Nur wenn historische Wahrheit als zumindest regulative Idee Bestand hat bzw. wenn das Ziel einer „Konsensobjektivität" im Sinne Hermann Lübbes (1977, 218–221; vgl. dazu Rüsen 1983, 129 f.; Pandel 2017, 215 f.) nicht völlig verworfen wird, ist es überhaupt sinnvoll möglich, historische Kontroversen auszutragen und auf diese Weise historisch zu lernen. Das heißt nicht, dass ein einmal erarbeiteter und methodisch so gut wie möglich abgesicherter wissenschaftlicher Konsens absolute und auf Dauer gestellte Gültigkeit beanspruchen kann, also prinzipiell nicht mehr revidierbar ist. Aber das bedeutet doch, dass die sowohl von Wissenschaftshistorikerinnen und -historikern sowie Wissenschaftsjournalistinnen und -journalisten als auch seitens der Geschichtstheorie immer wieder angemahnte Fähigkeit zur Konsensbildung im Geschichtsunterricht intensiv gefördert und nachdrücklich gefordert werden sollte. Ohne einen „Minimalkonsens" über bestimmte Kernfragen (vgl. auch Nguyen-Kim 2021), so äußerte beispielsweise die US-amerikanische Wissenschaftshistorikerin Lorraine Daston vor einiger Zeit in einem Interview (2020, 22), werde es für „Demokratien gefährlich". Das gilt nicht nur für den Kontext der Corona-Krise, in dem dieses Interview entstanden ist, sondern ebenso dann, wenn historische Erkenntnisse, die auf methodisch transparente Weise zustande gekommen sind, leichtfertig ignoriert oder unbegründet in Zweifel gezogen werden.

Wenn von methodischer Transparenz die Rede ist, deutet dies bereits darauf hin, dass es nicht nur um Konsensobjektivität, sondern vor allem auch um das Ideal der „Verfahrensobjektivität" geht (Daston 2020, 22; vgl. Rüsen 1983, 128 f.; Pandel 2017, 215). Erst auf der Basis methodischer Verfahrensobjektivität lässt sich Konsensobjektivität überhaupt rational begründet herstellen. Ausgehend von diesem doppelten Objektivitätsverständnis lässt sich dann die Forderung plausibel machen, dass man den Wahrheitsbegriff als regulative Idee zwar beibehalten, aber zugleich dynamisieren bzw. verzeitlichen sollte (vgl. Daston 2020, 22). Diese Forderung läuft gerade nicht darauf hinaus, den Anspruch auf historische Wahrheitsfindung zu relativieren, sondern sie geht davon aus, dass wissenschaftliche Erkenntnisse prinzipiell vorläufigen Charakter haben und daher stets kritikfähig bleiben müssen. Schlichte Wahr-Falsch-Dichotomien erweisen sich im Umgang mit geschichtskulturellen Kontroversen dann als ebenso problematisch wie ein unreflektierter Faktenbegriff, der suggeriert, dass man ‚die' Vergangenheit absolut zweifelsfrei rekonstruieren könne. Das Gegenteil ist der Fall. Denn wer anerkennt, dass Geschichte ein Konstrukt ist, das sich abhängig von neuen Orientierungsbedürfnissen, historischen Fragen, Quellen, Theorien und Methoden zumindest in Teilen immer wieder verändern kann, der wird auch kaum bestreiten, dass selbst historische Sachverhaltsaussagen nicht vollkommen losgelöst von zeitgebundenen Relevanzüberlegungen zustande kommen.

Nur ein „in diesem Sinne reflektiertes ‚post-faktisches' Wissenschaftsverständnis", das zwar nicht zu einem unverbindlichen „Relativismus" führt, aber die für die Geschichtswissenschaft konstitutive, zeit- und perspektivengebundene „Relativität" (Schlinkheider 2020, 127 mit Verweis auf Barbara Stollberg-Rilinger) historischer Erkenntnisse in Rechnung stellt, lässt es überhaupt als sinnvoll erscheinen, hinsichtlich unterschiedlicher Vergangenheitsdeutungen und ihrer Relevanz für Gegenwart und Zukunft wissenschaftliche Kontroversen auszutragen. Und nur auf der Grundlage solcher Kontroversen kann schließlich ein zumindest vorläufiger akademischer Konsens entstehen, der dann allerdings nicht nur in der Wissenschaft selbst, sondern auch darüber hinaus ein hohes Maß an Verbindlichkeit haben sollte. Mit anderen Worten: Was sich in einem freien wissenschaftlichen Diskurs als Konsens etabliert hat, sollte unter rationalen Gesichtspunkten auch in Politik, Gesellschaft und Schule zumindest vorerst und bis zum Beweis des Gegenteils nicht mehr als kontrovers gelten.

6. Fazit: Kontroversen, Konsens und historische Erkenntnis

Zusammenfassend lässt sich festhalten, dass der Beutelsbacher Konsens für die Geschichtsdidaktik ohne Zweifel von großer Bedeutung ist. Er setzt aus guten Gründen auf das in der Praxis des Geschichtsunterrichts oftmals viel zu wenig berücksichtigte Prinzip der Kontroversität bzw. auf die Erkenntnisrelevanz von Kontroversen. Geschichtskulturelle Kontroversen sind allerdings kein Selbstzweck, sondern sie sollten ihrerseits an die regulativen Ideen der Verfahrens- und Konsensobjektivität und an damit verbundene historische Plausibilitätskriterien gebunden bleiben. Um solche Kriterien für die unterschiedlichen Teiloperationen historischen Denkens und die damit verbundenen Ebenen der Multiperspektivität operationalisieren und geschichtsbezogene Identitätsansprüche diskutieren zu können, eignen sich insbesondere Rüsens Plausibilitätsdimensionen, die in der Geschichtsdidaktik intensiv rezipiert und in diesem Beitrag in modifizierter

Form zur Diskussion gestellt worden sind. Die Integration beider Konzepte – Multiperspektivität einerseits, Plausibilität andererseits – trägt aus geschichtsdidaktischer Sicht nicht nur dazu bei, das Kontroversitätsgebot des Beutelsbacher Konsenses genauer zu profilieren, sondern sie eröffnet auch die Möglichkeit, ausgehend von historischen Kontroversen Optionen für einen zumindest vorläufigen wissenschaftlichen Konsens auszuloten, der dann auch in Politik, Gesellschaft und Schule bis auf Weiteres verbindlich sein sollte. Besonders relevant ist in diesem Zusammenhang auch Ralf Dahrendorfs „Prinzip der Ungewißheit". Denn aus der Annahme einer „prinzipiellen Ungewißheit im Hinblick auf das Richtige" folgt zumindest in Demokratien nicht nur die „Notwendigkeit des Konflikts" (Dahrendorf 1972, 300), sondern es ergibt sich daraus ebenso die Chance, geschichtskulturelle Kontroversen in ihrer potentiellen politischen Sprengkraft auch wieder zu entschärfen – jedenfalls dann, wenn man diese Ungewissheit als Unwissenheit nicht reflexhaft immer nur anderen unterstellt, sondern sie reflektiert auf sich selbst bezieht und als grundlegendes Problem historischer Erkenntnis anerkennt.

Literatur

BALIBAR, Etienne (2018): Für ein Recht der Gastfreundschaft. Die Menschenrechte müssen neu interpretiert werden: Wir sind es den Umherirrenden schuldig, dass wir sie nicht als Feinde behandeln. In: DIE ZEIT, 37/2018, S. 38.

BERGMANN, Klaus (1997): Multiperspektivität. In: ders. u. a. (Hg.): Handbuch der Geschichtsdidaktik. Seelze-Velber, S. 301–303.

BERGMANN, Klaus (2008): Multiperspektivität. Geschichte selber denken. Schwalbach/Ts.

BORRIES, Bodo von (2008): Historisch Denken Lernen – Welterschließung statt Epochenüberblick. Geschichte als Unterrichtsfach und Bildungsaufgabe. Opladen.

BORRIES, Bodo von (2011): Geschichtslernen und Menschenrechtsbildung. Auswege aus einem Missverhältnis? Normative Überlegungen und praktische Beispiele. Schwalbach/Ts.

BORRIES, Bodo von (2013): Hände weg vom „Beutelsbacher Konsens"! In: Erinnern! Aufgabe, Chance, Herausforderung, 1/2013, S. 79–91.

BORRIES, Bodo von u. a. (2005): Schulbuchverständnis, Richtlinienbenutzung und Reflexionsprozesse im Geschichtsunterricht. Eine qualitativ-quantitative Schüler- und Lehrerbefragung im Deutschsprachigen Bildungswesen 2002. Neuried.

BRÜNING, Christina (2021): Wider den Missbrauch von Beutelsbach – Einwände aus historischer Perspektive und pragmatische Lösungen für den Geschichts- und Politikunterricht. In: Drerup, Johannes u. a. (Hg.): Dürfen Lehrer ihre Meinung sagen? Demokratische Bildung und die Kontroverse über Kontroversitätsgebote. Stuttgart, S. 173–187.

BUCHBERGER, Wolfgang (2020): Historisches Lernen mit schriftlichen Quellen. Eine kategoriale Schulbuchanalyse österreichischer Lehrwerke der Primar- und Sekundarstufe. Innsbruck.

BUNNENBERG, Christian/Steffen, Nils (Hg.) (2019): Geschichte auf YouTube. Neue Herausforderungen für Geschichtsvermittlung und historische Bildung. Berlin.

DAHRENDORF, Ralf (1972): Ungewißheit, Wissenschaft und Demokratie. In: ders.: Konflikt und Freiheit. Auf dem Weg zur Dienstklassengesellschaft. München, S. 292–315.

DASTON, Lorraine (2020): „Wenn der Minimalkonsens fehlt, wird es für Demokratien gefährlich". Die Berliner Wissenschaftshistorikerin Lorraine Daston spricht im Interview über die Sehnsucht nach einfachen Wahrheiten und über Forschung, die mit einem scheinbaren Chaos aus allen möglichen Hypothesen anfängt – lange vor der Coronakrise. In: Der Tagesspiegel, 20.8.2020, S. 22 (Online unter: https://plus.tagesspiegel.de/wissen/warum-treibt-uns-die-diskussion-um-corona-so-um-wir-brauchen-einen-konsens-ueber-kernfakten-35501.html; aufgerufen am 9.8.2023).

FIEBIG, Tim (2013): Textquellenarbeit auf Schulbuchbasis. Analyse, Vergleich, Kritik. In: Schönemann, Bernd/Thünemann, Holger (Hg.): Kompetenzorientierung, Lernprogression, Textquellenarbeit. Aktuelle Schulbuchanalysen. Berlin, S. 191–338.

FRIEDLÄNDER, Saul u. a. (2022): Ein Verbrechen ohne Namen. Anmerkungen zum neuen Streit über den Holocaust. München.

GEISS, Peter (2018): Objektivität als Zumutung. Überlegungen zu einer postnarrativistischen Geschichtsdidaktik. In: Zeitschrift für Geschichtsdidaktik 17, S. 27–41.

GESS, Nicola (2021): Halbwahrheiten. Zur Manipulation von Wirklichkeit. Berlin.

GRAMMES, Tilman (1998): Kommunikative Fachdidaktik. Politik – Geschichte – Recht – Wirtschaft. Opladen.

GROSSBÖLTING, Thomas (Hg.) (2015): Hindenburg- oder Schlossplatz? Was die Debatte über Münster verrät. Münster.

GROSSE KRACHT, Klaus (2005): Die zankende Zunft. Historische Kontroversen in Deutschland nach 1945. Göttingen.

HEUER, Christian (2021): Von Deutungskämpfen und den disziplinären Ordnungen der Diskurse. Versuch über die soziale Praxis ‚der' Geschichtsdidaktik. In: Österreichische Zeitschrift für Geschichtswissenschaften 32, H.2, S. 35–55.

HILDEBRAND, Klaus (2009): Das Dritte Reich. München.

HÜRTER, Johannes/Süß, Winfried (2021): Die Hohenzollern und der Nationalsozialismus. Einführung. In: sehepunkte, 11/2021 (Online unter: http://www.sehepunkte.de/2021/11/forum/die-hohenzollern-und-der-nationalsozialismus-263/; aufgerufen am 9.8.2023).

JANSEN, Johannes (2021): Wie Geschichtsschulbücher erzählen. Narratologische, transtextuelle und didaktische Perspektiven. Köln.

KIPMAN, Ulrike/Kühberger, Christoph (2020): Einsatz und Nutzung des Geschichtsschulbuches. Eine Large-Scale-Untersuchung bei Schülern und Lehrern. Wiesbaden.

KNOCH, Habbo (2023): Im Namen der Würde. Eine deutsche Geschichte. München.

KÖSTER, Manuel (2013): Historisches Textverstehen. Rezeption und Identifikation in der multiethnischen Gesellschaft. Berlin.

KÖSTER, Manuel (2018): Alternative Fakten? Die sprachliche Konstruktion des Faktizitätsanspruchs rechtspopulistischer historischer Narrative. In: Zeitschrift für Geschichtsdidaktik 17, S. 72–86.

KOHLENBERGER, Judith (2022): Das Fluchtparadox. Über unseren widersprüchlichen Umgang mit Vertreibung und Vertriebenen. Wien.

KOSELLECK, Reinhart (2013): Standortbindung und Zeitlichkeit. Ein Beitrag zur historiographischen Erschließung der geschichtlichen Welt. In: ders.: Vergangene Zukunft. Zur Semantik geschichtlicher Zeiten. Frankfurt/M., S. 176–207.

KROLL, Frank-Lothar u. a. (Hg.) (2021): Die Hohenzollerndebatte. Beiträge zu einem geschichtspolitischen Streit. Berlin.

KUHN, Thomas S. (1977): Objektivität, Werturteil und Theoriewahl. In: ders.: Die Entstehung des Neuen. Studien zur Struktur der Wissenschaftsgeschichte. Frankfurt/M., S. 421–445.

LÜBBE, Hermann (1977): Geschichtsbegriff und Geschichtsinteresse. Analytik und Pragmatik der Historie. Basel.

LÜCKE, Martin (2017): Multiperspektivität, Kontroversität, Pluralität. In: Barricelli, Michele/ders. (Hg.): Handbuch Praxis des Geschichtsunterrichts. Bd. 1. Schwalbach/Ts., S. 281–288.

MACHTAN, Lothar (2021): Der Kronprinz und die Nazis. Hohenzollerns blinder Fleck. Berlin.

MALINOWSKI, Stephan (2021): Die Hohenzollern und die Nazis. Geschichte einer Kollaboration. Berlin.

MARSCHNIG, Georg (2022): Alles Ansichtssache? Multiperspektivität als sprachliche Herausforderung im historischen Lernen. In: Handro, Saskia/Schönemann, Bernd (Hg.): Sprachsensibler Geschichtsunterricht. Geschichtsdidaktische Forschungsperspektiven und -befunde. Berlin, S. 182–201

MEYER-HAMME, Johannes (2018): Was heißt „historisches Lernen"? Eine Begriffsbestimmung im Spannungsfeld gesellschaftlicher Anforderungen, subjektiver Bedeutungszuschreibungen und Kompetenzen historischen Denkens. In: Sandkühler, Thomas u. a. (Hg.): Geschichtsunterricht im 21. Jahrhundert. Eine geschichtsdidaktische Standortbestimmung. Göttingen, S. 75–92.

MEYER-HAMME, Johannes u. a. (Hg.) (2016): Was heißt guter Geschichtsunterricht? Perspektiven im Vergleich. Schwalbach/Ts.

MUSEUM AMSTERDAM (Hg.) (2021): The Golden Coach. Amsterdam.

NORDEN, Jörg van (2020): Triftigkeit. In: ders. u. a. (Hg.): Geschichtsdidaktische Grundbegriffe. Ein Bilderbuch für Studium, Lehre und Beruf. Hannover, S. 124–125.

NGUYEN-KIM, Mai Thi (2021): Die kleinste gemeinsame Wirklichkeit. Wahr, falsch, plausibel? Die größten Streitfragen wissenschaftlich geprüft. München.

OBERLE, Monika (2020): Beutelsbacher Konsens. In: Achour, Sabine u. a. (Hg.): Wörterbuch Politikunterricht. Frankfurt/M., S. 30–32.

PANDEL, Hans-Jürgen (2017): Geschichtstheorie. Eine Historik für Schülerinnen und Schüler – aber auch für ihre Lehrer. Schwalbach/Ts.

RÜSEN, Jörn (1983): Historische Vernunft. Grundzüge einer Historik I: Die Grundlagen der Geschichtswissenschaft. Göttingen.

RÜSEN, Jörn (1986): Rekonstruktion der Vergangenheit. Grundzüge einer Historik II: Die Prinzipien der historischen Forschung. Göttingen.

RÜSEN, Jörn (1994): Was ist Geschichtskultur? Überlegungen zu einer neuen Art, über Geschichte nachzudenken. In: Füßmann, Klaus u. a. (Hg.): Historische Faszination. Geschichtskultur heute. Köln, S. 3–26.

RÜSEN, Jörn (2013): Historik. Theorie der Geschichtswissenschaft. Köln.

SABROW, Martin u. a. (Hg.) (2003): Zeitgeschichte als Streitgeschichte. Große Kontroversen seit 1945. München.

SÄLZER, Christine (2021): Lesen im 21. Jahrhundert. Lesekompetenzen in einer digitalen Welt. Deutschlandspezifische Ergebnisse des PISA-Berichts „21st Century Readers". OECD und Vodafone Stiftung Deutschland. Düsseldorf (Online unter: https://www.vodafone-stiftung.de/wp-content/uploads/2021/05/Studie_Vodafone-Stiftung_Lesen-im-21-Jahrhundert.pdf; aufgerufen am 9.8.2023).

SANDER, Wolfgang (2021): Identität statt Diskurs? Diskursivität in der politischen Bildung und ihre Gefährdungen. In: Pädagogische Rundschau 75, S. 293–306.

SANDKÜHLER, Thomas u. a. (Hg.) (2020): Geschichtskultur durch Restitution? Ein Kunst-Historikerstreit. Köln.

SCHLINKHEIDER, Sebastian (2020): Die Relativität der Welt. Über die Potenziale der Geschichtswissenschaft im „postfaktischen Zeitalter". In: WerkstattGeschichte 81, S. 119–128.

SCHÖNBERGER, Sophie (2021): Was soll zurück? Die Restitution von Kulturgütern im Zeitalter der Nostalgie. München.

SCHRADER, Viola (2021): Historisches Denken und sprachliches Handeln. Eine qualitativ-empirische Untersuchung von Schülertexten. Berlin.

STEINBACH, Peter (2023): Cum ira et studio? Hohenzollerndebatte – eine Stil- und Argumentationskritik. In: Neue Politische Literatur. Berichte aus Geschichts- und Politikwissenschaft 68, S. 31–63.

THÜNEMANN, Holger (2018): Geschichtskultur revisited. Versuch einer Bilanz nach drei Jahrzehnten. In: Sandkühler, Thomas/Blanke, Horst Walter (Hg.): Historisierung der Historik. Jörn Rüsen zum 80. Geburtstag. Köln, S. 127–149.

THÜNEMANN, Holger (2020): Historische Werturteile. Positionen, Befunde, Perspektiven. In: Geschichte in Wissenschaft und Unterricht 71, S. 5–18.

THÜNEMANN, Holger (2022): Werturteilsbildung als Herausforderung sprachsensiblen Geschichtsunterrichts. In: Handro, Saskia/Schönemann, Bernd (Hg.): Sprachsensibler Geschichtsunterricht. Geschichtsdidaktische Forschungsperspektiven und -befunde. Berlin, S. 222–245.

THYROFF, Julia (2021): Kontroverse Geschichte(n) unterrichten. Eine Auslegeordnung von Lernzielen an der Schnittstelle historischen und politischen Lernens. In: Kuhn, Konrad J. u. a. (Hg.): ZwischenWelten. Grenzgänge zwischen Geschichts- und Kulturwissenschaften, Geschichtsdidaktik und Politischer Bildung. Festschrift für Béatrice Ziegler. Münster, S. 251–266.

VERBAND DER HISTORIKER UND HISTORIKERINNEN DEUTSCHLANDS (2019): Resolution zu gegenwärtigen Gefährdungen der Demokratie. Verabschiedet von der Mitgliederversammlung am 27. Sept. 2018 in Münster. In: VHD Journal 8, S. 28–29.

WALTER, Uwe (2021): Die Ebenen trennen – verbandspolitisch unerwünschte Klärungen. In: Kroll, Frank-Lothar u. a. (Hg.): Die Hohenzollerndebatte. Beiträge zu einem geschichtspolitischen Streit. Berlin, S. 121–130.

WEHLING, Hans-Georg (2016): Konsens à la Beutelsbach? Nachlese zu einem Expertengespräch – Textdokumentation aus dem Jahr 1977. In: Widmaier, Benedikt/Zorn, Peter (Hg.): Brauchen wir den Beutelsbacher Konsens? Eine Debatte der politischen Bildung. Bonn, S. 19–27.

WINCKLER, Marie (2020): Multiperspektivität. In: Achour, Sabine u. a. (Hg.): Wörterbuch Politikunterricht. Frankfurt/M., S. 154–156.

WINKLHÖFER, Christian (2021): Urteilsbildung im Geschichtsunterricht. Frankfurt/M.

CHRISTOPH KÜHBERGER

Handeln durch historisches Denken

Auf dem Weg zu einer geschichtskulturellen Interventionsfähigkeit in der historisch-politischen Bildung

1. Annäherung

Wird in der Schule historisch gelernt, stehen einem potentiell die Welt und ihre Vergangenheit offen. Die Fallbeispiele, die dabei aktiviert werden können, um die Gegenwart zu erhellen, Entwicklungslinien herauszuarbeiten oder Vergleiche zwischen gesellschaftlichen Konstellationen anzustellen, sind nahezu unbegrenzt. Die durchlebten menschlichen Erfahrungen, die sich in historischen Quellen verfangen haben oder in Form von Darstellungen bereits kontextualisiert und gedeutet wurden, schaffen im Geschichtsunterricht eine ‚Laborsituation', einen Reflexionsort, an dem vergangene Begebenheiten und Gegebenheiten mit einer wahrgenommenen Gegenwart und einer erwarteten Zukunft in Verbindung gesetzt werden können. Es handelt sich dabei um eine Art, sich die Welt anzueignen und in ihr handlungsfähig zu bleiben.

Selten laufen derartige Denkprozesse, in denen Vergangenheit, Gegenwart und Zukunft zusammengedacht werden, wissenschaftsförmig ab. Oftmals werden bestimmte Interpretationen von Entwicklungen von Journalist*innen, Politiker*innen aber auch von Privatpersonen verwendet, um ein bestimmtes Agendasetting zu befriedigen, ideologische Sichtweisen zu unterfüttern oder eigenen (un)bewussten Setzungen zu entsprechen. Unbenommen dieser Problematik werden damit Handlungsoptionen für die Gegenwart angeboten oder können davon im kritischen Diskurs abgeleitet werden. Es sind Orientierungsangebote, die explizit oder zuweilen auch implizit vorgetragen werden und deren Hinweise letztlich oftmals auch als Anleitungen für das Leben zu deuten sind. Genau an dieser Stelle tut sich unweigerlich ein Überschneidungsbereich hin zum politischen Denken auf. Das, was über historische Sachurteile, in Aussagen über die Vergangenheit positioniert werden kann, ist weit weniger variabel und unterliegt dem „Vetorecht der Quellen" (Reinhart Koselleck) als die damit in Verbindung stehenden Werturteile, die eben nicht selten als Aufruf zum Denken und Handeln in unserer Gesellschaft verstanden werden müssen. Welche Bedeutung die

Erkenntnisse aus der Beschäftigung mit Vergangenheit und Geschichte für eine Person oder eine größere Gemeinschaft besitzen, ist aber nicht aus der Vergangenheit abzuleiten, sondern konstituiert sich in konkreten sozialen Kontexten im und für das Heute. Die geschichtsdidaktische Theoriebildung bricht meist an diesem Punkt ab und sagt wenig darüber aus, welche gesellschaftlichen Vereinbarungen diese Ableitungen für die Gegenwart und Zukunft aufweisen (sollten). Nicht einmal in einem demokratischen Gemeinwesen wie in Deutschland, Österreich und der Schweiz ist es vorstellbar, alle möglichen denkbaren Ableitungen und damit verbundenen Positionierungen zuzulassen (vgl. Kühberger 2020, 92). Auch wenn es hilfreich sein mag, auf die generalisierenden Formulierungen bei Jörn Rüsen zurückzugreifen, um normative Plausibilität von derartigen Werturteilen im Sinn einer Standpunktreflexion einzufordern, die auch „auf theoretisch triftigen Sachurteilen sowie empirisch abgeleiteten Sachverhaltsanalysen beruhen" (Thünemann/Jansen 2018, 100; vgl. auch Rüsen 2008, 66 f.), so wenig wird dabei über die darin lagernden Wertproblematiken in einer pluralistischen Gesellschaft ausgesagt. Die Politikdidaktik ist hier in ihrer eigenen fachlichen Tradition in Demokratien eindeutiger im Diskutieren und Markieren dieser Grenzen.

Nimmt man diese theoretischen Voraussetzungen ernst, steckt eben immer schon auch politische Bildung im historischen Lernen, da dadurch auch die Ausgestaltung der Gegenwart und der Zukunft in den Fokus rückt (vgl. Kühberger 2015b, 123). Dies wurde auch nie negiert, aber in den letzten Jahrzehnten eher vom überdominanten Diskurs um die Domänenspezifik abgedrängt (vgl. Barricelli u. a. 2012; Sander 2013). Damit sind jene Aspekte, die sich einer historischen Sachverhaltsanalyse entziehen, dem Beutelsbacher Konsens zu unterwerfen. Überwältigungsverbot und Kontroversitätsgebot sollten damit ebenso gelten wie das Bemühen, mittels der Unterrichtsgestaltung Schüler*innen in die Lage zu versetzen, eine politische Situation und ihre eigenen Interessenslagen zu analysieren sowie nach Mitteln und Wegen zu suchen, die vorgefundene politische Lage im Sinne ihrer Interessen zu beeinflussen (vgl. Wehling 2016, 24). Daraus erwächst unweigerlich jene Definition von „Handeln", die hier weiterverfolgt werden soll, nämlich ein Handeln im Sinn eines gesellschaftlichen Partizipierens, eines Einbringens im Geiste und auf der Straße. Dass dabei Rationalitätsannahmen als Prädispositionen des Handelns, die aus einem wissenschaftsförmigen historischen Denken erwachsen, aktiviert werden sollten, hängt mit historischem Lernen zusammen, das im 21. Jahrhundert auf die Etablierung eines reflektierten und (selbst)reflexiven Geschichtsbewusstseins abzielt. Dennoch dürfen darüber hinaus der situative Kontext und die soziale Eingebundenheit von Handlungen nicht übergangen werden.

Das Ziel dieses Beitrages ist es, vor allem den dritten Satz des Beutelsbacher Konsenses aus geschichtsdidaktischer Perspektive genauer zu betrachten, um letztlich danach zu fragen, inwiefern es ein Handeln durch historisches Denken gibt und wie Schüler*innen im Sinn einer Subjektorientierung dazu befähigt werden können/sollen. Eine geschichtskulturelle Interventionsfähigkeit wird dabei als Zielhorizont vorgeschlagen.

2. Handeln als Kontemplation und Intervention

Geht man davon aus, dass erst durch menschliche Handlungen soziale Wirklichkeit entsteht, muss Geschichte per se als Produkt einer Handlung eingestuft werden. Wird Geschichte dabei zudem als Konstrukt wahrgenommen, wie dies die dominanten Positionen innerhalb der Geschichtswissenschaft am Beginn des 21. Jahrhunderts machen, so kann ganz in soziologischer Manier nach Bestimmungsgründen, sozialen Bedingungen und Wirkungen dieser Art des sozialen Handelns gefragt werden. Dabei kollidieren vor allem Vorstellungen von Handlungen als physisch beobachtbare Erscheinungen (z. B. das Enthüllen eines Denkmals) mit kognitiv-kommunikativ verfassten Handlungen, wie dies etwa die Sprechakttheorie (auch: Sprechhandlungstheorie) aus dem Bereich der linguistischen Pragmatik herausgearbeitet hat (vgl. Austin 1962; Searle 1969). Daher gilt es zu betonen, dass auch eine mündlich erzählte Geschichte als „lokutionärer Akt" (J. L. Austin) und damit als Handlung einzustufen ist, gleichwie andere Schüleraussagen zum behandelten Gegenstand im Geschichtsunterricht.

Bezogen auf historisches Denken im Unterricht bzw. in der Gesellschaft könnte es sinnvoll sein, zwei grundlegende Varianten idealtypisch zu unterscheiden, nämlich die (a) Kontemplation und die darauf beruhende (b) Intervention.

(a) Historisches Denken als Kontemplation

Darunter können all jene Handlungen gefasst werden, deren Ziel es ist, historische Orientierung als Handlungsoptionen zu generieren, und zwar über reflektiertes (Nach-)Denken unter Einbeziehung von historischen Quellen oder Interpretationen der Vergangenheit in Form von Darstellungen. Es handelt sich dabei um Orientierungsangebote an sich selbst oder an andere, ohne jedoch über die so strukturierten und kommunizierten Gedanken hinaus konkrete Handlungsakte – „reales Handeln" nach Hans-Wolfram Stein (2016) – in einer Gesellschaft zu setzen.

(b) Historisches Denken als Intervention

Darunter können all jene Handlungen gefasst werden, deren Ziel es ist, auf der Grundlage von historischen Denkakten konkrete Handlungsakte in der Gesellschaft zu setzen. Ein Orientierungsangebot im Umgang mit Vergangenheit und Geschichte wird dabei in eine politisch-partizipative Einmischung in das Politische übersetzt. Letztlich handelt es sich dabei um einen Überschneidungsbereich zwischen historischen Orientierungsleistungen, die aus einer Beschäftigung mit der Vergangenheit (Darstellungen und/oder Quellen) erwachsen, deren Umsetzung in Form von verschiedenen Involvierungen in der Gegenwart jedoch in den Bereich der operationalisierten politikbezogenen Fähigkeiten (politische Handlungskompetenz) fallen (vgl. Kühberger 2015b, 123). Historisches Denken wird hierbei zur Vorbedingung von geschichtskulturellen Handlungen, aber gleichzeitig zur Grundlage politischen Handelns. Es ist damit eben nicht nur ein beschauliches Nachdenken ohne den Zweck der Intervention, sondern Realisierung (für eine Option). Als derartige Interventionen können etwa Demonstrationen gegen Denkmäler angesehen werden, die dabei eine Kritik hinsichtlich des Umgangs mit Geschichte in der Gesellschaft artikulieren und darüber meist eine „kritische Sinnbildung" (Rüsen 2008, 38) als Handlung in der Öffentlichkeit realisieren. Im Unterschied zur Kontemplation werden dabei Ergebnisse historischen Denkens (Interpretationen, Bewertungen, Neuperspektivierungen, etc.) nicht nur zum Zweck der Ausprägung individueller Denkstrukturen oder eines Austausches in einer Lerngruppe mit beschränkter Öffentlichkeitswirksamkeit vorgebracht (vgl. u. a. Barton/Levstik 2009, 25–44; Ammerer u. a. 2015; Ammerer 2019, 29–69; Dräger 2021), sondern bewusst über eine breitenwirksame politische Kommunikation oder ein sichtbares Engagement in die Gesellschaft eingebracht (vgl. u. a. Harkavy/Donovan 2005).

Ungeklärt bleibt damit aber vor allem, wie weit derartige Handlungen (Kontemplationen und Interventionen), die aus dem historischen Denken erwachsen, im Geschichtsunterricht gehen sollen. Angesichts der sich stetig erneuernden Herausforderungen des Gemeinwesens sollte die Geschichtsdidaktik hierfür stärkere Zielvorstellungen entwickeln, die nicht nur ‚rote Linien' im rechtlichen Sinn ziehen (z. B. Verfassung, NS-Verbotsgesetz), sondern auch ein positives Weltbild von Demokratie berücksichtigen und deren Möglichkeiten ausspielen. Die geschichtsdidaktische Reflexion zu diesem Bereich sollte daher stärker nach Anschlussstellen fragen, wie „Mündigkeit" im Unterricht und in der Gesellschaft über historisch-politisches Lernen erreicht werden kann, ohne die unterrichtliche Praxis mit übersteigerten Erwartungen zu überfordern, sie aber auch nicht zum Glasperlenspiel verkommen zu lassen. Dafür sind neben Immanuel Kant und

	Historisches Denken als Kontemplation (Reflexion)	Historisches Denken als Intervention (Aktion)
Art des Handelns	Intentionales und kontrolliertes Tun	
Ziele	Eröffnen von geistigen Handlungs*optionen*	Umsetzen von Handlungs*akten*/ Eintreten und Einstehen für eine Option
	Orientierungsangebote setzen	Orientierungsangebote umsetzen
	Historische Orientierung als reflektiertes Nachdenken	Geschichtskulturelles Handeln als politisch-partizipative Einmischung
Situierung	Eher abstrakt/theoretisch situiert	Eher konkret/lebensweltlich situiert
Beispiel hinsichtlich der Orientierungsleistung	Positionsabwägungen und Vorschläge für eine mögliche Umsetzung	Urteilender und intervenierender Beitrag zu einer Herausforderung (Teilnahme an öffentlichen Bürgerdiskussionen zur Lösung eines konkreten Problems im Umgang mit einem Denkmal; Anfragen zum Umgang mit Vergangenheit und Geschichte einer Partei an Parteileitungen stellen; etc.)
	Ergebnisse der Kontemplation vorstellen und kritisieren	Wege suchen und Mittel einsetzen, um Einsichten aus der Kontemplation zu gewinnen und im realen Leben im Sinne der eigenen Interessen und unter Berücksichtigung des Gemeinwohls umzusetzen.

Tab. 1: Idealtypisches Handeln durch historisches Denken als Orientierungsleistung

Theodor W. Adorno sicherlich die von der deutschen Politikdidaktik herausgearbeiteten Bürger(leit)bilder von Interesse (vgl. Goll 2021). So hat etwa Joachim Detjen (in Anlehnung an Paul Ackermann) vier Typen von Bürger*innen entworfen (politisch Desinteressierte, reflektierte Zuschauer, interventionsfähige Bürger, Aktivbürger) (vgl. Detjen 2013, 222), die sich hinsichtlich der umgesetzten Kontemplations- und Interventionsgrade im Politischen unterscheiden. Ackermann sieht innerhalb dieses Rahmens die Interventionsbürger*innen als jenen Niveautyp an, den Lernende in der Schule erreichen sollten: „Die Schülerinnen und Schüler sollten demnach im Unterricht nicht nur lernen, über politische Ereignisse und Probleme zu urteilen, sondern auch, wie sie sich selbst in die Politik einmischen können, um ihre oder auch die Interessen anderer zu vertreten." (Ackermann 2004, 95)

Es verwundert daher auch nicht, dass dafür affektiv-habituelle Dispositionen (z. B. Interesse an und Wille zu Politik), kognitive Leistungen (z. B. politische Urteilsfähigkeit) und pragmatische bzw. instrumentell-prozedurale Fähigkeiten (politische Handlungskompetenz) benötigt werden, wie dies Detjen herausgearbeitet hat (vgl. Detjen 2013, 420 f.), die so auch im Geschichtsunterricht bzw. beim historischen Lernen zu berücksichtigen wären. Besonders herausfordernd ist dabei „die Befähigung zur interessensgeleiteten Partizipation", die sich als „politische Aktion" äußert (Haarmann/Lange 2016, 167; vgl. auch Haarmann/Lange im vorliegenden Band).

Bürgertyp	Definition	Kontemplation	Intervention
politisch Desinteressierte	...„besitzen flüchtiges Interesse an Politik und hegen Misstrauen gegenüber politischen Akteur*innen."	gering	–
reflektierte Zuschauer*innen	...„informieren sich regelmäßig über Politik und sind in der Lage, rational begründete Wahlentscheidungen zu treffen."	hoch	–
interventionsfähige Bürger*innen	...„engagieren sich darüber hinaus punktuell in der Politik, immer dann, wenn ihre eigenen Interessen besonders betroffen sind."	hoch	gering
Aktivbürger*innen	...„engagieren sich dauerhaft politisch und Politik ist ein wesentlicher Bestandteil ihres Lebens."	hoch	hoch

Tab. 2: Kontemplation und Intervention nach Bürgertypen (zitiert nach Pohl 2015; vgl. auch: Breit/Massing 2002; Detjen 2013, 222–225)

Die Aufgabe der Erstellung und Nutzung von unmittelbar gesellschaftsrelevanten Kontemplationen und Interventionen kann nicht auf eine unbestimmte Zukunft der Schüler*innen verschoben werden. So gestand Klaus Bergmann dem Geschichtsunterricht zwar zu, dass dieser „erkennbar mit den großen Fragen der Gegenwart und Zukunft verbunden ist, die bereits während der Schulzeit und später noch spürbarer in die Lebensverhältnisse von jungen Menschen durchschlagen" (Bergmann 2008, 5), aber die lebensweltliche bis gesellschaftliche Relevanz von historisch-politischer Beschäftigung wurde so auch schon bei weit kleiner strukturierten Beispielen aus unserer Gegenwart hintangestellt.

Aus einer geschichtsdidaktischen Perspektive gilt es daher, vor allem pragmatische bzw. instrumentell-prozedurale Fähigkeiten neu zu fokussieren, wie dies die Politische Bildung im Zusammenhang mit der Methoden- oder Handlungskompetenz bereits gemacht hat (vgl. Krammer u. a. 2008; GPJE 2004), damit Schüler*innen die Möglichkeit erlangen, sich in eine geschichtskulturelle und geschichtspolitische Öffentlichkeit einzubringen bzw. diese aktiv mitzugestalten. Dabei handelt es sich um eine Perspektive, die bislang weitgehend vernachlässigt wurde. Es sickerten weitgehend nur die Aspekte der Analyse und Reflexion in den Geschichtsunterricht bzw. in seine Curricula ein, so wie man dies in Hans-Jürgen Pandels „Geschichtskultureller Kompetenz" vorfindet (Pandel 2005, 40–43) oder wie dies auch in der De-Konstruktion des FUER-Modells konzeptualisiert wurde (vgl. Schreiber 2007). Um hier eine andere Perspektive einnehmen zu können, helfen auf theoretischer Ebene sicherlich auch die – der kulturhistorischen Schule Vygotskys folgenden – Konzeptionen von Martin Nitsche zum „gesellschaftlichen historischen Lernen". Historisches Denken kann nach Nitsche nämlich als „geschichtskulturelle Tätigkeit" begriffen werden, indem nicht nur eine Internalisierung (auf das Selbst gerichtet) stattfindet, sondern eben auch eine Externalisierung, die auf die Gesellschaft gerichtet ist, vollzogen wird, wobei letztere in Machtstrukturen eingebettet und durch breitere Kommunikation in der Öffentlichkeit gekennzeichnet ist, um gemeinschaftlich und absichtsvoll Krisen (vielleicht weniger alarmistisch: Herausforderungen) zu bewältigen (vgl. Nitsche 2021, 235 f.). Damit wird stark zwischen individuellen und sozialen Tätigkeiten unterschieden (vgl. ebd., 237).

3. Interesse der Schüler*innen

Damit ist jedoch nur ein erster Schritt in der Klärung des aufgeworfenen Problems gegangen, indem ausgesagt wird, dass neben der Kontemplation, dem Nachdenken über Optionen für Gegenwart und Zukunft, auch intervenierende Handlungsakte identifizierbar sind, die auf historischem Denken beruhen bzw. es involvieren. Solche sind etwa politische Diskussionen zum Erhalt von Altstadtkernen, Demonstrationen mit dem Ziel, koloniale Wahrnehmungsmuster aufzubrechen, Fragen der Kooperation zwischen Staaten mit einer gewaltvollen Vergangenheit, Verantwortungsdiskurse zu historischen Gräueltaten, Neuperspektivierungen von Restitutionsgesetzgebungen, der Umgang mit dem Sozialstaat als historische Errungenschaft, Traditionsbrüche im Bereich der Pressefreiheit etc. Doch wie können Schüler*innen im Geschichtsunterricht dazu befähigt werden, nach Mitteln und Wegen zu suchen, eine vorgefundene politische (oder eben gesellschaftliche) Lage im Sinn eigener Interessen zu beeinflussen? Ziel ist es, wie hier angedeutet, dass dabei die Doppeldeutigkeit von „Interesse" (gegenüber dem Ich und gegenüber der Gesellschaft) entlang einer gängigen Kritik am Beutelsbacher Konsens als Eigeninteresse im Lichte des Gemeinwohls aufgelöst wird (vgl. Nonnenmacher 2011, 92; Reinhardt 2012, 30; Hellmuth 2021, 750 f.).

Zunächst kann festgestellt werden, dass in der Tradition der Geschichtsdidaktik in Anlehnung an Annette Kuhn zwischen objektiven und subjektiven Interessen der Lernenden unterschieden werden kann. Nach Kuhn ist ein subjektives Interesse mit den Erfahrungen der Schüler*innen in Verbindung zu bringen, ein objektives Interesse mit fachspezifischen Lerngegenständen im Kontext der gegenwärtigen Gesellschaft (vgl. Kuhn 1974; Kuhn 1997, 358). Man könnte daher durchaus festhalten, dass der Erwerb einer historisch-politischen Handlungskompetenz das objektive Interesse darstellt, durch ein politisches Handlungsrepertoire an verschiedenen politisch-gesellschaftlichen Aushandlungsprozessen von Diskussionen, über öffentliche Aktionen bis hin zur konkreten Umsetzung von Entscheidungen, vielfältig partizipieren zu können. Dies würde – ganz im Sinn von Kuhn – auf Emanzipation abzielen. Doch was bedeutet das objektive Interesse für thematische Zuschnitte der Gegenstände des Geschichtsunterrichtes? Sind diese tatsächlich mittels Reflexionen über ein vermeintliches Schülerinteresse von außen eruierbar und in Lehrplänen normierbar?

Kehren wir dazu nochmals zum historischen Denken zurück. Gemäß einer narrativen Geschichtstheorie, die – breit akzeptiert – als theoretische Grundlage für schulisches historisches Lernen in den deutschsprachigen Ländern herangezogen wird, handelt es sich um eine anthropologische Konstante, sich retroperspektivisch und sinnbildend mit Vergangenheit zu beschäftigen und daraus Orientierung für die eigene Lebenswelt zu gewinnen. Historisches Denken als Ziel des historischen Lernens sei mitten im Leben der Menschen verankert und würde die Möglichkeit einer Orientierung über Zeiterfahrung bieten, welche die Handlungsfähigkeit in der Gegenwart unterstützt. Stellvertretend kann hierfür auf die geschichtsdidaktischen Modellierungen im FUER-Modell oder im HISTOGRAPH-Modell verwiesen werden (vgl. Körber u. a. 2007; Thünemann/Jansen 2018). In der Regel wird dabei im deutschsprachigen Diskurs immer wieder an die theoretischen Konzeptionen von Jörn Rüsen angeschlossen, der in seiner Matrix des historischen Denkens stets auf die anthropologischen Grundlagen dieser Kognitionen verweist und damit in der Lebenspraxis der Menschen deren Ursprung erkennt (vgl. Rüsen 1983, 31; Thünemann 2018, 128 f.).

Während derartige theoretische Grundlagen auf Wichtiges verweisen, hat es – blickt man auf die Pragmatik des Geschichtsunterrichtes – den Anschein, als ob lebensweltliche Kontexte, aus denen heraus historischer Sinn über die Beschäftigung mit Vergangenheit gebildet wird, etwas Beliebiges wären. Diese Kontexte könnten also jederzeit zu jedem beliebigen Thema der normativen Vorgaben als Kunstkniff von Geschichtslehrpersonen bei Schüler*innen aktiviert werden. In Unterrichtsmedien und auch in Unterrichtseinheiten ist durchaus zu beobachten, dass ein ungeschriebener und manchmal durch Curricula tradierter Kanon eines Umgangs mit bestimmten und kulturell verfestigten Themen und Fallbeispielen einen immer ähnlich (oft über Jahrzehnte hinweg unveränderten) strukturierten Ausgangspunkt für historisches Lernen bildet. Dabei wird die sich rasch ändernde Lebenspraxis unterschiedlicher Geburtsjahrgänge von Schüler*innen abgedrängt. Gesetzte und in Teilen kanonisierte Fallbeispiele dominieren und werden – wenn überhaupt – a posteriori der Lebenspraxis unserer Gegenwart gefügig gemacht. Der eigentlich zu aktivierende geschichtstheoretische Baustein wird so gleich zu Beginn von Unterrichtsprozessen ignoriert. Schließlich geht sie davon aus, dass ein „Interesse" (Jörn Rüsen) oder eben eine „Verunsicherung" (Wolfgang Hasberg/Andreas Körber) historisches Denken auslösen würde, also ein letztlich zutiefst individueller Moment am Beginn steht, der in einer subjektorientierten Didaktik bei Klaus Holzkamp als „Frustration" gedeutet wird (vgl. Kühberger 2015c, 24). Denn eine je individuelle Verunsicherung zu erzeugen, um Fragen an die Vergangenheit zu stellen, würde eine unmittelbare Involvierung der Schüler*innen in die thematischen Setzungen des Geschichtsunterrichtes voraussetzen. Dies wäre dann nach Annette Kuhn das subjektive Interesse der Schüler*innen, die damit auch ihre Sozialerfahrung und ihre Lebensrealität als Bedürfnis einer Beschäftigung mit zeitlicher Veränderung einbringen (vgl. Kuhn 1974; Schmiederer 1977). Ein derartiger Zugang darf Schülerinteressen jedoch nicht als „bloße ad-hoc-Neigungen empirischer Individuen" missverstehen, wodurch das „anspruchsvolle Programm einer Subjektorientierung zu bloßem Motivationstraining" verkommen würde (Salomon 2016, 289). Auch muss im Unterricht darauf geachtet werden, dass die eigentlich damit intendierte diskursive Offenheit nicht aufgrund einer zu rigiden Unterrichtsplanung und vor allem aufgrund einer hypothetisch angenommenen Schülerperspektive vorschnell und die Schüler*innen übergehend eng normierte und a priori festgelegte Unterrichtsziele erreicht (vgl. Scherb 2016, 84; Grammes 1996, 143–145).

Wendet man sich dem Unterrichtsgeschehen zu, so ist nach wie vor entlang verschiedenster Lehrpläne zu beobachten, dass thematische Zuschnitte des Geschichtsunterrichts nach wie vor stärker über kanonisierte Themen bestritten werden, die über normative Setzungen als bildsam eingestuft werden. Folgt man dem berechtigten Anliegen der Berücksichtigung der Schülerinteressen und den damit verbundenen Voraussetzungen für Geschichtsunterricht, müssten Freiräume in den Curricula geschaffen werden, um unvorhersehbare, akute und/oder lebensnah auftretende geschichtskulturelle Herausforderungen der Schüler*innen für Lernprozesse unter Berücksichtigung des historischen Denkens zu schaffen. Der andere Weg, von Beispielen der Vergangenheit auf die Gegenwart zu schließen, entspricht zwar häufig einem basalen Gegenwartsbezug, doch der Mehrwert für eine historische Orientierung zwischen Vergangenheit und Herausforderungen der Gegenwart und Zukunft wird damit in der Regel nur marginal geleistet, Interessen, Bedürfnisse und Lebenswelten von Kindern und Jugendlichen im schulischen Kontext oft übersehend oder gar ignorierend. Das intendierte Ziel einer Subjektorientierung stellt sich nicht über bedenkenswerte Setzungen von außen ein, wie etwa Klaus Bergmann im Zusammenhang mit dem Schülerinteresse argumentiert, wenn er festhält: „Wird Geschichte in einem kritischen Denkakt auf gegenwärtige und voraussehbar zukünftige Probleme bezogen, wird sie an die lebensweltlichen Interessen und Bedürfnisse der Lernenden angebunden" (Bergmann 1997, 267). Es bedarf vielmehr der Aktivierung eines Denkens, das auch die Selbstpositionierung in der Gesellschaft reflektiert und nicht nur bestimmte gesellschaftliche Strukturen und Zusammenhänge vorwegnimmt oder diskutiert.

Will man die Handlungsdimension eines historisch-politischen Lernens stärken, um damit auch die unmittelbare gesellschaftliche Relevanz des Geschichtsunterrichtes zu unterstreichen, ist es notwendig, weitaus differenzierter über derartige Anschlussstellen in gesetzten curricularen Gegenständen nachzudenken und sie mit objektiven und vor allem subjektiven Interessen der Schüler*innen sowie mit dem Politischen der Gegenwart in Verbindung zu bringen oder eben curriculare Freiräume zu ermöglichen, die dies zulassen und fördern. Im letzteren Fall wird es dann jedoch darauf hinauslaufen, Gegenwartsphänomene aus dem Interessensbestand von konkreten Lerngruppen heraus zu historisieren und auch zu politisieren, um den Mehrwert des historischen Denkens als Sachurteil bzw. Sachverhaltsanalyse und die Problematik der daran gekoppelten Orientierungsleistungen als reflektierte und begründete historisch-politische Urteile zu veranschaulichen und um Positionierungen der einzelnen Lernenden anzuregen.

Damit kann hier nochmals festgehalten werden, dass der dritte Satz des Beutelsbacher Konsenses, der oftmals mit „Schülerorientierung" überschrieben wird (vgl. Dehne 2006; Rohlfes 1992), im mehrfachen Sinn subjektorientiert umzusetzen ist (vgl. Kühberger 2015a; Kühberger/Schneider 2020) und eben nicht lehrerseitig zugeschriebene oder vermutete Interessen meint. Vielmehr gilt es durch die Lernenden selbst festzustellen, wo sie in der Gesellschaft stehen, in welche politischen Situationen sie je in der Gesellschaft eingebettet sind und wie sie sich strategisch einbringen können oder wollen. Deshalb sollten im Unterricht auch die Mittel in den Fokus genommen werden, also etwa jene strategischen Kommunikationsmittel bzw. -stile (diskursive, mediale oder auch aktionistische), um im öffentlichen Diskurs wahrgenommen zu werden und so die politische Entscheidungsfindung beeinflussen zu können, die je eigenen Interessen vertretend. Damit gilt es für die Geschichtsdidaktik, Formen der je aktuellen demokratischen Kommunikation bzw. Einmischung als hilfreiche Interventionsoptionen in Lernprozesse einzubinden (digitale Foren, Demonstrationen, Flugblätter etc.) und deren Gattungsspezifik nicht zu ignorieren (vgl. u. a. Kühberger 2015b; Ammerer u. a. 2015; Kühberger 2019, 30–32).

Da der Bereich der Kontemplation auch bisher schon Berücksichtigung fand, gilt es, nimmt man das Anliegen des Beutelsbacher Konsenses für den Geschichtsunterricht ernst, ein verstärktes Augenmerk auf eine *geschichtskulturelle Interventionsfähigkeit* zu lenken. Ausdrucksformen des Journalismus oder der politischen Diskussion sind dafür hilfreich, greifen aber zu kurz, auch künstlerisch-ästhetische Mittel, wie dies Hans-Jürgen Pandel anmahnt (vgl. Pandel 2009, 29 f.), werden hierfür zu berücksichtigen sein. Es geht also um Geschichtskultur, die Geschichtspolitik miteinschließt.

4. Fazit

Gesellschaften in ihrem Umgang mit Vergangenheit und Geschichte wahrzunehmen, wird vor dem Hintergrund des dritten Satzes des Beutelsbacher Konsenses zu einem zentralen Punkt historischen Lernens. Nicht nur das individuelle Lernen der einzelnen Schüler*innen, welches in der Geschichtsdidaktik in den vergangenen Jahren häufig im Mittelpunkt von empirischen Untersuchungen stand, ist damit zentral, sondern auch die „Entäußerung" (Externalisierung) des historischen Denkens der Individuen, um im Kontext von gesellschaftlicher Partizipation das eigene historisch-politische Denken der Gesellschaft zuzumuten und um damit die eigenen Interessen bzw. auch die des Gemeinwohls voranzubringen. Hier könnte man durchaus von der Projektgruppe „Geschichten in Bewegung" lernen, die geschichtskulturelles Handeln in reproduktiven, transformativen oder reflektierten Praktiken beobachten konnte (vgl. Georgi u. a. 2022). Damit wird die Aushandlung von Standpunkten gegenüber Geschichte in der Gesellschaft sowie das damit verbundene Orientierungsvermögen sicherlich diskursiver, dialogischer und weniger statisch. Historisches Lernen lässt sich dann als gesellschaftliches Lernen begreifen (vgl. Heuer 2005, 171 f.; Kühberger u. a. 2011, 631; Nitsche 2021). Kontexte zu durchdringen und Urteile für die eigene Gegenwart bzw. Zukunft zu treffen, zu vertreten und in Handlungen zu verwandeln, wird damit prominent auf die Agenda von notwendigen Lernprozessen gesetzt.

Geschichtsunterricht entfernt sich damit eindeutig vom enzyklopädischen Ideal oder von einer bildungsbürgerlichen Beflissenheit im Umgang mit kanonisierten Wissensbeständen, verwirklicht so jedoch stärker die Ideale eines reflektierten Geschichtsbewusstseins, nämlich über die Absicht, jene Fähigkeiten, Fertigkeiten und Bereitschaften auszubilden, die dazu im Stande sind, scheinbar Gegebenes oder Fixiertes der Gegenwart zu hinterfragen, Machtkonstellationen zu durchschauen und zu kritisieren, eigene Vorstellungen artikulierend und dafür eintretend, immer eben auch unter Nutzung von Einsichten aus einer Beschäftigung mit Zeit. Geschichtskulturelle Interventionsfähigkeit benötigt daher beides, historisches Denken und geschichtskulturelles Handeln, Kontemplation und Intervention in der Gesellschaft (vgl. auch Körber 2020, 254; Greiner u. a. 2019, 40). Clios Welt verschiebt sich damit. Nicht ein arkadisches Hirtenspiel mit Musen und Tand, das zur eigenen Erbauung im Privaten eingesogen wird, steht damit im Mittelpunkt, sondern die konkrete Agora mitsamt jenem Handeln, das auf die pluralistische Aushandlung von allgemeinverbindlichen Werthaltungen und Regelungen in und zwischen Gruppen von Menschen angelegt ist (vgl. Patzelt 2003, 23; Massing 2012, 261).

Literatur

ACKERMANN, Paul (2004): Der interventionsfähige Bürger scheint mir ein realistisches Leitbild für die politische Bildung zu sein. In: Pohl, Kerstin (Hg.): Positionen der politischen Bildung 1. Ein Interviewbuch zur Politikdidaktik. Schwalbach/Ts., S. 88–103.

AMMERER, Heinrich (2019): Historische Orientierung im Geschichtsunterricht. Frankfurt/M.

AMMERER, Heinrich u. a. (2015): Geschichte nutzen. Unterrichtsbeispiele zur Förderung von historischer Orientierungskompetenz. Wien.

AUSTIN, John L. (1962): How to Do Things with Words. Cambridge MA.

BARRICELLI, Michele u. a. (2012): Historische Kompetenzen und Kompetenzmodelle. In: Barricelli, Michele/Lücke, Martin (Hg.): Handbuch Praxis des Geschichtsunterrichts, Bd. 1. Schwalbach/Ts., S. 207–235.

BARTON, Keth C./Levstik, Linda S. (2009): Teaching History for the Common Good. London.

BERGMANN, Klaus (1997): Gegenwarts- und Zukunftsbezug. In: ders. u. a. (Hg.): Handbuch der Geschichtsdidaktik. Seelze, S. 266–268.

BERGMANN, Klaus (2008): Der Gegenwartsbezug im Geschichtsunterricht. Schwalbach/Ts.

BREIT, Gotthard/Massing, Peter (Hg.) (2002): Die Rückkehr des Bürgers in die politische Bildung. Schwalbach/Ts.

DEHNE, Brigitte (2006): Schülerorientierung. In: Meyer, Ulrich u. a. (Hg.): Wörterbuch Geschichtsdidaktik. Schwalbach/Ts., S. 159–160.

DETJEN, Joachim (2013): Politische Bildung. Geschichte und Gegenwart in Deutschland. München.

DRÄGER, Marco (2021): Denkmäler im Geschichtsunterricht. Frankfurt/M.

GEORGI, Viola u. a. (Hg.) (2022): Geschichte in Bewegung. Neue Perspektiven für die Erinnerungskultur in der Migrationsgesellschaft. Bielefeld.

GOLL, Thomas (2021): Mündige Bürger/-innen als Ziel der Politikdidaktik. In: Weißeno, Georg/Ziegler, Béatrice (Hg.): Handbuch für Geschichts- und Politikdidaktik. Wiesbaden, S. 1–14.

GPJE/GESELLSCHAFT FÜR POLITIKDIDAKTIK UND POLITISCHE JUGEND- UND ERWACHSENENBILDUNG (2004): Nationale Bildungsstandards für den Fachunterricht in der Politischen Bildung an Schulen. Ein Entwurf. Schwalbach/Ts.

GRAMMES, Tilman (1996): Unterrichtsanalyse – ein Defizit der Fachdidaktik. In: Schiele, Siegfried/Schneider, Herbert (Hg.): Reicht der Beutelsbacher Konsens? Schwalbach/Ts. S. 143–169.

GREINER, Ulrike u. a. (2019): Reflexive Grundbildung bis zum Ende der Schulpflicht. Konzepte und Prozeduren im Fach. Münster.

HAARMANN, Moritz Peter/Lange, Dirk (2016): Emanzipation als Kernaufgabe politischer Bildung – Überlegungen zum Beutelsbacher Konsens. In: Widmaier, Benedikt/Zorn, Peter (Hg.): Brauchen wir den Beutelsbacher Konsens? Bonn, S. 164–178.

HARKAVY, Ira/Donovan, Bill M. (Hg.) (2005): Connecting Past and Present. Concepts and Models for Service-Learning in History. Sterling.

HELLMUTH, Thomas (2021): Zeitgeschichte und Politische Bildung. In: Gräser, Marcus/Rupnow, Dirk (Hg.): Österreichische Zeitgeschichte – Zeitgeschichte in Österreich. Eine Standortbestimmung in Zeiten des Umbruchs. Wien, S. 745–758.

HEUER, Christian (2005): Geschichtsdidaktik, Zeitgeschichte und Geschichtskultur. In: Geschichte, Politik und ihre Didaktik 33, S. 170–175.

KÖRBER, Andreas (2020): Inklusive Geschichtskultur. Bestimmungsfaktoren und Ansprüche. In: Barsch, Sebastian u. a. (Hg.): Handbuch Diversität im Geschichtsunterricht. Inklusive Geschichtsdidaktik. Frankfurt/M., S. 250–258.

KÖRBER, Andreas u. a. (2007): Kompetenzen historischen Denkens. Ein Strukturmodell als Beitrag zur Kompetenzorientierung in der Geschichtsdidaktik. Neuried.

KRAMMER, Reinhard u. a. (2008): Die in politischer Bildung zu erwerbenden Kompetenzen. Ein Kompetenzstrukturmodell (Projektbericht für das BMUKK). Wien.

KÜHBERGER, Christoph (2015a): Dokumentierte Dialogizität. Digitales historisches Lernen als gesellschaftliche Partizipation. In: Buchberger, Wolfgang u. a. (Hg.): Nutzung digitaler Medien im Geschichtsunterricht. Innsbruck, S. 37–52.

KÜHBERGER, Christoph (2015b): Kompetenzorientiertes historisches und politisches Lernen. Methodische und didaktische Annäherungen an Geschichte, Sozialkunde und politische Bildung. Innsbruck.

KÜHBERGER, Christoph (2015c): Subjektorientierte Geschichtsdidaktik. Eine Annäherung zwischen Theorie, Empirie und Pragmatik. In: Ammerer, Heinrich u. a. (Hg.): Subjektorientierte Geschichtsdidaktik. Schwalbach/Ts., S. 13–47.

KÜHBERGER, Christoph (2019): Radikal digital?! Herausforderungen und Wege für das historische und politische Lernen. In: Barsch, Sebastian u. a. (Hg.): Fake und Filter. Historisches und politisches Lernen in Zeiten der Digitalisierung. Frankfurt/M., S. 21–34.

KÜHBERGER, Christoph (2020): Was kann vom Geschichtsunterricht in einer Demokratie erwartet werden? Vergangenheit und Gegenwart einer Pflichtunterweisung. In: Ammerer, Heinrich u. a. (Hg.): Demokratie lernen in der Schule. Politische Bildung als Aufgabe für alle Unterrichtsfächer. Münster, S. 83–99.

KÜHBERGER, Christoph/Schneider, Robert (2020): Subjektorientierung. In: Barsch, Sebastian u. a. (Hg.): Handbuch Diversität im Geschichtsunterricht. Inklusive Geschichtsdidaktik. Frankfurt/M., S. 27–36.

KÜHBERGER, Christoph u. a. (2011): Gesellschaftliches Lernen. In: Erziehung & Unterricht 161, S. 630–639.

KUHN, Annette (1974): Einführung in die Didaktik der Geschichte. München.

KUHN, Annette (1997): Schüler- und Schülerinneninteresse. In: Bergmann, Klaus u. a. (Hg.): Handbuch der Geschichtsdidaktik. Seelze, S. 357–361.

MASSING, Peter (2012): Politisches Handeln – Versuch einer Begriffsklärung. In: Weißeno, Georg/Buchstein, Hubertus (Hg.): Politisches Handeln. Modelle, Möglichkeiten, Kompetenzen. Opladen, S. 257–270.

NITSCHE, Martin (2021): Historisches Lernen *und* Geschichtskultur *oder* gesellschaftliches historisches Lernen als künftiges Forschungsfeld der Geschichtsdidaktik. In: Kuhn, Konrad J. u. a. (Hg.): Zwischen Welten. Grenzgänge zwischen Geschichts- und Kulturwissenschaften, Geschichtsdidaktik und Politischer Bildung. Festschrift für Béatrice Ziegler. Münster, S. 225–238.

NONNENMACHER, Frank (2011): Handlungsorientierung und politische Aktion in der schulischen politischen Bildung. Ursprünge, Grenzen und Herausforderungen. In: Widmaier, Benedikt/Nonnenmacher, Frank (Hg.): Partizipation als Bildungsziel. Politische Aktion in der politischen Bildung. Schwalbach/Ts., S. 83–100.

PANDEL, Hans-Jürgen (2005): Geschichtsunterricht nach PISA. Kompetenzen, Bildungsstandards und Kerncurricula. Schwalbach/Ts.

PANDEL, Hans-Jürgen (2009): Geschichtskultur als Aufgabe der Geschichtsdidaktik. Viel zu wissen ist zu wenig. In: Oswalt, Vadim/Pandel, Hans-Jürgen (Hg.): Geschichtskultur. Die Anwesenheit von Vergangenheit in der Gegenwart. Schwalbach/Ts., S. 19–33.

PATZELT, Werner J. (2003): Einführung in die Politikwissenschaft. Passau.

POHL, Kerstin (2015): Politisch Handeln. Ziel und Inhalt der politischen Bildung? (Online unter: https://www.bpb.de/themen/bildung/zukunft-bildung/206613/politisch-handeln-ziel-und-inhalt-der-politischen-bildung/; aufgerufen am 9.8.2023).

REINHARDT, Sibylle (2012): Politik-Didaktik. Praxishandbuch für die Sekundarstufe I und II. Berlin.

ROHLFES, Joachim (1992): Schülerorientierung. In: Geschichte in Wissenschaft und Unterricht 43, S. 261–263.

RÜSEN, Jörn (1983): Historische Vernunft. Grundzüge einer Historik I. Die Grundlage der Geschichtswissenschaft. Göttingen.

RÜSEN, Jörn (2008): Historisches Lernen. Grundlagen und Paradigmen. Schwalbach/Ts.

SALOMON, David (2016): Konsens und Dissens. Von Beutelsbach nach Heppenheim? In: Widmaier, Benedikt/Zorn, Peter (Hg.): Brauchen wir den Beutelsbacher Konsens? Eine Debatte der politischen Bildung. Bonn, S. 285–293.

SANDER, Wolfgang (2013): Die Kompetenzblase. Transformationen und Grenzen der Kompetenzorientierung. In: Zeitschrift für Didaktik der Gesellschafswissenschaften 4, H.1, S. 100–125.

SCHERB, Armin (2016): Zur Rezeption und Einordnung des Beutelsbacher Konsenses in der Politikdidaktik und in der Schule. In: Widmaier, Benedikt/Zorn, Peter (Hg.): Brauchen wir den Beutelsbacher Konsens? Eine Debatte der politischen Bildung. Bonn, S. 78–86.

SCHMIEDERER, Rolf (1977): Politische Bildung im Interesse der Schüler. Frankfurt/M.

SCHREIBER, Waltraud (2007): Kompetenzbereich Historische Methodenkompetenz. In: Körber, Andreas u. a. (Hg.): Kompetenzen historischen Denkens. Ein Strukturmodell als Beitrag zur Kompetenzorientierung in der Geschichtsdidaktik. Neuried, S. 194–235.

SEARLE, John R. (1969): Speech Acts. An Essay in the Philosophy of Language. Cambridge.

THÜNEMANN, Holger (2018): Geschichtskultur revisited. Versuch einer Bilanz nach drei Jahrzehnten. In: Sandkühler, Thomas/Blanke, Horst (Hg.): Historisierung der Historik. Jörn Rüsen zum 80. Geburtstag. Köln, S. 127–149.

THÜNEMANN, Holger/Jansen, Johannes (2018): Historisches Denken lernen. In: Bracke, Sebastian. u.a.: Theorie des Geschichtsunterrichts. Frankfurt/M., S. 93–106.

WEHLING, Hans-Georg (2016): Konsens à la Beutelsbach? Textdokumentation aus dem Jahr 1977. In: Widmaier, Benedikt/Zorn, Peter (Hg.): Brauchen wir den Beutelsbacher Konsens? Eine Debatte der politischen Bildung. Bonn, S. 19–27.

VIOLA SCHRADER

Deutungskämpfe austragen!
Der Beutelsbacher Konsens und seine Bedeutung für den Geschichtsunterricht

Dokumentation der Tagungsdiskussion

Seit seinem Ursprung als eine Art „Minimalkonsens" (Schneider 1977) für die politische Bildung, wie er 1976 auf einer Fachtagung im schwäbischen Beutelsbach verhandelt wurde, sind die drei Grundsätze des sogenannten Beutelsbacher Konsenses nicht nur für die Politikdidaktik, sondern auch für die Geschichtsdidaktik leitend (vgl. z. B. Bongertmann u. a. 2017, 66; Winklhöfer 2021, S. 23 f.). Gleichwohl stellen sich für die geschichtsdidaktische Diskussion nach wie vor offene Fragen der spezifischen Vermittlung der Prinzipien des Konsenses mit den Prinzipien und Begriffen historischen Lehrens und Lernens. Diese offenen Fragen stehen dabei nicht allein in Zusammenhang mit einer notwendigen theoretischen Grundlegung, sondern auch im Kontext politischer Handlungsfähigkeit, etwa in öffentlichen Diskursen und Kontroversen. So standen im Anschluss an die Vorträge von Monika Oberle, Peter Johannes Droste, Holger Thünemann und Christoph Kühberger vor allem drei Fragekomplexe im Mittelpunkt der Diskussion: Bezogen auf seine Rezeptionsgeschichte wurde erstens die grundsätzliche Konsensfähigkeit der Prinzipien als nach wie vor gültige Leitsätze thematisiert. Zweitens stand die Ausschärfung der Begriffe Wertevermittlung, Werteerziehung und Wertebildung, wie sie im Vortrag von Droste bezüglich des Prinzips des Überwältigungsverbots gebraucht wurden, im Zentrum. Dabei wurde auch der Bildungsbegriff des 45 Jahre alten Konsenses in seiner Anschlussfähigkeit an den modernen Geschichtsunterricht diskutiert. Und drittens bildete die Frage eines vermeintlichen „Neutralitätgebots" der Lehrkräfte im Zusammenhang mit dem Prinzip des Überwältigungsverbots einen deutlichen Interessenschwerpunkt. Dieser wurde nicht zuletzt durch aktuelle Bezüge zur Forderung der AfD nach einer „Neutralen Schule"[1] als

---

1 Vgl. z. B. Informationsportal „Neutrale Schule" der AfD-Landtagsfraktion Mecklenburg-Vorpommern (Online unter: https://afd-mv.de/neutrale-schule/; aufgerufen am 9.8.2023).

dringendes Problem markiert und unterstreicht damit das zentrale Anliegen der Sektion, die Prinzipien des Konsenses geschichtsdidaktisch weiter zu profilieren und auch für das Handeln im Unterricht zu konkretisieren.

Bezogen auf den ersten Aspekt, die Rezeption und Rezeptionsgeschichte des Konsenses, gab Oberle direkt im Anschluss an ihren Vortrag zu bedenken, dass der Konsens auf der Zusammenfassung der unterschiedlichen Beiträge der Tagung von 1976 beruhe (vgl. Wehling 1977) und sich im Tagungsband selbst bereits durchaus kontroverse Verhandlungen und Interpretationen der drei Grundsätze zeigen (vgl. Schiele/Schneider 1977). Zudem sei seitdem in der Politikdidaktik wiederholt Kritik an den Grundsätzen geübt worden, die sich auf seine Adressat*innen ebenso bezieht wie auf die Bedeutung und Reichweite der einzelnen Prinzipien. Dabei sei die Debatte nie allein auf den schulischen Kontext reduziert gewesen, sondern fragte auch nach außerschulischen Bezügen des Konsenses, etwa nach der Bedeutung für verschiedene „Bürgerleitbilder" in der politischen Bildung sowie nach dem Verhältnis zu einer politischen „Aktionsorientierung". Dass diese durchaus kontroverse Auseinandersetzung in Ursprung und Rezeption des Konsenses für das Handlungsfeld Geschichtsunterricht von besonderer Bedeutung ist, problematisierte Oberle darüber hinaus durch Befunde einer von ihr 2016/17 durchgeführten Studie (vgl. Oberle u. a. 2018). Demnach seien Geschichtslehrkräfte oft nicht oder nur oberflächlich mit den Prinzipien des Beutelsbacher Konsenses vertraut und es herrsche z. T. auch Unsicherheit, etwa bezüglich der Reichweite des sogenannten Überwältigungsverbots und seinen Folgen für die Kommunikation von Urteilsbildungen seitens der Lehrkräfte im Unterricht. In dieser Hinsicht stellte sich auch die Frage, ob die geschichtsdidaktische Anschlussfähigkeit des Beutelsbacher Konsenses durch die Trennung der Fächer Politik und Geschichte v. a. ein Problem des deutschen Diskurses sei. Dazu führten Kühberger und Oberle aus dem internationalen Kontext an, dass der Beutelsbacher Konsens auch hier in seiner Vermittlung mit dem Geschichtsunterricht zu diskutieren ist. Zwar seien in Österreich Politik- und Geschichtsunterricht stärker personell und inhaltlich gekoppelt als in Deutschland, was auch die Integration politischer und historischer Lernziele befördere, aber international würden ähnliche Fragen und Problemlagen zum Beutelsbacher Konsens verhandelt.

Im zweiten Block der Diskussion standen Nachfragen zu bestimmten Begriffen aus den Vorträgen und ihrem Verhältnis zu den Grundsätzen des Konsenses im Zentrum. Diskussionswürdig erschienen hinsichtlich einer Verbindung der Grundsätze des Überwältigungsverbots und der politischen Handlungsfähigkeit von Schüler*innen besonders die Begriffe Wertevermittlung, Werteerziehung und Wertebildung, wie sie z. B. im Vortragstitel von Droste auftauchten. Die Ausschärfung dieser Begriffe wurde auch durch die Rückfrage erforderlich, ob der Beutelsbacher Konsens nicht einen veralteten, d. h. hier stark instruktiven Bildungsbegriff impliziere. Die Antworten konzentrierten sich zum einen auf die begriffliche Differenzierung der Begriffe, zum anderen auf die Lehrkräfte und die Lernenden als Handelnde. Bezogen auf die begriffliche Differenzierung argumentierte Droste, dass die Begriffe „Werte" und „Rechte" stärker unterschieden werden müssten. Während erstere auch mit persönlichen Grundhaltungen und Überzeugungen verbunden seien, würden sich zweitere auf einen öffentlichen und verbindlichen Rahmen beziehen. In dieser Hinsicht gelten etwa die Menschenrechte als universaler und nicht verhandelbarer Rechtsrahmen, der auch fester Gegenstand des Geschichtsunterrichts ist. Im Sinne des unterrichtlichen Handelns müssten Lehrkräfte dementsprechend intervenieren, wenn diese Rechte in den kommunizierten Wertebildungen der Lernenden verletzt würden. Oberle und Droste argumentierten hier ähnlich, dass im Unterricht so Wertebildung durch Werteerziehung erreicht werden müsse, was im Sinne der Reflexion von Werten und der wertebasierten Handlungsfähigkeit durchaus auch eine intentionale Wertevermittlung voraussetze. In dieser Hinsicht sei der Bildungsbegriff des Beutelsbacher Konsenses nicht veraltet, sondern es ließe sich mit ihm eher der Zusammenhang von Lernzielen im Sinne freiheitlich-demokratischer Grundordnungen und dem Erwerb historisch-politischer Reflexionsfähigkeiten in Lehr-/Lernprozessen thematisieren. Mit Bezug zum Vortrag von Kühberger unterstrich Droste dabei auch die Bedeutung der Subjektorientierung im Rahmen einer Wertebildung. Werte oder die als Wertmaßstab heranzuziehenden Menschenrechte müssten den Lernenden erst einmal bekannt sein und in gewisser Hinsicht auch vorgelebt werden, damit sie in die individuelle Wertebildung und politische Handlungsfähigkeit eingehen können.

Diese Diskussion vertiefte sich im dritten großen Schwerpunkt, der Frage nach einem vermeintlichen „Neutralitätsgebot", das sich besonders aus dem Grundsatz des Überwältigungsverbots ergeben könnte. Problematisiert wurde dabei vor allem das Handeln der Lehrkräfte: Dürfen Lehrkräfte im Unterricht eine eigene politische Meinung kommunizieren oder müssten sie sich nicht eher neutral verhalten, um die Lernenden nicht zu beeinflussen? Dass diese Frage nicht nur ein theoretisches Problem darstellen kann, sondern durchaus unterrichtliche Handlungsrelevanz besitzt, hob Oberle auch an den Befunden der bereits zitierten Studie hervor. So seien die Lehrkräfte der Überzeugung gewesen, dass eine derartige Neutralität geboten sei. Als Antwort gab Oberle jedoch erneut Folgendes zu bedenken: Erstens seien Lehrkräfte universalen Menschenrechten sowie freiheitlich-demokratischen Grundrechten verpflichtet und vor diesem Hintergrund könne und dürfe weder der Unterricht noch die im Unterricht handelnde Lehrkraft vollkommen neutral sein. Zweitens hätten Lehrkräfte eine Vorbildfunktion und dies gelte insbesondere auch für die Argumentation und Kommunikation von Urteilen: Lernende sollten so durch das Vorbild der Lehrenden zur Argumentation eigener freiheitlich-demokratisch basierter Urteile befähigt werden. Auch Droste hob in diesem Zusammenhang erneut hervor, dass Neutralität dort enden und eine Lehrkraft bildend intervenieren müsse, wo Menschenrechte und daraus resultierende Werte verletzt würden. So bliebe die Frage nach einer vermeintlichen Neutralität und ihren Grenzen zwar ständiger Diskussionspunkt im Rahmen der Grundsätze, dürfe aber nicht als Neutralitätsgebot für die Lehrkräfte missinterpretiert werden.

Als eine Folge der rezeptionsgeschichtlichen und begrifflichen Debatte sowie der Verbindlichkeit von Vorgaben und Reichweite der Prinzipien des Konsenses für Handeln und Kommunikation im Geschichtsunterricht stellte sich abschließend die Frage der notwendigen Auswirkungen auf die Lehrerbildung. Hier setzte Thünemann beim Kontroversitätsgebot in seiner Bedeutung für den Geschichtsunterricht an und betonte, dass gerade dem Geschichtsunterricht das besondere Lernpotenzial sowie die Herausforderung zukäme, aktuelle Kontroversen der Gesellschaft aufzunehmen und multiperspektivisch zu diskutieren. Deshalb sei es in allen Phasen der Professionalisierung von Lehrkräften wichtig, das Kontroversitätsgebot ernst zu nehmen, gesellschaftliche Kontroversen aufzunehmen und Wege ihrer Thematisierung im Unterricht zu zeigen bzw. zu reflektieren.

Die Diskussion der Sektionsvorträge machte insgesamt deutlich, dass die Bedeutung der drei Grundsätze für den geschichtsdidaktischen Diskurs nach wie vor ebenso aktuell wie in zentralen Begriffen und Teilelementen noch weiter zu führen ist. Gemessen an den Rückfragen und Diskussionspunkten im Anschluss an die Vorträge erschien eine grundsätzliche Anschlussfähigkeit der Prinzipien des Kontroversitätsgebots und der Befähigung zum politischen Handeln dabei zunächst wenig strittig. Gleichwohl wurde deutlich, dass hier v. a. in der Aus- und Weiterbildung von Geschichtslehrkräften noch Entwicklungsbedarf besteht, sodass sich diese Prinzipien für historische Lehr-/Lernprozesse noch stärker begrifflich schärfen und handlungsorientiert konkretisieren lassen. Demgegenüber erfordert insbesondere der Grundsatz des Überwältigungsverbots noch eine vertiefende geschichtsdidaktische Reflexion, die theoretisch besonders auf Begriffsbildung und pragmatisch auf (unterrichtliche) Handlungsfähigkeit zu beziehen ist. Ebenso wären in diesem Kontext darüber hinaus verschiedene Aspekte weiter zu klären, die u. a. das Verhältnis der Grundsätze zu spezifischen historischen

Denkoperationen wie etwa der historischen Urteilsbildung betreffen und die Prinzipien vor dem Hintergrund machtspezifischer Faktoren wie etwa Sprache reflektieren. Die in den Vorträgen und der Diskussion aufgeworfenen ethischen Fragen stellen einen weiteren noch zu klärenden Punkt dar. Schließlich muss auch der Bezug zur schulischen wie außerschulischen Lebenswelt als historisch-politischer Handlungsraum weiter in den Diskurs einbezogen werden, wozu neben fächerübergreifenden Perspektiven u. a. auch digitale Lern- und Kommunikationskontexte ebenso wie außerschulische Lernorte zu berücksichtigen sind.

Literatur

BONGERTMANN, Ulrich u. a. (2017): Leitfaden Referendariat im Fach Geschichte. Schwalbach/Ts.

OBERLE, Monika u. a. (2018): Grenzenlose Toleranz? Lehrervorstellungen zum Beutelsbacher Konsens und dem Umgang mit Extremismus im Unterricht. In: Möllers, Laura/Manzel, Sabine (Hg.): Populismus und Politische Bildung. Frankfurt/M., S. 53–61.

SCHIELE, Siegfried/Schneider, Herbert (1977) (Hg.): Das Konsensproblem in der politischen Bildung. Stuttgart.

SCHNEIDER, Herbert (1977): Der Minimalkonsens. Eine Einführung in ein Problem der politischen Bildung. In: Schiele, Siegfried/Schneider, Herbert (Hg.): Das Konsensproblem in der politischen Bildung. Stuttgart, S. 11–36.

WEHLING, Hans-Georg (1977): Konsens à la Beutelsbach? Nachlese zu einem Expertengespräch. In: Schiele, Siegfried/Schneider, Herbert (Hg.): Das Konsensproblem in der politischen Bildung. Stuttgart, S. 173–184.

WINKLHÖFER, Christian (2021): Urteilsbildung im Geschichtsunterricht. Frankfurt/M.

Erweiterungen

JÖRN RÜSEN

Über normative Grundlagen und Ansprüche der historischen Urteilsbildung

Historische Sinnbildung ist ein mentaler Prozess, in dem die Vergangenheit als Geschichte vergegenwärtigt wird. Diese Vergegenwärtigung erfolgt in Urteilen, also in einer Konstellation von Sätzen, die zusammen eine *Erzählung* ausmachen. Eine Erzählung ist dann historisch, wenn das Erzählte als Geschehen in der Vergangenheit präsentiert wird. Historische Erzählungen vergegenwärtigen vergangenes Geschehen als bedeutsam für die Gegenwart. Diese Bedeutung kann ganz unterschiedlich konzipiert werden. Typologisch lassen sich vier Modi historischer Bedeutung unterscheiden (vgl. Rüsen 1990; 2012).

(1) Ein historisches Geschehen in der Vergangenheit kann *traditionale* Bedeutung für die Gegenwart haben. Dann beansprucht es in seiner besonderen Sinnhaftigkeit, verpflichtend für die Gegenwart zu sein. Beispielsweise sind viele Gründungsgeschichten diesem Typ von Sinnhaftigkeit verpflichtet. Sie sind dann mit der Gegenwart teleologisch verbunden: In den Anfängen steckt schon alles Wesentliche dieser Geschichte. Die gegenwärtigen Lebensverhältnisse schöpfen die Vorstellung einer normativ verpflichteten Weltordnung aus der Geschichte ihres Ursprungs. Schöpfungsmythen haben zumeist diesen teleologischen Sinn. Wenn wir sie Mythen nennen, unterscheiden wir sie von historischen Erzählungen dadurch, dass sie keine Vergangenheit repräsentieren, die der Faktizität gegenwärtiger Lebensverhältnisse entsprechen, sondern übernatürliche Kräfte und Akteure präsentieren. In ihrer Zeit freilich dient diese Übernatürlichkeit dazu, ihr Geschehen besonders bedeutungsvoll zu machen. Mit der Entzauberung des Mythos durch den Realismus genuin historischer Erzählungen wird dieser Geltungscharakter zweifelhaft. Er kann sich in spezifisch historischen Sinn verwandeln; dann verschwinden die mythisch-übernatürlichen Kräfte in der Faktizität wirklichen Geschehens, „was unter Menschen einst geschehen ist" – wie es bei Herodot (1959, 1) heißt.

(2) Eine ganz andere historische Bedeutung kann vergangenes Geschehen gewinnen, wenn es *exemplarisch* gedeutet und verstanden wird. Dann repräsentiert es mit seinem Geschehen einen Sinn, der auch für alles gleiche Geschehen in anderen Zeiten gilt. Lange Zeit – von der Achsenzeit bis zum Beginn

der Moderne – dominierte dieser Sinnbildungstyp und zwar interkulturell. Ein Beispiel dafür stellen die Frühlings- und Herbstannalen (Chunqiu) in der chinesischen Geschichte der Historiographie dar. Westliche Denker mag es verwundern, dass eine Kette politischer Ereignisse, die annalistisch aufgereiht werden, zu Klassikern der kulturellen Orientierung werden konnten. Sie verdanken ihre Klassizität der exemplarischen Bedeutung ihrer Darstellung. Im Exemplarischen steckt eine überzeitliche Geltung, und das verleiht den mit ihm historiographisch präsentierten Geschehnissen der Vergangenheit eine hohe Bedeutung für die Gegenwart. Seit dem Entstehen der Hochkultur bis in den Beginn der Moderne war das historische Denken in seiner anspruchsvollen Gestaltung dieser Art von Sinnbildung verpflichtet. Natürlich verschwindet mit ihm nicht der traditionale Sinn. Aber er ist in seiner Reichweite jeweils auf einzelne soziale Kommunikationsräume beschränkt. Erst in exemplarischen Deutungsmustern gewinnt das historische Denken den Spielraum einer universalen Geltung.

(3) In einem dritten Typ, dem *genetischen*, verzeitlicht sich diese Geltung. Er entsteht im Modernisierungsprozess als Reaktion auf die Erfahrung beschleunigten historischen Wandels. Mit ihm können auch strukturelle Veränderungen als eigene historische Zeitlichkeit gedeutet und verstanden werden (vgl. Koselleck 1979).

(4) Es gibt noch einen vierten Typ historischer Sinnbildung, der gleichsam quer zu den drei anderen liegt: es handelt sich um die *kritische* Sinnbildung, die sich auf die anderen reflexiv bezieht und ihre Geltung problematisiert. Die Vergangenheit steht hier nicht mehr als Reservoir bedeutungsvoller Erfahrung zur Deutung an, sondern liefert Argumente, um vorgegebene Deutungen zu bestreiten und abzuwehren. Dadurch wird dann Platz für neue Deutungsbemühungen geschaffen.

Das historische Denken hat im Lichte dieser Typologie ganz unterschiedliche Möglichkeiten, seine normativen Ansprüche zu realisieren. In *traditionaler Hinsicht* nimmt es seine Adressaten in die Pflicht *mimetischer* Reproduktion. In *exemplarischer* Hinsicht nimmt es seine Adressaten in die Pflicht der *Urteilskraft*, Regeln aus Geschehen zu gewinnen und auf anderes Geschehen anzuwenden. In *genetischer Hinsicht* nimmt er seine Adressaten in die Pflicht, *zeitliche Veränderungen als Sinngeneratoren* wahrzunehmen und zu deuten. Und in *kritischer Hinsicht* nimmt es seine Adressaten in die Pflicht, vergangenes Geschehen in kritische Distanz zu rücken.

Was bedeutet diese Typologie für das gegenwärtige Geschichtsdenken? Es kann grundsätzlich allen Typen verpflichtet sein, je nachdem, in welchen Kontexten es auftritt oder entwickelt wird. Wenn es darum geht, bestimmte

Lebensordnungen zu legitimieren, kann es traditional argumentieren, also diese Lebensordnungen wegen ihrer zeitlichen Dauer für (noch) verpflichtend halten. Es kann sie aber auch exemplarisch mit Hinweisen auf gleiche oder ähnliche historische Erfahrungen rechtfertigen. Ebenso ist es möglich, sie aus ihrem Entstehungs- und Entwicklungsprozess plausibel zu machen. Seine elaborierteste Form ist genetisch angelegt.

Wie nimmt sich die Rolle von Normen in diesen Konstellierungen aus? In der modernen Form des historischen Denkens sind dessen normative Faktoren genetisch organisiert. Es zieht sich also durch die jeweilige historische Erzählung ein normativer Strang genetischer Art. Spezifisch modern (mit älteren Vorstufen und Vorwegnahme) ist hier die Norm der Würde des Menschen maßgebend.[1] Kant hat diese anthropologische Fundamentalnorm so beschrieben: Jeder Mensch sei nie nur Mittel zum Zweck anderer Menschen, sondern immer auch ein Zweck in sich selbst.

„Nun sage ich: der Mensch, und überhaupt jedes vernünftige Wesen, existiert als Zweck an sich selbst, nicht bloß als Mittel zum beliebigen Gebrauche für diesen oder jenen Willen, sondern muss in allen seinen, sowohl auf sich selbst, als auch auf andere vernünftige Wesen gerichteten Handlungen jederzeit zugleich als Zweck betrachtet werden." (Kant 1956, 59 f.)

Diese Selbstzweckhaftigkeit des Menschen ist zentraler Gesichtspunkt des modernen historischen Denkens. Es wäre freilich irreführend, ihn in a-historisch-überzeitlicher Form interpretierend ins Spiel zu bringen. Das gilt erst recht in interkultureller Hinsicht. Zwar spielt die Norm der Menschenwürde auch in nicht-westlichen Kulturen eine Rolle. So zum Beispiel in der chinesischen Kultur (vgl. Paul 2005). Aber ihr kommt nicht die zentrale Bedeutung in der kulturellen Orientierung wie im Westen zu.

Menschenwürde als anthropologische Grundnorm des historischen Denkens kann nicht einfach als ein und dieselbe a-historisch unterstellt werden. Es bedarf vielmehr angesichts einschlägiger historischer Erfahrungen der Konzeption einer inneren Zeitlichkeit des Menschseins, um hermeneutisch fruchtbar zu werden. Was ist der Mensch in zeitlicher Hinsicht? Denn die Bedeutung dessen, was es heißt, ein Mensch zu sein, hat sich im Laufe der kulturellen Entwicklung der Menschheit erheblich geändert. Drei Epochen der historischen

---

1 Das gilt vor allem für die westliche Tradition. Das Würdeprinzip ist aber nicht darauf beschränkt.

Menschheitsqualifikation lassen sich empirisch plausibel unterscheiden: In der ältesten sind Menschen nur die Angehörigen der eigenen Gruppe. Die Anderen sind keine Menschen. Danach universalisiert sich diese Humanitätsvorstellung und umfasst (tendenziell zumindest) alle Angehörigen der Gattung Homo sapiens. Allerdings spezifiziert sich diese Allgemeinheit noch nach Gesichtspunkten einer besonderen, ja der eigentlichen Menschlichkeit, die jeweils der eigenen Gruppe als Unterscheidungsmerkmal zugesprochen wird. (Ein verbreitetes Beispiel dieser Binnendifferenzierung ist die Unterscheidung zwischen Zivilisierten und Barbaren.) Erst in der Moderne gewinnt die Menschlichkeits-Qualifikation interkulturelle Substanz: Auch die Anderen können für ihre Menschlichkeit die gleiche Wertschätzung in Anspruch nehmen, die für die eigene Kultur gelten soll. (Dabei wird freilich eine kritische Funktion der eigenen Menschlichkeitsvorstellung im interkulturellen Vergleich entwickelt.)

Die Einschätzung des Menschseins verändert sich nicht nur hinsichtlich seiner Erstreckung im Bereich der Lebewesen. Auch intensional (substantiell) kann Menschsein etwas wesentlich anderes bedeuten: so heißt es z. B. im Alten Testament: die Menschen sind „wie ein Schlaf, wie ein Gras, das am Morgen noch blüht und sprosst und des Abends welkt und verdorrt" (Psalm 90,6) oder das pure Gegenteil: Gipfel der Schöpfung und Maß aller Dinge. So heißt es z. B. bei Wilhelm von Humboldt: „Die letzte Aufgabe unsres Daseyns: dem Begriff der Menschheit in unserer Person, sowohl während der Zeit unsres Lebens, als auch noch über dasselbe hinaus [...] einen so großen Inhalt als möglich zu verschaffen." (Humboldt 1960, 235) Zwischen beiden Polen erstreckt sich ein weiter zeitlicher Spielraum der Entwicklung. Angesichts dieses Spielraums (und mit Hinzuziehung weiterer Faktoren) kann die Menschheitsgeschichte als ein umfassender und fundamentaler Prozess der Menschwerdung des Menschen philosophisch begriffen werden (vgl. Rüsen 2020a, 2020b).

Diese Idee von Menschheitsgeschichte kann ganz unterschiedliche Formen annehmen und stößt entsprechend auf unterschiedliche Kritik. Diese Kritik kann wechselseitig erfolgen. Verbreitet ist das Argument in nicht-westlichen Kulturen, die westliche Menschlichkeitsvorstellung sei individualistisch und vernachlässige daher die soziale Dimension und Komponente der menschlichen Identitätsvorstellungen. Entsprechend würde die soziale Bindung als notwendiges Element personaler Identitätsbildung vernachlässigt. Dagegen muss freilich geltend gemacht werden, dass in den Diskursen über Individualität stets – direkt oder indirekt – Bezug auf eine grundlegende Menschheitsvorstellung genommen wird. Individualität wird als Besonderung von Menschheit in Bezug auf einzelne Menschen verstanden.

Die Kritik an der asozialen Individualitätsvorstellung läuft freilich Gefahr, die Geltung individueller Menschlichkeitskriterien von sozialen Bedingungen abhängig zu machen und dadurch den Gesichtspunkt von Menschlichkeit als fundamentales Kriterium historischer Urteilsbildung zu relativieren. Das gleiche gilt für Konzeptionen von Menschlichkeit, die mit der Annahme einer übermenschlichen (religiösen oder utopischen) Begründung arbeiten. Eine solche Annahme kann Unmenschlichkeit im Namen dieser übermenschlichen Dimension des Menschseins, wie sie in vielen Religionen vorkommt, legitimieren. Um diese Möglichkeit auszuschließen, muss ein fundamentales innerweltliches (säkulares) Menschlichkeitskriterium ins Spiel gebracht werden, dessen Geltung durch keinen Transzendenzbezug relativiert werden kann. Insofern setzen alle religiös fundierten oder verfassten Menschlichkeitsvorstellungen, wenn sie denn unbedingt gelten sollen, eine säkulare Dimension voraus. Diese Voraussetzung verbietet jede übernatürliche Grundlegung der Normen historischer Urteilsbildungen. Nur diejenige, die in der Natur des Menschen selber angelegt ist, kann, ja muss ins Spiel gebracht werden. Ein fundamentaler Humanismus des historischen Denkens verlangt eine Begründung durch Rekurs auf eine universale Normativität, die dem Menschsein des Menschen eingeschrieben ist und abgewonnen werden kann.

Dieser Rekurs geht über den bekannten Beutelsbacher Konsens hinaus. Dieser Konsens gibt drei Kriterien für die Zustimmungsfähigkeit historischer Urteile an: ein Überwältigungsverbot, das Kontroversitätsprinzip und das Subjektivitätsprinzip. Folgt man dieser Vorstellung, dann endet das historische Denken stets in einer Vielfalt von Deutungen, zwischen denen nicht mehr rational, sondern nur noch dezisionistisch entschieden werden kann. Kommt also zu dieser Vielfalt nicht ein Gesichtspunkt hinzu, nach dem mit Gründen über Präferenz entschieden werden kann, dann endet die Logik der historischen Urteilsbildung im Relativismus. Ein solcher Gesichtspunkt wäre ein Sinnkriterium des historischen Denkens, nach dem in und über diese Vielfalt entschieden werden kann. Als ein solches Sinnkriterium kann die Würde des Menschen ausgemacht werden, die (nach Kant) darin besteht, dass der Menschen nie nur Mittel zu einem Zweck anderer sein kann, sondern stets als Zweck an sich selbst anerkannt werden muss.

Literatur

HERODOT (1959): Historien. Deutsche Gesamtausgabe, übersetzt von A. Horneffer. Stuttgart.
HUMBOLDT, Wilhelm von (1960): Theorie der Bildung des Menschen. In: ders.: Schriften zur Anthropologie und Geschichte. Werke in fünf Bänden, Bd. 1. Darmstadt, S. 234–240.

KANT, Immanuel (1956): Grundlegung zur Metaphysik der Sitten BA 64. Schriften zur Ethik und Religionsphilosophie. Erster Teil. Darmstadt.

KOSELLECK, Reinhart (1979): Historia magistra vitae. Über die Auflösung des Topos im Horizont neuzeitlich bewegter Geschichte. In: ders: Vergangene Zukunft. Zur Semantik geschichtlicher Zeiten. Frankfurt/M., S. 38–66.

PAUL, Gregor (2005): Konzepte der Menschenwürde in der klassischen chinesischen Philosophie. In: Siegetsleitner, Anne/Knoeppfler, Nikolaus (Hg.): Menschenwürde im interkulturellen Dialog. Freiburg, S. 67–89.

RÜSEN, Jörn (1990): Die vier Typen des historischen Erzählens. In: ders.: Zeit und Sinn. Strategien historischen Denkens. Frankfurt/M., S. 153–230.

RÜSEN, Jörn (2012): Die vier Typen historischen Erzählens. In: ders.: Zeit und Sinn. Strategien historischen Denkens. Frankfurt/M., 148–217.

RÜSEN, Jörn (2020a): Idee einer neuen Philosophie der Geschichte. In: ders.: Geschichte denken. Erläuterungen zur Historik. Wiesbaden, S. 113–122.

RÜSEN, Jörn (2020b): Sinn und Widersinn der Geschichte – Einige Überlegungen zur Kontur der Geschichtsphilosophie. In: ders.: Geschichte denken. Erläuterungen zur Historik. Wiesbaden, S. 123–141.

CHRISTIAN HEUER

Rückfragen an den „Professionsstandard"

„Wir sind in etwas engagiert."
(de Lagasnerie 2018, 14)

1. Verunsicherungen

Mitten im zweiten Lockdown der Corona-Pandemie, im Dezember 2021, berichtet im „Spiegel" eine Lehrerin von ihrem frustrierenden Schulalltag in der sächsischen Provinz. Sie thematisiert die Impfskepsis ihrer Schüler*innen, die demonstrative Maskenverweigerung, von den etablierten „Spaziergängen" der Coronaleugner*innen und von ihrer eigenen Fassungs- und Hilflosigkeit angesichts der ganzen Umstände. Lediglich an einer Stelle im Text versucht sie ihre Schwierigkeiten im argumentativen Umgang mit ihren Schüler*innen als Effekt einer Verpflichtung abzumildern. Es liest sich fast wie eine Art der Entschuldigung, resignativ im Tonfall, wenn sie schreibt, dass sie „ohnehin vorsichtig sein [muss]". Diese Vorsicht erläuternd, führt sie aus: „Als Lehrkraft bin ich zur Neutralität verpflichtet. Ich darf meine Schülerinnen und Schüler nicht beeinflussen. Impfen ist nun mal Privatsache. Informieren darf ich, aber der Grat zwischen Information und Infiltrierung, wie manche hier sagen, ist schmal. Ich will keinen Ärger mit den Eltern – und erst recht nicht mit der Schulaufsicht" (Der Spiegel 2021, 48).

Zeitgleich mit der anonymen Lehrerin schildert ein Student im Universitätsseminar die Schwierigkeiten seines Vaters, von Beruf Lehrer für „Geschichte, Sozialkunde und Politische Bildung" an einer Neuen Mittelschule in der Steiermark, im Umgang mit den Eltern seiner Schüler*innen. Dieser Lehrer hatte sich im Unterricht dezidiert für die Impfung ausgesprochen und von seiner Ablehnung gegenüber Impfgegnern keinen Hehl gemacht. Dadurch hatte er sich dem Unmut der Eltern zugezogen. Von Seiten der Schulleitung wurde er in einer dienstlichen Anweisung darauf verpflichtet, sich zukünftig nicht mehr in solch einer „unprofessionellen" Art und Weise im Unterricht zu positionieren.

Knapp ein halbes Jahr später argumentierte eine angehende Geschichtslehrerin im Rahmen eines Seminars über historisch-politische Bildung in Zeiten des Krieges, dass sie Angst hätte, den russischen Angriffskrieg im Unterricht zu thematisieren. Sie müsse *doch als Geschichtslehrerin neutral bleiben. Auf die Rückfrage, wie sie zu der Ansicht käme, nennt sie den „Beutelsbacher Konsens". Die anwesenden Student*innen zeigen Zustimmung, nicken. „Das besprechen wir ganz ausführlich in der Einführung", antworten sie.*

In Zeiten einer globalen Polykrise, für die mindestens der Klimawandel, die Erstarkung eines menschenfeindlichen Rechtspopulismus, die Corona-Pandemie, der Krieg in der Ukraine, Artensterben und die weltweite Nahrungsmittelknappheit stehen, scheint es so, dass spätestens jetzt nicht nur die kollektiven Entscheidungen *der* Politik, sondern auch alle individuellen *politischen* Entscheidungen – und seien sie noch so banal – zum Problem geworden sind. Diese Krisen markieren Zwischenräume, Räume zwischen einem Zustand des Nicht-Mehr und einem Noch-Nicht, Räume, in denen Orientierung erschwert und Auswege bzw. Lösungen noch nicht gefunden sind (vgl. Breser u. a. 2022). In diesen Räumen stellt es eine Herausforderung dar, sich in diesem jeweiligen Zwischenraum zu positionieren, Stellung zu beziehen und seine Meinungen, Sach- und Werturteile offen zu artikulieren. Wie man aus den kurzen Skizzen erfahren kann, gilt das insbesondere auch für (angehende) Geschichtslehrpersonen in den Handlungsfeldern Schule und Lehrer- und Lehrerinnenbildung angesichts gegenwärtiger Verunsicherungen.

In den drei ausgewählten Skizzen werden, so bin ich der Meinung, Aspekte verdeutlicht, die die Rezeptionsgeschichte des Beutelsbacher Konsenses seit seiner Etablierung als hegemoniale Ordnung der politischen Bildung begleiten und die im Kontext individueller Professionalisierung unter dem Stichwort der „Entpolitisierung" (Heil 2021) nicht unproblematisch sind. Diese sind zum einen die falsch verstandene Neutralität der Lehrperson, zum anderen die scheinbaren Sicherheiten einer von Seiten der Fachdidaktik gegebenen „Handlungsanweisungen" (Gagel 2004, 177) und schließlich die Thematisierung des „Konsens" im Rahmen der institutionalisierten Lehrerinnen- und Lehrerbildung an Hochschulen, Universitäten und Seminaren im deutschsprachigen Raum.

Deswegen sollen ausgehend von diesen drei kurzen Skizzen zur Macht des Beutelsbacher Konsenses im Folgenden und in gebotener Kürze Rückfragen an den „Professionsstandard" (Grammes 2016, 155) aus professions- und machttheoretischer Perspektive gestellt werden. Dabei geht es dezidiert nicht um den Text, also etwa um die tradierten Grundsätze des Beutelsbacher Konsenses und ihre Bedeutung für das historische Lehren und Lernen im Geschichtsunterricht (vgl. die Beiträge von Droste, Thünemann und Kühberger im vorliegenden Band; vgl. ferner von Borries 2008, 40–42), sondern vielmehr um den meiner Ansicht nach in den Beiträgen vernachlässigten Aspekt des Kontextes und um das dazwischen liegende wissenschaftliche Feld, das „vermittelnde[] Universum" (Bourdieu 1998, 18) der Politik- und Geschichtsdidaktik und um das inhärente Verhältnis zwischen Disziplin und Profession.

Aus diesem Grund versuche ich zunächst mit einem disziplingeschichtlichen Zugriff zu zeigen, dass die Durchsetzung der Beutelsbacher Empfehlungen als „Konsens" *der* politischen Bildung auch als ein Beispiel für die Etablierung und Anerkennung einer Fachdidaktik als wissenschaftliche Disziplin gelesen werden kann, für die, ebenso wie für die Geschichtsdidaktik, die Akzentverschiebung weg von den Zusammenhängen von Lehren und Lernen, Erziehung und Bildung hin zum politischen und historischen *Lernen* „erforderlich" (von Borries 2021, 45) war. Von nun an sollte es in erster Linie um die Generierung von Handlungswissen *für* die Praxis des politischen und historischen Lehrens und Lernens gehen, und zwar für die gute und richtige. Zugleich frage ich nach den Effekten der politikdidaktischen Wissensordnung des Beutelsbacher Konsenses als „Handlungsanweisung" (Weißeno 1996, 114) für die Subjektivierungspraktiken von (angehenden) (Geschichts-)Lehrpersonen und zum anderen danach, wie mit solchen symbolischen Ordnungen der Fachdidaktiken, die den Raum des professionellen Handelns im Geschichtsunterricht disziplinieren, im Kontext der institutionalisierten domänenspezifischen Lehrerinnen- und Lehrerbildung umzugehen sein könnte.

2. 1976 – Ordnungen *für* die Praxis

Für die Konstituierung und Etablierung der Politik- und Geschichtsdidaktik als wissenschaftliche Disziplinen stellte das Jahr 1976 *ex post* einen zentralen disziplingeschichtlichen Erinnerungsort dar. Fanden die einen in Beutelsbach ihren „Minimalkonsens", einigten sich die anderen in Mannheim auf ihre „Zentralkategorie"; beide sicherlich auch aus disziplinpolitischen Gründen. An beiden Orten ging es um Vergewisserung und Stabilisierung nach Innen und um Legitimation, Autonomie und Anerkennung gegenüber außen. Aus disziplinärer Perspektive wandelte sich in diesem Kontext das Erfahrungswissen der Schulpraxis hin zu einem reflexiven, theorieförmigen Beobachterwissen, das gleichwohl als Reflexionsinstanz die Praxis des politischen wie auch des historischen Lernens in den unterschiedlichen Handlungsfeldern theoretisch reflektieren und das Lehren normativ anleiten wollte (vgl. Heuer 2021, 46 f.). Fortan ging es in beiden Disziplinen in erster Linie um die Adressaten und um ihr *Lernen*. Die Lehrperson als politischer Akteur und die fachspezifische Lehrerinnen- und Lehrerbildung als Ort des Politischen blieben für lange Zeit, wie das Ulrich Kröll für die Geschichtslehrperson bereits in den achtziger Jahren geschrieben hatte, ein „funktionales Neutrum" (Kröll 1985).

Stillschweigend hatte sich im Kontext dieser „learnification of educational discourses" (Gert Biesta) ein transmissives Verhältnis zwischen Disziplin und Profession etabliert. So schrieb etwa 1988 der *Doyen* der Münsteraner Geschichtsdidaktik, Karl-Ernst Jeismann: „Aber, richtig aufgefaßt und ausgearbeitet, gibt die Geschichtsdidaktik dem Geschichtsunterricht und der geschichtlichen Lehre auf allen Gebieten das Koordinatensystem seiner Methode und seiner Praxis, macht überhaupt erst einsichtig, in welchem Bezugsfeld historisches Lernen stattfindet und gibt die für eine bewußte Praxis unverzichtbare Entscheidungshilfe dafür, was man unter gegebenen Verhältnissen tun soll und was nicht" (Jeismann 1988, 6). Bezogen auf die Lehrerinnen- und Lehrerbildung wurde in diesen Selbstzuschreibungen das Verfügen über die Wissensordnungen der akademischen Geschichtsdidaktik zu einer notwendigen Voraussetzung guter geschichtsunterrichtlicher Praxis modelliert und wurden damit Disziplin und Profession in ein Verhältnis gesetzt, in welchem die Disziplin Geschichtsdidaktik die theoretischen Ordnungen *für* die Praxis der *Professionals* liefern sollte (vgl. Heuer 2020).

Auch der Beutelsbacher Konsens als „Technik des Regierens" (Foucault 1996, 120) hatte zum Zweck, die zukünftigen Handlungsmöglichkeiten von Lehrpersonen im Feld Schule zu ordnen und zu disziplinieren. Ziel war es, aus disziplinärer Perspektive „das Feld eventuellen Handelns der anderen", eben von professionellen und kompetenten Akteuren in den verschiedenen Handlungsfeldern, als solches überhaupt erst „zu strukturieren" (Foucault 1994, 255). Der Beutelsbacher Konsens gab so die „Führung" (Foucault 1994, 255) vor, wie sich die (angehenden) Lehrerinnen und Lehrer als professionelle Lehrpersonen erfahren können und initiierte auf diese Weise nicht-beabsichtigte, aber dennoch folgenreiche Subjektivierungsprozesse, wie sie sich in den kurzen Skizzen manifestieren und die Heil erst unlängst mit dem Begriff der „Entpolitisierung" (Heil 2021) bezeichnet hat.

Im Zuge seiner Rezeptionsgeschichte hat der Beutelsbacher Konsens dabei die Felder gewechselt und sich als „Professionsstandard" (Grammes 2016, 155) (nicht nur) der politischen Bildung in Schule und Unterricht etabliert. War er ursprünglich als Handlungsempfehlung für die Unterrichtspraxis gedacht, hat er mittlerweile die anderen sozialwissenschaftlichen Fächer und auch die außerschulischen Akteure des informellen Lernens erreicht (vgl. Lösch 2020, 385): „Der Beutelsbacher Konsens gilt heute als Kern der Berufsethik und damit zentrales Element professionellen Handelns von Lehrern in der politischen Bildung"

(Sander 2021, 295). Als „Handlungsmaxime" (Waldis/Hellmuth 2022, 1107) wird er von den unterrichtenden Lehrpersonen weitgehend akzeptiert. Das von Wehling seinerzeit gesetzte Fragezeichen steht schon lange nicht mehr hinter dem Konsens. Längst ist er *die* hegemoniale Ordnung der Politischen Bildung im deutschsprachigen Raum (vgl. Widmaier/Zorn 2016, 10) mit großer Übersetzungsmacht und sozialisatorischer Wirkung.

Fachdidaktische Wissensordnungen wie der „Beutelsbacher Konsens" oder eben das „Geschichtsbewusstsein" müssen so immer auch als hegemoniale Ordnungen des Diskurses um den guten Fachunterricht und um das gute Unterrichten angesehen werden. Sie sind Ausdruck ambivalenter Machtverhältnisse zwischen Disziplin und Profession, gemachte Ordnungen *von* und *für* jemanden (vgl. Mouffe 2017, 27). Der „Konsens" lässt sich in dieser Perspektive auch als Produkt einer eigenen Praxis als Wissenschaftsdisziplin verstehen und diente als solches der Durchsetzung der eigenen Disziplinpolitik. Es ging um Deutungshoheit und Regierungsmacht im sozialen Feld politischer Bildung und im Kontext der Lehrerinnen- und Lehrerbildung.

3. Sich nicht regieren lassen

Der eingangs skizzierte Orientierungsverlust angesichts omnipräsenter Krisenmetaphorik geht auf Seiten von (angehenden) Geschichtslehrerinnen und -lehrern, gerade im Umgang mit zeitgenössischen Kontroversen, oft mit Unsicherheit und Angst einher (vgl. Drerup u. a. 2021, 10). Angst davor, das Falsche zu tun und Unsicherheit im Umgang mit der inhärenten Widerständigkeit von didaktischen Möglichkeiten und erzieherischen Interventionen, über deren Erfolg man aufgrund der konstitutiven doppelten Kontingenz des Geschichtsunterrichts keine Sicherheit hat, für die man aber aufgrund der Professionalität als Lehrer*in dennoch verantwortlich ist (vgl. Biesta 2008, 190 f.). Fachdidaktischen Wissensordnungen wie dem Beutelsbacher Konsens kommen in diesem Zusammenhang oftmals Entlastungsfunktionen zu, gerade weil sie von Lehrerinnen und Lehrern als „Handlungsanweisung" (Weißeno 1996, 114) gelesen und erfahren werden, was in einer konkreten unterrichtlichen Situation zu tun ist oder eben nicht.

Auch wenn Politikdidaktiker*innen seit bald 50 Jahren nicht müde werden, immer wieder darauf hinzuweisen, dass es sich bei den skizzierten Ansichten zum Beutelsbacher Konsens um falsche Interpretationen handelt (vgl. den Beitrag von Droste im vorliegenden Band; zuletzt Oberle/Pohl 2020, 514), halten sich diese Vorstellungen an den unterschiedlichen Orten der institutionalisierten Lehrerinnen- und Lehrerbildung und ihrer Akteure hartnäckig (vgl. Heil 2021, 99).

So bestätigen auch die Skizzen eindrücklich die bisher vorliegenden empirischen Ergebnisse zur Wirkmächtigkeit und Eigendynamik fachdidaktischer Wissensordnungen (vgl. Heil 2021; Oberle u. a. 2018). Auch diese Effekte können als eine Form der „politischen Sozialisation" (Nohl 2020, 162) verstanden werden. Die Geschichte des Beutelsbacher Konsenses lässt sich also durchaus als „Erfolgsgeschichte" (vgl. etwa bei Herbst 2019) erzählen, insbesondere mit Blick auf die Verbreitung der Grundsätze und auf die Etablierung der Politikdidaktik als wissenschaftliche Disziplin in *Academia*.

Fachdidaktische Wissensordnungen wie der Beutelsbacher Konsens sind symbolische Ordnungen, die von jemandem für jemanden gemacht wurden. Weder stehen sie ein für alle Mal fest, noch sind sie unwiderruflich. Vorangehend wurde argumentiert, dass hinter der Durchsetzung der Empfehlungen als „Konsens" im Feld der Lehrerinnen- und Lehrerbildung auch ein spezifisches Machtverhältnis zwischen Disziplin und Profession stand. Auch der Beutelsbacher Konsens ist somit als Ordnung (disziplin)politischer Natur zu sehen und muss als solche und mit seinen Effekten thematisiert und selbstverständlich in Frage gestellt werden.

Für die domänenspezifische Lehrerinnen- und Lehrerbildung als Ort des Politischen müsste dies meiner Ansicht nach bedeuten, diese Ordnungen im Modus wissenschaftlicher Reflexivität immer wieder selbst zu verhandeln und zur Disposition zu stellen und dabei anzuerkennen, dass die Beobachter*innen der wissenschaftlichen Fachdidaktik im Modus der Distanz etwas anderes beobachten, als es die involvierten *Professionals* der Unterrichtspraxis in der konkreten Situation im Modus der Einlassung tun (vgl. Heuer/Seidenfuß 2021). Dies würde aber bedeuten, nicht von uns selber zu schweigen, sondern von unseren Verstrickungen zu sprechen und sie im Sinne der Generierung von Perspektivendifferenz zu relationieren.

So könnte der Beutelsbacher Konsens im Kontext der domänenspezifischen Lehrerinnen- und Lehrerbildung als Instrument der Reflexion unterrichtlicher Situationen dienen, müsste aber zugleich auch selbst als Beobachtungsfolie im Modus wissenschaftlicher Reflexivität thematisiert werden (vgl. Körber u. a. i. V.).

Symbolische Ordnungen müssen als gemachte Ordnungen erfahrbar, Kontingenzen sichtbar und Verunsicherungen thematisiert und letztlich ausgehalten werden. Nicht der Konsens ist es also, der pädagogisch bedeutsam ist, sondern vielmehr der Diskurs, „an dessen Ende die Teilnehmer und Teilnehmerinnen in wesentlichen Fragen im Dissens verbleiben" (Reichenbach 2000, 795). Dies gilt explizit auch für den Diskurs zwischen Fachdidaktiken und *Professionals* im Kontext der Lehrerinnen- und Lehrerbildung.

Professionalität als Geschichts- und Politiklehrperson artikuliert sich dann im reflektierten und reflexiven Verfügen über unterschiedliche, fachspezifische Handlungsoptionen und im Wissen über deren prinzipielle Perspektivität und Unvollkommenheit. Sicherheit aber, und das muss immer wieder betont werden, ist damit jedoch ebenso wenig vereinbar, wie die Hoffnung, sich von fachdidaktischen Ordnungen regieren zu lassen. Ganz im Gegenteil. Gerade weil sie in diese Ordnungen verstrickt sind, sie bewusst oder unbewusst verbreiten, darf man sich ihnen nicht „neutral" gegenüber verhalten. Sie müssen in Frage gestellt werden, gerade weil Geschichts- und Politiklehrerinnen und -lehrer immer schon in etwas, in die „Gestaltung des Laufs der Welt", involviert und dadurch „engagiert" (de Lagasnerie 2018, 14) sind.

Literatur

BIESTA, Gert (2008): Wider das Lernen. Die Wiedergewinnung einer Sprache für Erziehung im Zeitalter des Lernens. In: Vierteljahresschrift für wissenschaftlichen Pädagogik 84, S. 179–194.

BORRIES, Bodo von (2008): Historisch Denken lernen – Welterschließung statt Epochenüberblick. Geschichte als Unterrichtsfach und Bildungsaufgabe. Opladen.

BORRIES, Bodo von (2021): Geschichtslernen, Geschichtsunterricht und Geschichtsdidaktik. Erinnerungen, Erfahrungsschätze, Erfordernisse 1959/60–2019/20. Frankfurt/M.

BOURDIEU, Pierre (1998): Vom Gebrauch der Wissenschaft. Für eine klinische Soziologie des wissenschaftlichen Feldes. Konstanz.

BRESER, Britta u. a. (2022): Krisen erzählen – Über die Orientierungsfunktion historisch-politischer Bildung. In: Zeitschrift für Didaktik der Gesellschaftswissenschaften 13, H.2, S. 37–55.

DE LAGASNERIE, Geoffroy (2018): Denken in einer schlechten Welt. Berlin.

DRERUP, Johannes u. a. (2021): Dürfen Lehrer ihre Meinung sagen? Einleitung. In: dies. (Hg.): Dürfen Lehrer ihre Meinung sagen? Demokratische Bildung und die Kontroverse über Kontroversitätsgebote. Stuttgart, S. 9–16.

DER SPIEGEL (2021): Erwischt es auch mich? Was tun, wenn die eigenen Schüler auf Coronaregeln pfeifen und Impfungen verweigern? Eine Lehrerin aus dem Erzgebirge berichtet. Aufgezeichnet von Miriam Olbrisch. In: Der Spiegel Nr. 50 (11.12.2021), S. 48–50.

FOUCAULT, Michel (1994): Das Subjekt und die Macht. In: Dreyfus, Hubert L./Rabinow, Paul (Hg.): Michel Foucault. Jenseits von Strukturalismus und Hermeneutik. Frankfurt/M., S. 241–261.

FOUCAULT, Michel (1996): Der Mensch ist ein Erfahrungstier. Gespräch mit Ducio Trombadori. Frankfurt/M.

GAGEL, Walter (2004): Der Beutelsbacher Konsens als historisches Ereignis. Eine Bestandsaufnahme. In: Schiele, Siegfried (Hg.): Politische Mündigkeit. Schwalbach/Ts., S. 169–183.

GRAMMES, Tilman (2016): Ein pädagogischer Professionsstandard der politischen Bildung. Fachdidaktisches Denken mit dem Beutelsbacher Konsens. In: Widmaier, Benedikt/Zorn, Peter (Hg.): Brauchen wir den Beutelsbacher Konsens? Eine Debatte der politischen Bildung. Bonn, S. 155–165.

HEIL, Matthias (2021): Die Forderung nach Neutralität von Lehrkräften als Entpolitisierung des Lehramts. Implikationen für die Lehrer:innenbildung. In: heiEDUCATION Journal 7, S. 97–119.

HERBST, Jan-Hendrik (2019): Offenbarung aus einem „brennenden Dornbusch im Schwarzwald" (G. Steffens)? Der Beutelsbacher Konsens und seine religionspädagogische Rezeption. In: Theo-Web. Zeitschrift für Religionspädagogik 18, H.2, S. 147–162.

HEUER, Christian (2020): Die Praxen der Geschichtslehrer*innenbildung. Für eine praxistheoretische Diskussion (nicht nur) geschichtsdidaktischer Wissensordnungen. In: Barsch, Sebastian/Plessow, Oliver (Hg.), Universitäre Praxisphasen im Fach Geschichte – Wege zu einer Verbesserung der Lehramtsausbildung? Berlin, S. 29–50.

HEUER, Christian (2021): Von Deutungskämpfen und den disziplinären Ordnungen der Diskurse. Versuch über die soziale Praxis ‚der' Geschichtsdidaktik. In: Österreichische Zeitschrift für Geschichtswissenschaften 32, H.3, S. 35–55.

HEUER, Christian/Seidenfuß, Manfred (2021): Geschichtslehrer*innenbildung anders denken! Überlegungen zum Verhältnis von Disziplin und Profession. In: Barsch, Sebastian/Barte, Burghard (Hg.): Motivation – Kognition – Reflexion: Schlaglichter auf Professionalisierungsprozesse in der Aus- und Fortbildung von Geschichtslehrpersonen. Frankfurt/M., S. 241–260.

JEISMANN, Karl-Ernst (1988): Geschichtsbewußtsein als zentrale Kategorie der Geschichtsdidaktik. In: Schneider, Gerhard (Hg.): Geschichtsbewußtsein und historisch-politisches Lernen. Pfaffenweiler, S. 1–24.

KÖRBER, Andreas u. a. (i.V.): Geschichtsdidaktische Kompetenzen – ein Strukturmodell. Wiesbaden.

KRÖLL, Ulrich (1985): Geschichtsdidaktik und Geschichtslehrerfortbildung. Zum Verhältnis von geschichtsdidaktischer Wissenschaft, Geschichtslehrerausbildung und Geschichtslehrerfortbildung. In: ders. (Hg.): Geschichtslehrerfortbildung. Perspektiven – Erfahrungen – Daten. Münster, S. 115–134.

LÖSCH, Bettina (2020): Wie politisch darf und sollte Bildung sein? Die aktuelle Debatte um ‚politische Neutralität' aus Sicht einer kritisch-emanzipatorischen politischen Bildung. In: Gärtner, Claudia/Herbst, Jan-Hendrik (Hg.): Kritisch-emanzipatorische Religionspädagogik. Diskurse zwischen Theologie, Pädagogik und Politischer Bildung. Wiesbaden, S. 383–402.

MOUFFE, Chantal (2017): Über das Politische. Wider die kosmopolitische Illusion. Frankfurt/M.

NOHL, Arndt Michael (2020): Politische Erziehung. Ein blinder Fleck der Diskussion zur politischen Bildung. In: van Ackeren, Isabell u. a. (Hg.): Bewegungen. Beiträge zum 26. Kongress der Deutschen Gesellschaft für Erziehungswissenschaft. Berlin, S. 161–171.

OBERLE, Monika/Pohl, Kerstin (2020): Politik in der Lehrerinnen- und Lehrerbildung. Professionalisierung für ein vielgestaltiges Unterrichtsfach. In: Cramer, Colin u. a. (Hg.): Handbuch Lehrerinnen- und Lehrerbildung. Bad Heilbrunn, S. 509–516.

OBERLE, Monika u. a. (2018): Grenzenlose Toleranz? Lehrervorstellungen zum Beutelsbacher Konsens und dem Umgang mit Extremismus im Unterricht. In: Möllers, Laura/Manzel, Sabine (Hg.): Populismus und Politische Bildung. Frankfurt/M., S. 53–61.

REICHENBACH, Roland (2000): „Es gibt Dinge, über die man sich einigen kann, und wichtige Dinge." Zur pädagogischen Bedeutung des Dissenses. In: Zeitschrift für Pädagogik 46, H.2, S. 795–807.

SANDER, Wolfgang (2021): Identität statt Diskurs? Diskursivität in der politischen Bildung und ihre Gefährdungen. In: Pädagogische Rundschau 75, S. 293–306.

WALDIS, Monika/Hellmuth, Thomas (2022): Unterrichtsforschung zu Geschichtslernen und Politischer Bildung. In: Hascher, Tina u. a. (Hg.): Handbuch Schulforschung. Wiesbaden, S. 1097–1119.

WEISSENO, Georg (1996): „Was in Wissenschaft und Politik kontrovers ist, muß auch im Unterricht kontrovers dargestellt werden". Probleme bei der Umsetzung dieser Forderung. In: Schiele, Siegfried/Schneider, Herbert (Hg.): Reicht der Beutelsbacher Konsens? Schwalbach/Ts., S. 107–127.

WIDMAIER, Benedikt/Zorn, Peter (2016): Konsens in der politischen Bildung? Zur Einführung. In: dies. (Hg.): Brauchen wir den Beutelsbacher Konsens? Eine Debatte der politischen Bildung. Bonn, S. 9–13.

SASKIA HANDRO

Bloß kein Streit!?

Praxisrelevante Herausforderungen im Umgang mit Kontroversität und Pluralität im Geschichtsunterricht

1. Alles Konsens ... Zur Einleitung

Den Basisbeiträgen im vorliegenden Band ist eigentlich nichts hinzuzufügen. Sie bestätigen, dass ‚Beutelsbach' auch in der Geschichtsdidaktik als eine Art informelles Grundgesetz historisch-politischer Bildung anerkannt ist und angesichts der Polarisierung der Gesellschaft an Bedeutung gewinnt. Jedoch stand die Integration der 1976 formulierten politikdidaktischen Leitlinien in das geschichtsdidaktische Theoriegebäude bislang aus. Die Basisbeiträge des vorliegenden Bandes können daher als längst überfällige geschichtsdidaktische Adaption des Beutelsbacher Konsenses gelesen werden. Sie eröffnen unterschiedliche Perspektiven – in Bezug auf die geschichtstheoretische Anschlussfähigkeit der Beutelsbacher Prinzipien (vgl. Thünemann im vorliegenden Band); mit Blick auf das Lernziel geschichtskultureller Partizipation (vgl. Kühberger im vorliegenden Band) oder mit Fokus auf unterrichtspragmatische Dilemmata (vgl. Droste im vorliegenden Band).

Widerstreitende Positionen lassen sich zwischen den Beiträgen allerdings nicht erkennen. Offenbar herrscht in der Geschichtsdidaktik Konsens über den Konsens. Wie Georg Weißeno mit Blick auf die politikdidaktische Debatte bereits kritisch anmerkte, lässt sich ein Konsens jedoch nur auf der theoretischen Ebene leicht herstellen oder durch die „ständige Vermischung von politischen, wissenschaftstheoretischen und unterrichtsmethodischen Ebenen" (Weißeno 2017, 45) aufrechterhalten. Probleme mit ‚Beutelsbach' kriege man erst, wenn man den Schritt in die Praxis wage und situations- und inhaltskonkret werde (vgl. Weißeno 1996; Grammes 1996). Denn dann zeige sich, dass das Verhältnis von Wissenschaft und Unterrichtspraxis eigentlich ungeklärt sei und erheblicher fachdidaktischer und methodischer Orientierungsbedarf bestehe. Der folgende Beitrag nimmt diese Kritik ernst und setzt daher nicht auf der Ebene der Theoriebildung an. Vielmehr bildet ein Fall aus der Praxis den Ausgangspunkt, um eine unterrichtspragmatisch und gesellschaftlich relevante Leerstelle der geschichtsdidaktischen Diskussion zu markieren: Die Konflikthaftigkeit von Kontroversität und Pluralität im Geschichtsunterricht.

2. Konflikt statt Kontroverse. Ein Blick in die Praxis

Das Praxisbeispiel führt nach Offenbach und bezieht sich auf einen Schulkonflikt aus dem Jahr 2022, der in der überregionalen Presse breit diskutiert und auf Initiative des Kinder- und Jugendparlaments Offenbach und des Stadtschülerrats auch dokumentiert wurde (vgl. dazu Dokumentation AStA 2022). Konfliktgegenstand war der Umgang mit dem aus heutiger Sicht diskriminierenden Quellenbegriff ‚Neger' im Ethikunterricht, der aber auf den Geschichtsunterricht übertragbar ist. Den Ausgangspunkt bildete folgende Unterrichtssituation im Rahmen der Vorbereitung einer Schulveranstaltung anlässlich des ‚Black History Month': Im Unterricht wurde die bekannte Rede von Martin Luther King aus dem Jahr 1963 behandelt. In dieser Rede „I have a dream" reklamierte die Leitfigur der afroamerikanischen Bürgerrechtsbewegung die Einlösung der 1862 in der Emanzipationsproklamation verkündeten Gleichheitsrechte, unabhängig von Hautfarbe, Religion und Herkunft mit den Worten: „100 Jahre später ist das Leben des negro [Wortlaut der englischsprachigen Originalquelle] leider immer noch von den Handfesseln der Rassentrennung und den Ketten der Diskriminierung eingeschränkt. 100 Jahre später lebt der negro immer noch auf einer einsamen Insel der Armut in der Mitte eines weiten, weiten Ozeans des materiellen Wohlstands." (zit. nach Machat 2018). An mehreren Stellen der Rede verwendete Martin Luther King wiederholt das für die Sprache der Ausgrenzung von Bürger*innen mit afroamerikanischer Herkunft gebrauchte ‚negro', um die Realität der Rassentrennung in den Vereinigten Staaten anzuprangern.

Im Offenbacher Fall sollte eine Schülerin mit Migrationserfahrung die deutsche Übersetzung der Rede verlesen, die den Quellenbegriff ‚Neger' enthielt. Die Schülerin lehnte es ab und begründete dies mit der rassistisch-diskriminierenden Konnotation des Begriffes. Dieser Einwand wurde von der Lehrerin übergangen. Sie übertrug einem anderen Schüler die Rezitation der Passage. Die Schülerin interpretierte dieses Lehrerhandeln offenbar als Nicht-Anerkennung ihres Argumentes bzw. als Diskriminierung. Allerdings thematisierte sie diese Wahrnehmung erst nach dem Unterricht und verbreitete später ihre Unterrichtserfahrung über soziale Medien. In weiteren Nachgesprächen konfrontierte sie Lehrerin und Schulleitung mit dem Vorwurf des Rassismus und verwies auf eigene Diskriminierungserfahrungen bzw. Erfahrungen aus ihrem Freundeskreis. Die Zirkulation des Rassismusvorwurfs in sozialen Netzwerken bildete dann den Ausgangspunkt für eine öffentlichen Debatte über Rassismus in schulischen Lehr- und Lernkontexten. In dieser öffentlichen Debatte wurde immer wieder auf die Bedeutung des Beutelsbacher Kontroversitätsgebots und Überwältigungsverbots verwiesen und die Anerkennung der Subjektposition der Schülerin eingefordert. Folgt man den edierten Quellen in der Dokumentation, dann wurde im öffentlichen Diskurs der Rassismus- und Diskriminierungsvorwurf der Schülerin als gerechtfertigt angesehen und als pädagogisches oder institutionelles Diskriminierungsphänomen verhandelt und verallgemeinert. Dieser Interpretation sowie der weiteren Konflikteskalation standen Schulleitung und Lehrerin ratlos gegenüber. Aus schulischer Perspektive waren Rassismus- und Diskriminierungsvorwürfe gegenstandslos. Schulleitung und Lehrerin argumentierten: Das N-Wort wäre ‚nur' ein Quellenbegriff. Die Schule sei rassismuskritisch und für ihr Integrationskonzept als „Schule ohne Rassismus – Schule mit Courage" ausgezeichnet worden. Aus der Edition zum Schulkonflikt und der Presseberichterstattung (vgl. u. a. Haruna-Oelker 2022) geht nicht hervor, ob und wie die Rede von Martin Luther King im Unterricht analysiert und kontextualisiert wurde.[1] Daher ist die Beobachterperspektive in Bezug auf die konkrete Unterrichtskonstellation zweifellos eingeschränkt. Trotzdem sensibilisiert der Offenbacher Fall für unterrichtspragmatische Herausforderungen im Umgang mit Kontroversität und Pluralität, die allerdings angesichts der komplexen Konfliktkonstellation analytisch keineswegs eindeutig zu greifen sind.

3. Interpretationen des Konflikts. Eine Frage der Perspektive

Aus geschichtsdidaktisch-theoretischer Perspektive wäre der Konflikt eigentlich gegenstandslos bzw. methodisch leicht zu umgehen. Wenn man geschichtsdidaktische Prinzipien der Multiperspektivität, Kontroversität und Pluralität zur Beurteilung der Konfliktkonstellation nutzt (vgl. Lücke 2017; Thünemann 2023), dann handelt es sich hier um eine (geschichts)politische Kontroverse um rassistisch-diskriminierenden Sprachgebrauch (vgl. u. a. Hornscheidt 2017), entlang derer sich die fachspezifischen Potentiale historischen Lernens und Strukturen historischer Urteilsbildung (vgl. dazu Winklhöfer 2021) entfalten lassen:

- Erstens ermöglicht der Quellenauszug der Martin Luther King Rede eine Auseinandersetzung mit der *Perspektivität* und Zeitgebundenheit historischer Werte und Normen sowie eine ideologie- und machtkritische Analyse der Quellensprache.
- Zweitens kann die Begriffs- und Rezeptionsgeschichte des Quellenbegriffs im Sinne historischer Sprachbildung zum Anlass genommen werden, um in einem diachronen oder kulturell ansetzenden Vergleich die *Historizität und Identitätsrelevanz* historischer Begriffe zu thematisieren.

---

[1] Dokumentiert ist vor allem die folgende öffentliche Debatte und damit eine politische Kontroverse um vermeintlichen Rassismus in Schule (AStA 2022).

- Drittens könnte die Intervention der Schülerin als Chance genutzt werden, aktuelle gesellschaftliche *Kontroversen* zum Umgang mit rassistischem und diskriminierendem Sprachgebrauch zu thematisieren und als Ausdruck eines gesellschaftlichen Sprach-, Normen- und Wertewandels zu reflektieren (vgl. u. a. Czyborra u. a. 2016; Arndt/Ofuatatey-Alazard 2015).
- Viertens bieten die Quellenanalyse sowie die Auseinandersetzung mit kontroversen Positionen die Möglichkeit eigenständiger und historisch begründeter Urteilsbildung *(Pluralität)*. Lernende könnten so Fähigkeiten im historischen Argumentieren und Debattieren aufbauen, d. h. eigene Interessen, Orientierungsbedürfnisse und Positionierungen in diesem Diskurs artikulieren, begründen, mit anderen verhandeln und ggf. auch revidieren.
- Fünftens eröffnet die Kritik der Schülerin an der Quellenübersetzung die Chance, gemeinsam mit Lernenden alternative Übersetzungen des Quellentextes oder diversitätssensible Strategien im Umgang mit Sprache zu diskutieren. Diese *Handlungsorientierung/-fähigkeit* ist neben der historisch-politischen Urteils- und Argumentationsfähigkeit grundlegend für geschichtskulturelle Partizipation (vgl. Kühberger im vorliegenden Band).

Die skizzierten Lernpotentiale folgen der in diesem Band von Holger Thünemann geschichtstheoretisch und geschichtsdidaktisch begründeten Strukturierung des historischen Lernprozesses. Aus dieser wissenschaftlichen Perspektive kann man den ‚Konflikt' zwar fachspezifisch kultivieren und dann als gesellschaftlich relevante Kontroverse didaktisch nutzen – allerdings *nur theoretisch*. Denn zum einen abstrahiert die Theorie naturgemäß von spezifischen Akteurskonstellationen und -interessen sowie Identitätsbedürfnissen. Zum anderen kommt die Konflikthaltigkeit der Beutelsbacher Prinzipien in der geschichtsdidaktischen Theoriebildung im Vergleich zu politikdidaktischen Ansätzen schwerer in den Blick[2] bzw. werden

---

2 Daher wäre noch eingehender zu diskutieren, ob sich die politikdidaktischen Prinzipien von Beutelsbach ohne Weiteres in die geschichtsdidaktische Theoriebildung übersetzen lassen (vgl. dazu u. a. Massing 2017). Denn geschichtstheoretisch fundiert kann zwischen geschichtswissenschaftlicher und geschichtskultureller Kontroverse (Analysegegenstand) und Pluralität (subjektgebundene Urteilsbildung Lernender) unterschieden werden. Zudem gilt Kontroversität als epistemisches Prinzip individueller Urteils- und kollektiver Deutungsprozesse. Die mit Kontroversität verbundene Konflikthaltigkeit im Umgang mit Pluralität kann darüber hinaus durch empirische, normative und narrative Triftigkeitsprüfung, d. h. analytisch-kognitiv, domestiziert werden, oder – wie vor allem im Umgang mit rechtspopulistischen, antisemitischen oder auch islamistischen Positionen mehrfach thematisiert (vgl. u. a. Rüsen 2021, Brüning 2021) – auch normativ eingeschränkt werden.

vielleicht notwendige Konflikte auch theoretisch domestiziert oder verhindert. Dies wäre an anderer Stelle genauer zu untersuchen. Ohnehin lässt sich der Offenbacher Konflikt nicht allein mit Hilfe geschichtsdidaktischer Prinzipien und Methoden lösen. Vielmehr verdeutlicht eine genauere Analyse der Offenbacher Akteurskonstellation, dass hier schulische Herausforderungen im Umgang mit Diversität eine Rolle spielen, die allerdings im Horizont der geschichtsdidaktischen Diskussion bislang wenig Berücksichtigung fanden (vgl. dazu u. a. Brüning u. a. 2016; Lücke 2016; Barsch u. a. 2020). Daher wird an dieser Stelle nun der Wechsel von der Theorie zu praxisrelevanten Perspektiven der Akteur*innen unternommen:

Aus *Perspektive der Schülerin* wird hier ein für sie identitäts- und gegenwartsrelevantes Thema verhandelt, das nicht historische Analyse, sondern politische Urteilsbildung und politisches Handeln verlangt. Daher positioniert sich die Schülerin aufgrund ihrer eigenen Migrationserfahrung als politische Akteurin, die für sie identitätsrelevante schulische Diskriminierungspraktiken und -verhältnisse thematisiert. Folgt man der politikdidaktisch orientierten Argumentation Christoph Kühbergers in diesem Band, dann hat die Schülerin den Zielhorizont politischer und in Ansätzen auch geschichtskultureller Handlungs- und Interventionsfähigkeit erreicht. Denn in einem für sie identitätsrelevanten Diskurs nutzt sie Quellensprache als Orientierungsressource (und nicht als Analysegegenstand). Folglich scheint für sie die Differenz zwischen Quellen- und Deutungsbegriff nachrangig, da sie nicht den Wandel von (immer auch sprachlich repräsentierten) Werten und Normen, sondern Kontinuitäten der (sprachlichen) Diskriminierung herausstellen will. Sie verweigert also nicht nur die sprachliche Reproduktion des rassistisch konnotierten N-Wortes. Sie kritisiert auch schulische Praktiken der Diskriminierung durch Sprache und indirekt schulsprachliche Routinen im Umgang mit Pluralität – wie das wortlose Übergehen von Argumenten (vgl. dazu auch Czyborra u. a. 2016, 84; schon früher Grammes 1996). Allerdings bietet ihr die Lehrerin nicht den Raum, ihre Wahrnehmungen kontextbezogenen und situationsgebunden zur Diskussion zu stellen und damit auch fachbezogen zu verhandeln. Vielleicht deshalb wählt sie die Form des öffentlichen Protests in sozialen Medien und nutzt so politische Partizipationspraktiken, die im Vergleich zur Kontroverse im Unterricht eine geringere Begründungstiefe der Urteile erfordern. Trotzdem oder gerade deswegen stößt sie im lokalen Umfeld eine öffentliche Debatte über rassismuskritischen Sprachgebrauch und schulische Diskriminierungserfahrungen an. Im Sinne von Cornelia Chmiel und Lale Yildirim (2022, 386) verschafft sie sich „Zugang zum Markt der Erinnerungs- und Geschichtskultur", aber delegitimiert Schule und Unterricht als gesellschaftlich relevante Diskursräume.

Die *Perspektive der Lehrerin* scheint mit Blick auf das affirmativ-normative Lernziel der Rassismuskritik durchaus vergleichbar. Mit dem Verlesen der Rede von Martin Luther King sollte im Rahmen des ‚Black-History-Month' die Auseinandersetzung mit Rassismus auch aus historischer Perspektive anregt werden und zwar gerade durch die Sprache der Quellen. Ihr Plädoyer für eine Differenzierung von Quellen- und Gegenwartssprache folgt der oben skizzierten epistemischen und diskursiven Logik des Geschichtsunterrichts. Aus ihrer didaktisch-pädagogischen Perspektive war der Konflikt (wahrscheinlich) weder intendiert noch erwartbar, in der Rückschau aber durch alternative methodische Zugänge vermeidbar. Vor allem hätte die Lehrerin schulsprachliche Routinen durchbrechen können und den Einwand der Schülerin nicht als *eine* mögliche Meinung stehen lassen, sondern die Chance zur fachbezogenen Kontroverse nutzen können. Doch vielleicht fehlte es der Ethiklehrerin an historisch relevanten Kompetenzen zur Argumentation oder es mangelte (wie meist) an Unterrichtszeit oder aber an Bereitschaft, die konfliktträchtige gesellschaftliche Kontroverse im Unterricht auszutragen. In jedem Fall wurden durch die Konfliktvermeidung Potentiale der Streitkultivierung verschenkt und der Unterricht als Raum für Kontroversen nicht genutzt.

Das Denken in didaktischen und fachspezifischen Alternativen verstellt allerdings den Blick für den Typus des Konflikts, der nur bedingt methodisch zu bewältigen ist. Denn *aus politikwissenschaftlicher und soziologischer Perspektive* handelt es sich hier eben weniger um eine geschichtsmethodisch kontrollierbare Kontroverse, sondern um einen für gegenwärtige Diskurse kennzeichnenden identitätsrelevanten Konflikt, der sich „in einem gewissen Ausmaß einer rationalen Steuerung durch die Akteure" (Detjen 2012, 22) entzieht. Das Beispiel zeigt, dass die Wahrnehmung von Diskriminierung immer ein subjektbezogener und interpretativer Prozess ist. Zudem legen Befunde der Diskriminierungsforschung nah, dass „erhöhte Teilhabechancen mit einer höheren Wahrnehmung von Diskriminierung einhergehen". Dies kann paradoxerweise dazu führen, „dass sich *durch* eine Verringerung der Diskriminierung der Diskurs verschärft" (El-Mafaalani u.a., 186). Darüber hinaus treffen in diesem Fall unvereinbare Zielvorstellungen und Geltungsansprüche der Akteur*innen aufeinander (vgl. u. a. Nassehi 2019, 200): Der identitätsrelevante-politische Geltungsanspruch der Schülerin und der pädagogisch-didaktische Geltungsanspruch der Lehrerin. Diese Perspektivendifferenz lässt sich ad hoc ebenfalls schwer überbrücken. Allerdings bieten Identitätsrelevanz und Perspektivendifferenz Erklärungsansätze für die Brisanz aber auch die Hilflosigkeit im Umgang mit solchen Konfliktsituationen. Neben der spezifischen Konfliktkonstellation förderte die normative Auflladung des Konflikts (vgl. dazu Haruna-Oelker 2022; ASTA 2022) im öffentlichen Diskurs eine politische Polarisierung und verhinderte so nicht nur die Etablierung einer historisch-politischen Diskurs-, Konflikt- und Streitkultur in Schule und Unterricht (vgl. dazu auch aus politikdidaktischer Perspektive Sander 2021, 299 f.), sondern auch eine reflektierte Auseinandersetzung mit den Positionen der Akteurinnen. Kurzum: Weder Konflikteskalation noch Konfliktvermeidung sind geeignete Strategien im Umgang mit Pluralität und Diversität.

4. Pluralität braucht Konflikt! Gegenwartsrelevante Herausforderungen

Der mit dem Offenbacher Schulkonflikt angeregte Perspektivwechsel von der Theorie in die Praxis zeigt, dass die Anerkennung von Diversität und Pluralität sowie die Ermöglichung von Teilhabe und Diskurs eben auch Streit und Konflikte provoziert (vgl. dazu u. a. Münch 2023). Dies beschreibt der Politikwissenschaftler und Bildungsforscher El-Mafaalani (2018) als „Integrationsparadox" pluraler und offener Gesellschaften, welches auch in Bezug auf die Institutionen Schule und Unterricht thematisiert werden muss. Denn auch in einem diversitätssensiblen Geschichtsunterricht werden „gesellschaftliche Normalitätsvorstellungen" in Frage gestellt, identitätsrelevante „Differenzen" markiert (Georgi/Musenberg, 37). Auch hier konfligieren Erinnerungsbedürfnisse (vgl. u. a. Lücke 2016) und werden Forderungen nach Anerkennung und Teilhabe zwischen Lernenden und Lehrenden diskursiv ausgehandelt. Zu diesem Befund kommen auch Viola Georgi u. a. (2022) im Ergebnis ihrer Interviewstudie mit Lehrkräften und Gedenkstättenpädagog*innen. Sie betonen, dass Schule, Geschichtsunterricht und außerschulische Lernorte als geschichtskulturelle und politische Arenen ernst genommen werden müssen, weil hier für plurale und demokratische Gesellschaften kennzeichnende Anerkennungs- und Aushandlungskämpfe stattfinden (vgl. zur breiteren Kontextualisierung als gesellschaftliches Phänomen Münch 2023; Honneth 1994, 256–263). Auf diese konflikttträchtigen Aushandlungsprozesse fühlen sich Lehrkräfte unzureichend vorbereitet. So erkennen befragte Lehrkräfte migrationsbedingte Diversität als gesellschaftliche Realität zwar an, allerdings thematisieren sie gerade im Umgang mit identitätsrelevanten Konflikten Handlungsunsicherheiten. Diese betreffen nicht allein ihre Positionierung als Lehrkraft in Bezug auf das Überwältigungsverbot oder Kontroversitätsgebot (vgl. dazu Rüsen 2021; Drerup u. a. 2021*)*, sondern ebenso ihre Sprachhandlungsfähigkeit im Sprachfach Geschichte. Sprache ist – wie das Fallbeispiel zeigt – eben nicht nur ein Medium der Unterrichtskommunikation oder Lerngegenstand. Sie wird immer auch als identitätsrelevant und werthaltig wahrgenommen (vgl. u. a. Handro 2020). Lehrkräfte ringen daher um angemessene Bezeichnungen und nehmen die Etablierung einer diversitätssensiblen Diskurskultur als große Herausforderung wahr, vor allem weil der gesellschaftliche Diskurs um diversitätssensible Sprache gerade im Raum Schule normativ aufgeladen ist. Darüber hinaus geraten im diversitätssensiblen Geschichtsunterricht, der Teilhabe und Anerkennung ermöglichen soll, etablierte und routinisierte Praktiken des Unterrichtsdiskurses in die Kritik, sie werden begründungspflichtig oder erweisen sich als dysfunktional – wie z. B. das unkommentierte Sammeln von Schülermeinungen, zu sogenannten ‚Meinungsgirlanden'. Zudem sind es eben nicht nur Lehrkräfte, die kontroverse Themen einbringen. Lernende sind als geschichtskulturelle Akteur*innen ernst zu nehmen, denn sie stoßen Kontroversen an oder provozieren durchaus auch in einem konstruktiven und für sie identitätsrelevanten Sinn ‚Streit'. Aufgrund dieser komplexen Handlungsunsicherheiten tendieren einige Lehrkräfte offenbar eher zur Konfliktvermeidung oder zur Harmonisierung strittiger Positionen – nicht zuletzt weil Streit und Konflikt in der Institution Schule negativ besetzt sind.

Diese sicher empirisch noch weiter zu konkretisierenden Beobachtungen sind durchaus problematisch, da diese ‚Sehnsucht nach Harmonie' dem Ziel der fachlichen und fächerübergreifenden Förderung einer demokratischen Diskurs-, Streit- und Konfliktkultur entgegensteht. Dabei weisen gerade jüngere soziologische Studien darauf hin, dass Streit und Konflikt als Praktiken kultureller und sozialer Anerkennung unvermeidbar und unverzichtbar sind (vgl. Dennaoui/Witte 2022, 32), auch wenn sie eher einen negativen Ruf genießen und auf der sozialen Ebene als problematisch wahrgenommen werden. Gerade in einer pluralen und in ihren Herkünften heterogenen Gesellschaft (und damit auch Schulgemeinschaft) müssen Zugehörigkeiten und Identitäten immer wieder neu reflexiv aber auch diskursiv ausgehandelt und gewonnen werden. Insofern bedingen Pluralisierung und Konflikt einander. Pluralität anzuerkennen, bedeutet auch Streit auszuhalten und auszutragen. Daher plädiert Aladin El-Mafaalani dafür, Konflikte eben nicht zu problematisieren, sondern als Form der Teilhabe anzuerkennen. Die gesellschaftliche Herausforderung bestünde also darin, Formen konstruktiver Konfliktaustragung zu entwickeln sowie „Regeln für den Umgang mit Konflikten" aufzustellen (El-Mafaalani 2018, 230). Ähnlich argumentiert auch die französische Politikwissenschaftlerin Chantal Mouffe aus demokratietheoretischer Perspektive. In einer demokratischen Gesellschaft könnten und sollten Konflikte nicht eliminiert werden, denn Konfliktverzicht fördere Apathie und Entfremdung. Die „Akzeptanz und Legitimierung von Konflikten [ist] ja gerade das [...], was eine pluralistische Demokratie auszeichnet. [...] Wichtig ist, dass Konflikte nicht die Form eines „Antagonismus" annehmen (eines Kampfes zwischen Feinden), sondern die eines „Agonismus" (einer Auseinandersetzung zwischen Kontrahenten)" (Mouffe 2014, 28). Im Diskurs widerstreitender Ideen gelte es vielmehr, einen „konflikthaften Konsens" (Mouffe 2014, 30) zu gewinnen. Dies setze allerdings die Etablierung und Anerkennung einer demokratischen Streit- und Konfliktkultur voraus – mithin eine schulische Entwicklungsaufgabe, die in der politikdidaktischen Diskussion schon länger auf der Agenda steht (vgl. u. a. Massing 2017; Westphal 2020).

5. Plurale Geschichtskultur braucht Kontroverse und Streit! Ein Plädoyer

Möchte man den empirischen Befunden und entfalteten Argumenten folgen, dann gehört die Förderung einer historisch-politischen Streit- und Konfliktkultur zweifelsohne auch zu einer der drängenden Zukunftsaufgaben des Geschichtsunterrichts. Denn Geschichtsunterricht und eine plurale und diverse Geschichtskultur leben von Partizipation und lebendigem Diskurs. Schüler*innen sollen nicht nur historisch denken lernen, sondern als politische Subjekte, d. h. als Bürger*innen ihre historischen Orientierungsbedürfnisse in geschichtskulturellen Diskursen artikulieren, begründet vertreten, im Widerstreit mit anderen aushandeln aber auch einen im Konflikt gewonnenen Konsens anerkennen. Insofern sind die Beutelsbacher Prinzipien eben mehr als eine ethische Richtschnur für Lehrerhandeln. Ihre Anerkennung repräsentiert wissenschaftliche Prinzipien und politische Ziele des Geschichtsunterrichts aber auch geschichtskultureller Praxis. Denn geschichtskulturelle Konflikte können und dürfen in der Gegenwartsgesellschaft weder harmonisiert noch umgangen werden, sondern müssen im Sinne eines konflikthaften Konsens (Mouffe 2014, 30) ausgehandelt werden. Dies zeigen ganz aktuelle und durchaus emotional aufgeladene Straßennamen- oder Denkmalsdebatten. Konfligierende Erinnerungen und gegensätzliche Deutungen sind also keineswegs „Störfaktoren für eine als gewünscht geltende homogene kollektive Geschichtskultur, sondern geradezu notwendig für gesellschaftliche Aushandlungsprozesse über Geschichte" (Georgi u. a. 2022, 15). Dies scheint in der geschichtsdidaktischen Diskussion Konsens. In der wissenschaftlichen Diskussion bleibt jedoch eine Leerstelle – der Konflikt. Die Konflikthaftigkeit geschichtskultureller Kontroversen muss nicht nur analytisch in den Blick genommen werden. Aushandlung und Konfliktaustragung brauchen Regeln, sie verlangen Argumentations-, Streit- und Konfliktkompetenz und müssen auch als soziale Praxis der (zumindest temporären) Konsensgewinnung anerkannt sein. Schule und Geschichtsunterricht sind hier zentrale gesellschaftliche Institutionen, in denen Grundlagen für die Entwicklung einer geschichtskulturellen Diskurs- und Streitkompetenz vermittelt, verhandelt und reflektiert werden können und müssen. Wie skizziert, besteht hier sowohl in Schule als auch in Geschichtskultur enormer Entwicklungs- und vor allem für Lehrkräfte dringender Orientierungs- und Reflexionsbedarf (vgl. dazu Hilbrich 2021). Daher schließt der problematisierende Beitrag mit dem Plädoyer für eine verstärkte geschichtsdidaktische Hinwendung zum Konflikt und zur Kontroverse – nicht nur als epistemisches Prinzip, sondern als soziale, gesellschaftliche, geschichtskulturelle und unterrichtlich demokratische Praxis.

Literatur

ARNDT, Susan/Ofuatatey-Alazard, Nadja (Hg.) (2015): Wie Rassismus aus den Wörtern spricht. (K)Erben des Kolonialismus im Wissensarchiv deutsche Sprache. Ein kritisches Nachschlagewerk. Münster.

ASTA der Goethe-Universität (Hg.): Wenn Schülerinnen klüger sind! und eine Lehrerin plus Schulleiter eindeutig im Unrecht sind: Gegen das N-Wort! Frankfurt 2022 (Online unter: https://asta-frankfurt.de/sites/default/files/2022-07/ASTA%20Broschüre%20Gegen%20das%20N-Wort%20Offenbach_3.pdf; aufgerufen am 9.8.2023).

BRÜNING, Christina u. a. (Hg.) (2016): Historisches Lernen als Rassismuskritik. Schwalbach/Ts.

BRÜNING, Christina (2021): Wider den Missbrauch von Beutelsbach – Einwände aus historischer Perspektive und pragmatische Lösungen für den Geschichts- und Politikunterricht. In: Drerup, Johannes u. a. (Hg.): Dürfen Lehrer ihre Meinung sagen? Demokratische Bildung und die Kontroverse über Kontroversitätsgebote. Stuttgart, S. 173–208.

CZYBORRA, Christian u. a. (2016): Geschichtsunterricht als weißer Raum? Überlegungen zu einer Critical Whiteness in der Geschichtsdidaktik. In: Brüning, Christina u. a. (Hg.) (2016): Historisches Lernen als Rassismuskritik. Schwalbach/Ts., S. 71–91.

CHMIEL, Cornelia/Yildirim, Lale (2022): „Wenn man politisch was reißen will" – Agency im geschichtskulturellen Wandel. In: Georgi, Viola u. a. (Hg.) (2022): Geschichten im Wandel. Neue Perspektiven für die Erinnerungskultur in der Migrationsgesellschaft. Bielefeld, S. 385–399.

DETJEN, Joachim (2012): Streitkultur. Konfliktursachen, Konfliktarten und Konfliktbewältigung in der Demokratie. Schwalbach/Ts.

EL-MAFAALANI, Aladin u. a. (2017): Tatsächliche, messbare und subjektiv wahrgenommene Diskriminierung. In: Scherr, Albert u. a. (Hg.): Handbuch Diskriminierung. Wiesbaden, S. 173–189.

EL-MAFAALANI, Aladin (2018): Das Integrationsparadox. Warum gelungene Integration zu mehr Konflikten führt. Köln.

DENNAOUI, Youssef/Witte, Daniel (2022): Streit und Kultur. Vorüberlegungen zu einer Soziologie des Streits. In: Kumlehn, Martina/Wodianka, Stephanie (Hg.): Kulturen des Streits. Deutungskonflikte zwischen Konsens und Zerwürfnis. Bielefeld, S. 15–40.

DRERUP, Johannes u. a. (Hg.) (2021): Dürfen Lehrer ihre Meinung sagen? Demokratische Bildung und die Kontroverse über Kontroversitätsgebote. Stuttgart.

GEORGI, Viola/Musenberg, Oliver (2020): Diversitätserfahrungen im Geschichtsunterricht. In: Barsch, Sebastian u. a. (Hg.): Handbuch Diversität im Geschichtsunterricht – Inklusive Geschichtsdidaktik. Frankfurt/M., S. 37–53.

GEORGI, Viola u. a. (Hg.) (2022): Geschichten im Wandel. Neue Perspektiven für die Erinnerungskultur in der Migrationsgesellschaft. Bielefeld.

GRAMMES, Tilman (1996): Unterrichtsanalyse – ein Defizit der Fachdidaktik. In: Schiele, Siegfried/Schneider, Herbert (Hg.): Reicht der Beutelsbacher Konsens? Schwalbach/Ts., S. 143–169.

HANDRO, Saskia (2020): Sprache und Diversität im Geschichtsunterricht. In: Barsch, Sebastian u. a. (Hg.): Handbuch Diversität im Geschichtsunterricht. Frankfurt/M., S. 93–116.

HARUNA-OELKER, Hadij (2022): Streit über Rassismus an Schule in Offenbach: Schülerin will „N-Wort" nicht vorlesen (Online unter: https://www.fr.de/politik/rassismusstreit-an-schule-in-offenbach-eine-chance-zum-dazulernen-91446637.html; aufgerufen am 9.8.2023).

HILBRICH, Ole (2021): Kontroversität anders denken. Die Bedeutung von Streit für eine demokratische Erziehung. In: Drerup, Johannes u. a. (Hg.): Dürfen Lehrer ihre Meinung sagen? Demokratische Bildung und die Kontroverse über Kontroversitätsgebote. Stuttgart, S. 61–74.

HONNETH, Axel (1994): Kampf um Anerkennung. Zur moralischen Grammatik sozialer Konflikte. Frankfurt/M.

HORNSCHEIDT, Lann (2017): Nicht-diskriminierende Sprachverwendung und politische Corectness. In: Scherr, Albert u. a. (Hg.): Handbuch Diskriminierung. Wiesbaden, S. 793–809.

LÜCKE, Martin (2016): Auf der Suche nach einer inklusiven Erinnerungskultur. In: Alavi, Bettina/Lücke, Martin (Hg.): Geschichtsunterricht ohne Verlierer!? Inklusion als Herausforderung für die Geschichtsdidaktik. Schwalbach/Ts., S. 58–67.

LÜCKE, Martin (2017): Multiperspektivität, Kontroversität, Pluralität. In: Barricelli, Michele/Lücke, Martin (Hg.): Handbuch Praxis des Geschichtsunterrichtsunterrichts, Bd. 1. Schwalbach/Ts., S. 281–288.

MACHAT, Sybille: Martin Luther Kings „I have a dream" (Online unter: https://www.bpb.de/kurzknapp/hintergrund-aktuell/267010/martin-luther-kings-i-have-a-dream/; aufgerufen am 9.8.2023).

MASSING, Peter (2017): Konfliktfähigkeit – Eine zentrale Voraussetzung für politische Handlungskompetenz. In: Frech, Siegfried/Richter, Dagmar (Hg.): Der Beutelsbacher Konsens. Bedeutung, Wirkung, Kontroversen. Schwalbach/Ts., S. 146–161.

MOUFFE, Chantal (2014): Agonistik. Die Welt politisch denken. Berlin.

MÜNCH, Richard (2023): Polarisierte Gesellschaft. Die postmodernen Kämpfe um Identität und Teilhabe. Frankfurt/M./New York.

NASSEHI, Armin (2019): Die letzte Stunde der Wahrheit. Kritik der komplexitätsvergessenen Vernunft. Hamburg.

RÜSEN, Jörn (2021): Dürfen Lehrer ihre Meinung sagen? In: Drerup, Johannes u. a. (Hg.): Dürfen Lehrer ihre Meinung sagen? Demokratische Bildung und die Kontroverse über Kontroversitätsgebote. Stuttgart, S. 121–129.

SANDER, Wolfgang (2021): Identität statt Diskurs? Diskursivität in der politischen Bildung und ihre Gefährdungen. In: Pädagogischer Rundschau 75, S. 293–306.

THÜNEMANN, Holger (2023): Kontroversen austragen? Der Beutelsbacher Konsens aus geschichtskultureller Perspektive. In: Frech, Siegfried u. a. (Hg.): Kontroversität in der politischen Bildung. Frankfurt/M., S. 69–87.

WEISSENO, Georg (1996): „Was in Wissenschaft und Politik kontrovers ist, muss auch im Unterricht kontrovers dargestellt werden." Probleme bei der Umsetzung dieser Forderung. In: Siegfried Schiele/Herbert Schneider (Hg.): Reicht der Beutelsbacher Konsens? Schwalbach/Ts., S. 107–127.

WEISSENO, Georg (2017): Zur Historisierung des Beutelsbacher Konsenses. In: Frech, Siegfried/Richter, Dagmar (Hg.): Der Beutelsbacher Konsens: Bedeutung, Wirkung, Kontroversen. Schwalbach/Ts., S. 35–56.

WESTPHAL, Manon (2020): Demokratische Streitkultur für eine pluralistische Gesellschaft: Orientierungen für die politische Bildung. In: Gegen Vergessen – Für Demokratie e. V. (Hg.): Konstruktive Kommunikation in der Demokratie. Ein Baustein in der politischen Bildung. Berlin, S. 40–51 (Online unter: https://www.gegen-vergessen.de/fileadmin/user_upload/Gegen_Vergessen/Dokumente/Broschueren/konstruktiveKommunikation_2020-web.pdf; aufgerufen am 9.8.2023).

WINKLHÖFER, Christian (2021): Urteilsbildung im Geschichtsunterricht. Frankfurt/M.

DIRK WITT

Die Rolle des Beutelsbacher Konsenses im Fach Gesellschaftswissenschaften

1. „Geld regiert die Welt, Herr Witt! Is' so!"

Unterricht im Lernbereich Gesellschaftswissenschaften in meiner 9. Klasse einer Stadtteilschule. Zur Unterrichtseinheit „Inwiefern ist Globalisierung gestaltbar und sollten wir uns beteiligen?" geht die Klasse der historischen Frage „Hanse – der Beginn der Globalisierung?" nach. Dazu lernen die Schülerinnen und Schüler mit der Methode „Thementisch" seit drei Doppelstunden in Kleingruppen. Nun sollen die Erkenntnisse zusammengetragen und diskutiert werden. Nachdem Handelsbeziehungen erläutert worden sind, diskutieren die Lernenden nun die Hanse als politischen Machtfaktor. Plötzlich der Einwurf: „Geld regiert die Welt, Herr Witt! Is' so!" Stille, 26 Augenpaare blicken mich an. Was ist der Grund dieser Aussage? Warum gibt es keinen Widerspruch? Wie gehe ich mit dieser Frage um? Es sind noch ungefähr 10 Minuten Unterrichtszeit. Diese durch die Mitschülerinnen und Mitschüler unwidersprochene Aussage passt so überhaupt nicht zu meinen Stundenzielen. Könnte es einfach eine jugendliche Provokation sein, um mich zu testen? Aber Kevin ist ein kluger Junge mit sehr viel Interesse und Wissen im gesellschaftswissenschaftlichen Kontext. Er interessiert sich für Aktien, fällt mir noch ein. Ein schelmisches Lachen? Vielleicht wartet er aber auch nur offen zugewandt auf meine Bestätigung seines Weltbildes? Noch immer äußert sich niemand. Warum gibt es keinen Widerspruch, frage ich mich wieder? Stimmen die Mitschülerinnen und Mitschüler dem so unkritisch zu? Haben sie möglicherweise die Dimension dieser Aussage nicht erfasst? Ist es möglicherweise gar nicht ihr Thema? Die Situation ist herausfordernd. Kevin schiebt in die Stille nochmals nach: „Ist doch so, Herr Witt! Geld regiert die Welt! War so, is' so und wird immer so sein!" – schaut und wartet auf eine Reaktion ...

Dies ist eine sehr typische Unterrichtssituation. Schülerinnen und Schüler äußern ihre Spontanurteile, legen ihre Werte und Einstellungen zur Diskussion ‚auf den Tisch' – nicht immer passt es zum geplanten Unterrichtsverlauf und manchmal widersprechen sie den anzustrebenden Lernzielen. Oft sind sie aber ein wichtiges und spannendes Moment für weitere Lernprozesse. Und immer gilt es in der konkreten Handlung und der Reflexion dieser Unterrichtssituationen um den Beutelsbacher Konsens, der unser Handeln als Lehrkräfte einerseits bestimmt und anderseits Lernsituationen und deren Initiierung und Gestaltung stark beeinflusst.

Im folgenden Beitrag werden nach der kurzen Vorstellung des Faches Gesellschaftswissenschaften[1] die Schnittmengen zum Geschichtsunterricht verdeutlicht. Im Anschluss soll dargelegt werden, welche Spezifik das Fach Gesellschaftswissenschaften aufweist und warum der Beutelsbacher Konsens eine herausgehobene Bedeutung für die Planung und Durchführung von Lernprozessen besitzt. Am Ende werden Fragen der Aus- und Fortbildung von Lehrkräften des gesellschaftswissenschaftlichen Fächerverbundes aufgeworfen, ohne dass diese abschließend beantwortet werden können.

2. Struktur und Philosophie des Faches Gesellschaftswissenschaften

Im Fach Gesellschaftswissenschaften werden in allen 13 Bundesländern, in denen dieses Fach mit unterschiedlicher Bezeichnung erteilt wird, die Bezugsfächer Geschichte, Geographie und Politik integrativ zu einem gesellschaftswissenschaftlichen Fächerverbund zusammengefasst (z. B. Johann/Brühne 2021, 59–62; Witt 2021, 4). Im Fächerverbund lernen in der Sekundarstufe I knapp eine Millionen Schülerinnen und Schüler (vgl. Forwergk 2022, 20). Das Fach wird regelhaft an solchen Schulformen erteilt, die alle Schulabschlüsse ermöglichen, nicht jedoch an Gymnasien. Unterrichtet werden diese Kinder und Jugendlichen von Lehrkräften, die oftmals nur ein Bezugsfach studiert haben.

Im Fach Gesellschaftswissenschaften finden bezugsfachspezifische Lernprozesse in allen drei Dimensionen (historisch, räumlich und politisch) statt. Daher rahmt der Beutelsbacher Konsens das Lernen der Schülerinnen und Schüler oder – konkreter und spezifischer – das Lehren der Lehrkräfte. Deshalb definiert das Lehrkräftekompetenzmodell des „Netzwerks Fach Gesellschaftswissenschaften" dezidiert den Standard: Lehrerinnen und Lehrer handeln auf der Grundlage des Beutelsbacher Konsenses (vgl. Witt u. a. 2019, 159).

So sind beispielsweise die didaktischen Prinzipien der Multiperspektivität und Kontroversität hoch anschlussfähig im gesellschaftswissenschaftlichen

---

[1] Der Autor nutzt in diesem Beitrag die Fachbezeichnung „Fach Gesellschaftswissenschaften" und meint damit die unterschiedlichen gesellschaftswissenschaftlichen Fächerverbund der jeweiligen Bundesländer. Er folgt somit der vorgeschlagenen Fachbezeichnung des Netzwerks Fach Gesellschaftswissenschaften (Präambel des Netzwerks auf www.ngewi.de).

Fächerverbund und oftmals Grundlage der Ausgestaltung von Lernprozessen. Daraus resultieren die gleichen Herausforderungen bzw. schulpraktischen Umsetzungsmöglichkeiten unter Beachtung der drei Prinzipien des Beutelsbacher Konsenses für die didaktischen Entscheidungen, wie sie auch für den Geschichtsunterricht gelten. Auch die Aspekte der „stummen Perspektiven" (Bergmann 2000, 59) und der „Masternarration" (Lücke 2012, 282), die die Geschichtsdidaktik problematisiert und diskutiert, treffen für den Fächerverbund zu.

Weiterhin große Übereinstimmung finden beide Fächer in der Zieldimension der Pluralität. Sind es für den Geschichtsunterricht die Ansichten und Urteile zu einem historischen Sachverhalt, so greift das Fach Gesellschaftswissenschaften Pluralität insgesamt weiter und bezieht hier räumliche, gesellschaftliche,

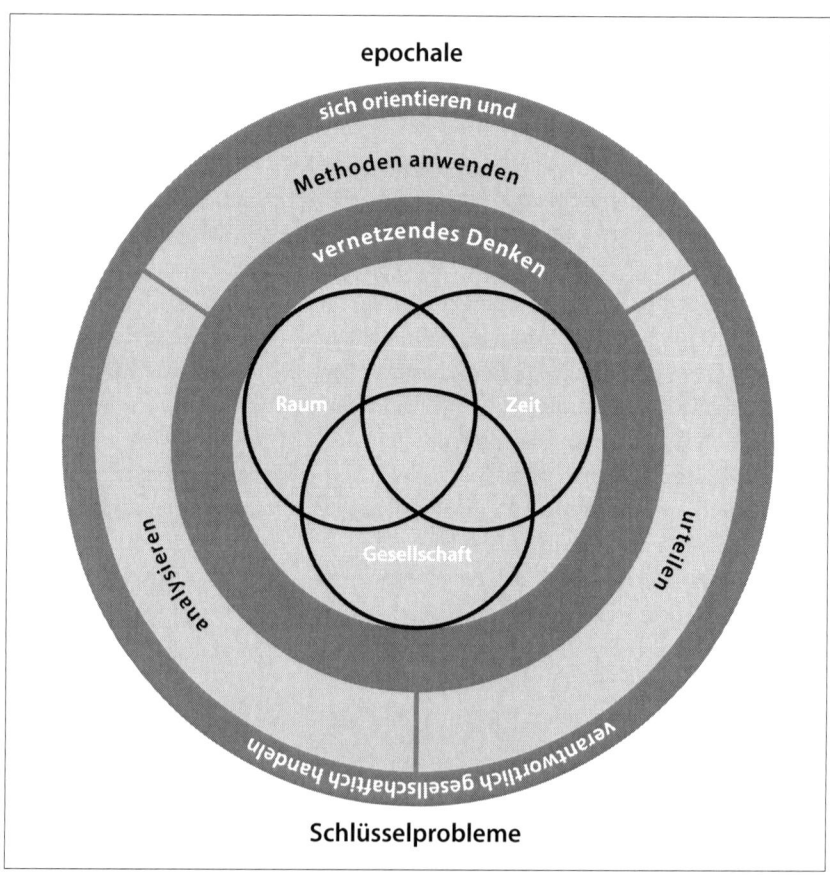

Abb. 1: Kompetenzstrukturmodell Fach Gesellschaftswissenschaften (Witt u. a. 2022, 103)

ökonomische und politische Sachverhalte mit ein. Des Weiteren sind hohe Schnittmengen im Bereich der Standortgebundenheit und der Quellenkritik feststellbar. Neben diesen aufgezählten Übereinstimmungen weist das Fach Gesellschaftswissenschaften aber auch seine eigenen Charakteristiken auf, wenn man es mit der Blickrichtung auf den Beutelsbacher Konsens untersucht.

Das Fach Gesellschaftswissenschaften zielt darauf ab, dass Schülerinnen und Schüler komplexe Prozesse unter Nutzung verschiedener Dimensionen (historisch, räumlich, politisch, ökonomisch) analysieren und beurteilen. Dazu sollen die Lernenden vernetzendes Denken (bezogen auf die Dimensionen) erlernen und ausdifferenzieren, um diese Prozesse differenziert unter Beachtung der verschiedenen Dimensionen bewerten zu können. Übergeordnetes Ziel ist hierbei, dass Kinder und Jugendliche sich in ihrem Leben orientieren können und dementsprechend gesellschaftlich, politisch und ökonomisch verantwortlich handeln (vgl. Kühberger im vorliegenden Band). Dies wird im Kompetenzstrukturmodell des Faches (Abb. 1) sichtbar.

3. Unterrichtsplanung und -durchführung: Der Beutelsbacher Konsens im Spannungsfeld

Ausgehend von den Zieldimensionen des vernetzenden Denkens und Urteilens sowie des verantwortlichen Handelns kann man den zu durchlaufenden Lernprozess in einem Modell verdeutlichen (Abb. 2). Dieser Lernprozess soll im Folgenden nun unter der Blickrichtung des Beutelsbacher Konsenses dargestellt werden.

Ausgangspunkt aller Lernprozesse ist eine Leitfrage für die gesamte Unterrichtseinheit. Sie unterscheidet sich zu Stundenfragen dadurch, dass sie den gesamten Lernprozess rahmt und am Ende der Unterrichtseinheit beantwortet werden soll. Die Stundenfragen sind „Bausteine", um die Leitfrage beantworten zu können. Regelhaft wird die Leitfrage in den jüngeren Jahrgangsstufen durch die Lehrkraft und die angestrebten Lernziele definiert, mit steigendem Lernalter können und sollten die Perspektiven der Lernenden so einbezogen werden, dass Leitfragen im diskursiven Prozess im Klassenverband entstehen. Gute Leitfragen erfüllen definierte Gütekriterien (vgl. Witt u. a. 2022, 115–119), die eng mit dem Kontroversitätsgebot korrelieren. So sollen Leitfragen am Ende des Lernprozesses Abwägungsprozesse in der Urteilsbildung auslösen, Positionierungen durch die Schülerinnen und Schüler bewirken und zur Pluralität beitragen. Dies kann nur erreicht werden, wenn die Leitfrage eine gesellschaftliche, politische oder historische Kontroverse aufnimmt und zum Gegenstand des Unterrichts macht (vgl. den Beitrag von Holger Thünemann im vorliegenden Band). Da es aber (noch) keinen akzeptierten Kanon von Wissen und Können für den Fächerverbund gibt (vgl. Gautschi 2019, 10)[2], verbleibt die Definition der Leitfrage, des Schlüsselproblems oder des Phänomens – entsprechend den strukturierenden Vorgaben des jeweiligen Bildungsplans – (zu) stark an den individuellen Präferenzen der jeweiligen Lehrkraft. Sie muss sich über diese ‚Macht der Unterrichtsgestaltung' bewusst werden und dieses kritisch unter Maßgabe des Beutelsbacher Konsenses reflektieren.

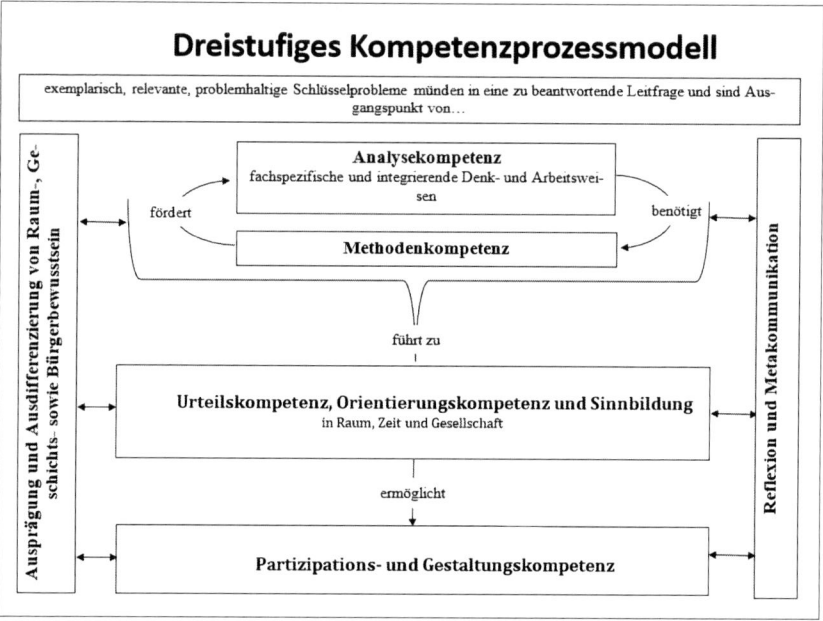

Abb. 2: Dreistufiges Kompetenzprozessmodell (Witt u.a. 2022, 105)

In der ersten Phase des Lernprozesses steht die Analyse zur Verfügung gestellter Lernmaterialien im Mittelpunkt. Für die Lehrkraft besteht die Herausforderung, eine diesbezügliche Auswahl unter Beachtung des Beutelsbacher Konsenses zu treffen. Es gilt ein Lernangebot zu unterbreiten, das unterschiedliche Perspektiven zur Beantwortung der Leitfrage aufnimmt. Es ist selbstverständlich nicht möglich, alle Perspektiven aufzugreifen, sie sollten aber die (gesellschaftliche oder politische) Kontroverse hinreichend in ihren Facetten beleuchten. Gleichzeitig

---

2 Hier bezugnehmend auf Gautschis Überlegungen darüber, was Schulfächer als solche auszeichnet.

ist in der Schulpraxis feststellbar, dass zu viele Perspektiven den Lernprozess erschweren können. Des Weiteren muss die Lehrkraft im Vorfeld die zu nutzenden Lernmaterialien kritisch analysieren, sodass die durch sie transportierten Wertungen gezielt durch Arbeitsaufträge von den Lernenden untersucht werden. In dieser Unterrichtsplanungsphase steht die Lehrkraft mit hoher Wahrscheinlichkeit in einem Spannungsfeld. Ein weiteres unterrichtspraktisches Spannungsfeld, das insbesondere für die Sekundarstufe I zur Geltung kommt, liegt darin, dass die Lernmaterialien zur Beantwortung der Leitfrage beitragen müssen. Sie müssen aber eben auch für die Lernenden in ihren kognitiven und sprachlichen Fähigkeiten zugänglich sein.

Gleichzeitig gilt sowohl im Planungs- als auch im Durchführungsprozess von Unterricht das Überwältigungsverbot. Auch hier kommt die ‚Macht der Unterrichtsgestaltung' zum Tragen. Die Lehrkraft muss in dieser Phase die eigenen leitenden Wertvorstellungen in den Hintergrund stellen. Die Auswahl der Lernmaterialien muss anderen Kriterien folgen. Sie müssen am Ende des Lernprozesses eine plurale Diskussion auf Seiten der Lernenden ermöglichen und anstreben. Aufgrund der diagnostischen Kenntnisse der Lerngruppe ist hinsichtlich des Beutelsbacher Konsenses (vgl. *Korrekturfraktion* im Beutelsbacher Konsens bei Wehling 1977, 179) aber auch denkbar, dass gezielt Gegenpositionen zu den vorherrschenden Wertvorstellungen der Lerngruppe und ihren politischen, sozialen, ökonomischen, kulturellen und/oder religiösen Präferenzen stärker aufgegriffen werden. So gelangen die Lernenden in kognitive Dissonanzen und setzen sich intensiver mit den Lernmaterialien auseinander. Dieses Vorgehen muss durch die Lehrkraft aber im Vorfeld sowie im Reflexionsprozess transparent kommuniziert und legitimiert werden.

In der zweiten Phase beantworten die Schülerinnen und Schüler die Leitfrage der Unterrichtseinheit. Ziel dieser Phase ist die Pluralität, also die Diskussion divergierender Antworten im besten Fall. Diese Phase ‚krönt' den (vorläufigen) Abschluss des Lernprozesses und macht die „Gewinnung eines selbständigen Urteils" (Wehling 1977, 179), wie es der Beutelsbacher Konsens fordert, sichtbar bzw. hörbar. Für die Lehrkraft bedeutet dieser Prozess nicht nur Moderation. Die Schülerinnen und Schüler hatten die Gelegenheiten, eigene Urteile auf Grundlage vielfältiger Lernmaterialien zu fällen, weshalb die Lernenden oftmals – auch zu Recht – erwarten, dass die Lehrkraft ebenfalls zur Leitfrage Stellung nimmt. Die Vorstellung, dass Lehrkräfte sich neutral verhalten müssen und sich nicht positionieren dürfen, ist falsch. „Neutralität bedeutet in diesem Sinne Überparteilichkeit, eine Werbung oder Antiwerbung für Parteien [Positionen oder Perspektiven] ist Lehrkräften untersagt, eine kritische Auseinandersetzung mit

Parteipositionen [Perspektiven anderer Akteure], die eine eigene Urteilsbildung der Jugendlichen ermöglicht, ist aber essenzieller Teil politischer Bildung. Neutralität bedeutet nicht apolitisch zu sein. In der Praxis wäre es wenig glaubwürdig, Jugendliche von der Notwendigkeit politischer Urteilsbildung überzeugen und für politisches Engagement gewinnen zu wollen und sich selbst dies zu untersagen" (Witt u. a. 2022, 161; vgl. zudem Oberle und Droste im vorliegenden Band). Die zweite Phase trägt stark zur Sinnbildung und Orientierung der Lernenden bei und leistet somit einen wichtigen Beitrag zur Mündigkeit.

4. Partizipationskompetenz und der Beutelsbacher Konsens im Spannungsfeld

In der Schulpraxis stehen am Ende der zweiten Phase oft die Fragen: Was können wir tun? Wie können wir eingreifen? Was können bzw. müssen wir verändern? Also konkret: Was machen wir nun mit unserem erworbenen Wissen? Die Partizipationsfähigkeit der Lernenden ist eine wesentliche Charakteristik und Zielvorstellung des Faches Gesellschaftswissenschaften. Sie ist die dritte Phase im Kompetenzprozessmodell (Abb. 2). Der Lernprozess endet nicht bei der Urteilsbildung, sondern er geht den nächsten Schritt in die konkrete Handlung und folgt somit dem Beutelsbacher Konsens, der im dritten Absatz fordert, dass die Schülerinnen und Schüler nach Mitteln und Wegen suchen, die vorgefundene Situation im Sinne ihrer Interessen zu beeinflussen (vgl. den Beitrag von Kühberger im vorliegenden Band). So begrüßenswert diese Phase und diese Forderung sind, so groß sind aber auch die aufkommenden und zu beantwortenden Fragen vor allem vor dem Hintergrund des Beutelsbacher Konsenses.

Ist außerunterrichtliche oder außerschulische Partizipation Gegenstand des Unterrichts? Ist diese Partizipation operationalisierbar? Ist zukünftige Partizipation erlernbar und somit lehrbar? Darf diese Partizipation bewertet werden?

Gelingender Unterricht im Fach Gesellschaftswissenschaften lebt von (kleinen, außerunterrichtlichen oder außerschulischen) partizipatorischen Projekten auf den Ebenen der Schule oder im gesellschaftlichen/politischen Nahbereich der jeweiligen Lerngruppe. Können und sollen diese Projekte, die das probende Handeln der Lernenden in den Mittelpunkt stellen, aber Klassenprojekte sein oder Projekte von einzelnen Kindern und Jugendlichen, die sich dafür entschieden haben? Wie sieht es dann mit der Wertschätzung dieser Handlungen im Kontext des Unterrichts für die Schülerinnen und Schüler aus, die sich gegen dieses Projekt aus unterschiedlichsten Gründen entschieden haben? Hier stehen die ‚Wunschvorstellungen' der unterrichtenden Lehrkräfte im Spannungsverhältnis zum Überwältigungsverbot, denn es darf nicht sein, dass Schülerinnen und Schüler ‚über die Hintertür' erleben, dass Anpassung erwartet wird. Auch auf der Ebene der Bildungspläne wird dieses Dilemma sichtbar.

So definiert der Bildungsplan Niedersachsen (2020, 35) für das Fach Gesellschaftslehre in der 10. Klasse zum Thema „Was passiert, wenn eine Demokratie scheitert?" mit den historischen Schwerpunkten „Scheitern der Weimarer Republik" und „Zeit des Nationalsozialismus" diese drei Anforderungen: Die Lernenden:
- *erläutern* den Zusammenhang von mangelnder Akzeptanz demokratischer Werte und zunehmender Radikalisierung als Voraussetzung für die Etablierung der NS-Herrschaft.
- *analysieren* Erscheinungsformen und Ziele totalitärer Herrschaft.
- *bewerten* die Mechanismen von Inklusion und Exklusion. (Geschichte)

Der Bildungsplan für den Lernbereich Gesellschaftswissenschaften (2014, 46) in Hamburg definiert hierzu diese Anforderungen. Die Lernenden:
- *treten* für die freiheitlich-demokratische Ordnung *ein* und führen die beiden deutschen Diktaturen als Erfahrungshorizont bei ihrer Ausgestaltung und Fortentwicklung an.

Die Fachanforderungen für das Fach Weltkunde (2015, 22) in Schleswig-Holstein führt im Kompetenzbereich Handlung sogar diese Anforderung auf. Die Lernenden:
- *nehmen* an politischen Entscheidungsprozessen, z. B. auf kommunaler Ebene, aktiv *teil.*

Während der niedersächsische Bildungsplan ‚im Klassenraum' verbleibt und die Partizipation, obwohl sie an prominenter Stelle oftmals als Ziel des Faches aufgeführt wird, nicht normativ in Anforderungen konkretisiert, nimmt der Hamburger Bildungsplan an einzelnen Stellen die außerschulische Partizipation als Anforderung auf – wenn auch sehr vage. Schleswig-Holstein definiert diese Partizipation als Unterrichtsziel, verweist aber auch daraufhin, dass Anteile dieser Kompetenzen außerhalb der Schule zum Tragen kommen. An diesem Beispiel kann aufgezeigt werden, dass durch eine höhere Eindeutigkeit und Klarheit auf der administrativen Ebene die konkrete Unterrichtsarbeit in der Schule unterstützt werden würde.

5. Schlussfolgerungen

Aufgezeigt wurde, dass der Unterricht im Fach Gesellschaftswissenschaften den Beutelsbacher Konsens als normative Grundlage zu achten und umzusetzen hat. Gleichzeitig wurde deutlich, wo und wie Ziele und Intentionen des Faches zum Beutelsbacher Konsens im Spannungsverhältnis stehen und welch große Bedeutung und Verantwortung die einzelne Lehrkraft besitzt. Von Lehrkräften, die als studiertes Fach Geschichte oder Sozialwissenschaften aufweisen, ist mit hoher Wahrscheinlichkeit davon auszugehen, dass der Beutelsbacher Konsens Gegenstand der Lehrkräfteausbildung gewesen ist. Für die Kolleginnen und Kollegen mit dem studierten Fach Geographie trifft das wahrscheinlich überwiegend nicht zu, ebenso für Lehrkräfte, die das Fach gänzlich fachfremd erteilen. Hier müssen administrative Entscheidungen für eine verpflichtende Fortbildung im Kontext der dritten Lehrkräfteausbildungsphase getroffen werden, denn zu bedeutsam ist der Beutelsbacher Konsens und zu groß ist die Gefahr der Überwältigung und Manipulation der Kinder und Jugendlichen unter vermeintlich positiven Unterrichtszielen.

Zwei Spannungsfelder müssen stärker in den Blickpunkt der Forschung gerückt werden. Dazu zählt einerseits das Spannungsfeld zwischen dem Überwältigungsverbot und der Entfaltung von Partizipationsfähigkeiten der Lernenden. So gilt z. B. zu klären, wo die Grenzen bei der Initiierung und Begleitung von realer Partizipation liegen, etwa von Protestaktionen oder der Übernahme von Patenschaften. Andererseits gilt es, das Spannungsfeld zwischen dem Überwältigungsverbot, dem Kontroversitätsgebot und der Werteerziehung in den Blick zu nehmen. So stellen sich etwa bei der Werteerziehung Fragen danach, wie viel Einfluss Lehrkräfte auf die Ausprägung bestimmter Werte besitzen und möglicherweise auch nutzen.

Dazu sollten Best-Practice-Unterrichtseinheiten, die in partizipatorische Projekte münden oder die Werteerziehung in den Lernmittelpunkt stellen, mit Blickrichtung auf die Umsetzung des Beutelsbacher Konsenses analysiert und alle Beteiligten hinsichtlich ihrer Motivation und ihrer Zielvorstellung befragt werden. Daraus würden Erkenntnisse generiert, die als Gelingensbedingungen oder Kriterien generalisiert werden könnten.

Im geschilderten Unterrichtsfall musste Kevin etwas warten, bis ich mich für etwas entschieden hatte. Ich schlug der Klasse vor, dass wir diese These an das Ende der Unterrichtseinheit stellen, um sie hier nochmals aufzugreifen. Es passte nicht wirklich zu meinen anzusteuernden Zielen, aber war diesen auch nicht so fern. Die Schülerinnen und Schüler der Klasse sollten in einer vorbereitenden

Hausaufgabe für sich diese These erschließen, sodass sie die in ihr liegende Wertung erkennen können. Des Weiteren sollten sie für sich entscheiden, ob Geld das Zusammenleben von Menschen „regieren" soll und ob die Art und Weise der Gestaltung der Welt und ihrer Beziehungen mit ihren Wünschen und Interessen übereinstimmen. Darüber haben wir diskutiert, und wieder stand am Ende der Diskussion die Frage: Und jetzt? Was machen wir nun?

Literatur

BERGMANN, Klaus (2000): Multiperspektivität. Geschichte selber denken. Schwalbach/Ts.

FORWERGK, Nikola (2022): Das Schulfach Gesellschaftswissenschaften – eine Bestandsaufnahme. In: Geschichte für heute. Zeitschrift für historisch-politische Bildung 15, S. 17–30.

GAUTSCHI, Peter (2019): Integrationsmodelle – zur Einführung in das Schwerpunktthema. In: Zeitschrift für Didaktik der Gesellschaftswissenschaften 10, H.1, S. 9–19.

JOHANN, Florian/Brühne, Thomas (2021): Die Schulgeographie im Kontext gesellschaftswissenschaftlicher Fächerintegration. Eine Analyse 50-jähriger Koexistenz. In: Zeitschrift für Geographiedidaktik 49, H.2, S. 50–67.

LÜCKE, Martin (2012): Multiperspektivität, Kontroversität, Pluralität. In: Barricelli, Michele/ders. (Hg.): Handbuch Praxis des Geschichtsunterrichts, Band 1. Schwalbach/Ts., S. 281–288.

WEHLING, Hans-Georg (1977): Konsens à la Beutelsbach? Nachlese zu einem Expertengespräch. In: Schiele, Siegfried/Schneider, Herbert (Hg.): Das Konsensproblem in der politischen Bildung. Stuttgart, S. 173–184.

WITT, Dirk u. a. (2019): Netzwerk Fach Gesellschaftswissenschaften. In: Zeitschrift für Didaktik der Gesellschaftswissenschaften 10, H.1, S. 157–162.

WITT, Dirk (2021): Das Fach Gesellschaftswissenschaften. Vernetzendes Denken lernen. In: Geschichte lernen 199, S. 2–9.

WITT, Dirk u. a. (Hg.) (2022): Leitfaden Referendariat im Fach Gesellschaftswissenschaften. Frankfurt/M.

Bildungspläne

FREIE UND HANSESTADT HAMBURG, BEHÖRDE FÜR SCHULE UND BERUFSBILDUNG (Hg.) (2014): Bildungsplan Stadtteilschule, Jahrgangsstufen 5–11. Lernbereich Gesellschaftswissenschaften. Hamburg (Online unter: https://www.hamburg.de/bildungsplaene/nofl/2372648/lb-gesellschaftswissenschaften-sts/; aufgerufen am 9.8.2023).

MINISTERIUM FÜR BILDUNG, WISSENSCHAFT UND KULTUR DES LANDES SCHLESWIG-HOLSTEIN (Hg.) (2015): Fachanforderungen Weltkunde. Allgemein bildende Schulen. Sekundarstufe I. Kiel (Online unter: https://fachportal.lernnetz.de/sh/fachanforderungen/weltkunde.

html?file=files/Fachanforderungen%20und%20Leitf%C3%A4den/Sekundarstufe/Fachanforderungen/Fachanforderungen%20Weltkunde%20Sekundarstufe%20I%20%282015%29.pdf&cid=17034; aufgerufen am 9.8.2023).

NIEDERSÄCHSISCHES KULTUSMINISTERIUM (Hg.) (2020): Kerncurriculum für die Integrierte Gesamtschule Schuljahrgänge 5–10. Gesellschaftslehre. Hannover (Online unter: https://cuvo.nibis.de/index.php?p=download&upload=245; aufgerufen am 9.8.2023).

KARL-CHRISTIAN WEBER

Konsensobjektivität oder Ungewissheit?

Ein Antwortversuch aus moralphilosophischer Perspektive

1. Einleitung

Unterrichte Geschichte so, dass du niemals Schülerinnen und Schüler indoktrinierst, mit ihnen relevante historische Debatten führst und sie in die Lage versetzt, selbst politisch zu partizipieren. So oder so ähnlich lässt sich der Beutelsbacher Konsens als Grundprinzip unseres Unterrichts formulieren. Fachdidaktisch findet diese Forderung ihren Ausdruck im Anspruch nach Multikausalität, Multiperspektivität und Kontroversität guten Geschichtsunterrichts und wird wohl nur selten in Frage gestellt (vgl. Widmaier/Zorn 2016, 10–12). Die Beutelsbacher Prinzipien fordern Möglichkeiten zur offenen Diskussion, gleichzeitig sollen sie für alle gelten, auch für vermeintlich oder tatsächlich nicht mehrheitliche oder mehrheitsfähige Ansichten. Art. 5 Abs. 1 unseres Grundgesetzes gilt so lange, bis er mit Abs. 2 kollidiert – bis zur Strapaze unserer Toleranz. Das Indoktrinationsverbot für Lehrkräfte läuft ins Leere, wo diese ihren Schülerinnen und Schülern vorschreiben, im Namen der Toleranz bestimmte Positionen einnehmen zu müssen. Pluralismus und Meinungsvielfalt in unseren Klassenzimmern hören auf zu existieren, wenn z. B. ein Kurs seiner Geschichtslehrerin oder seinem Geschichtslehrer untersagen möchte, die Entscheidung zur Umbenennung einer Straße zu kritisieren, weil der bisherige Namensgeber historisch ‚umstritten' ist. Der Spagat zwischen Meinungsfreiheit, Pluralismus, Multikausalität, Toleranz, Multiperspektivität, Emotionalität, Kontroversität und gleichzeitiger Gelassenheit ist also ein schwieriger; der folgende Text möchte moralphilosophische Überlegungen anstellen, um der Frage nachzugehen, inwiefern sich im Geschichtsunterricht die Waage entweder zu einer möglichst großen „Konsensobjektivität" (Lübbe 1977; vgl. auch Thünemann im vorliegenden Band) oder dem „Prinzip der Ungewissheit" (Dahrendorf 1972) hinneigen sollte – letzteres setzt (verkürzt dargestellt) voraus, dass wir uns in ständigen Ungewissheiten bewegen, welche wir auch durch noch so angestrengte Wahrheitssuche nie vollständig beseitigen werden können. Nur ein freiheitlicher „Wettbewerb der Meinungen" (Hacke 2004) könne Erkenntnis bewirken, die nicht als letztgültige Wahrheitsversion missverstanden werden sollte, immerhin aber vor einer „Dogmatisierung des Irrtums" (Dahrendorf zit. n. Hacke 2004) schütze.

2. Verbindlichkeit vs. Unsicherheit

Holger Thünemann formulierte auf dem Historikertag 2021: „Was sich in einem freien wissenschaftlichen Diskurs als Konsens etabliert hat, sollte [...] auch in Politik, Gesellschaft und Schule zumindest vorerst [...] nicht mehr als kontrovers gelten." (Thünemann im vorliegenden Band) Das klingt zunächst nach dem Ende historischer Debatten in Schule und Unterricht, bevor sie richtig angefangen haben. Was aber Thünemann damit wohl meint, ist: Am Ende eines Urteilsbildungsprozesses über historische Fragen sollte auch im Geschichtsunterricht so etwas wie ein gemeinsames, vorübergehend allgemein gültiges und verbindliches Ergebnis stehen, das im Sinne von Hermann Lübbe ein Deutungshoheit beanspruchendes Narrativ bildet. Thünemann spricht von einem das o. g. Eingangszitat etwas einschränkenden „zumindest vorläufigen akademischen Konsens", der jedoch „ein hohes Maß an Verbindlichkeit haben sollte." Dem steht gegenüber die Position Ralf Dahrendorfs, dass „wir in einer Welt der Ungewissheit leben, dass niemand weiß, was richtig und was falsch ist und dass wir stets auf der Suche nach neueren und besseren Antworten sein müssen." (Seitz 2018; vgl. Dahrendorf 1972) Wie stark widersprechen sich beide Prinzipien eigentlich? Möglicherweise wäre doch z. B. der Rückzug auf eine sich stets neuen Erkenntnissen anpassende Konsensobjektivität denkbar, welche sich an den hermeneutischen Zirkel anlehnt. Eine solche Konsensobjektivität würde auch unserem gängigen Wissenschaftsverständnis entsprechen: Wissenschaft ist eine Methode und keine Tatsache. Ändern sich die Rahmenbedingungen, kann sich leicht auch ein Ergebnis ändern, welches so lange Gültigkeit beansprucht, bis wiederum neue Erkenntnisse vorliegen usw.

3. Kant und Autorität

Mit welchem Recht sollte eine Geschichtslehrkraft normative Narrative im Unterricht erzeugen? Wenn sich in dieser Hinsicht kein Konsens in einem Kurs abzeichnet, sollen dann Lehrkräfte ihre Schülerinnen und Schüler nicht lenken dürfen? In der Geschichte der Moralphilosophie haben verschiedene Modelle versucht, Leitfäden zu entwerfen, um für nahezu jede Situation richtiges Handeln zu bestimmen. Ein wesentliches Element in diesem System verschiedener

Positionen ist die Pflichtenethik Kants; sie bietet gleich auf zwei Ebenen die Möglichkeit, sowohl das Problem verbindlicher Narrative zu beleuchten als auch das erste Beutelsbacher Prinzip zu begründen: Erstens durch die Prinzipien der Aufklärung und zweitens durch den kategorischen Imperativ, insbesondere in Gestalt der sog. Selbstzweckformel.

„Aufklärung ist der Ausgang des Menschen aus seiner selbstverschuldeten Unmündigkeit. Unmündigkeit ist das Unvermögen, sich seines Verstandes ohne Leitung eines anderen zu bedienen. Selbstverschuldet ist diese Unmündigkeit, wenn die Ursache derselben nicht am Mangel des Verstandes, sondern der Entschließung und des Muthes liegt, sich seiner ohne Leitung eines andern zu bedienen. Sapere aude! Habe Muth dich deines eigenen Verstandes zu bedienen! ist also der Wahlspruch der Aufklärung." (Kant 1784, 481) Die Forderung Kants nach maximaler Mündigkeit bzw. Emanzipation des Individuums verbietet es, dasselbe Individuum in irgendeiner Weise zu indoktrinieren, zu beeinflussen, umzuerziehen usw. Das betrifft sowohl einen gedachten oder tatsächlichen Obrigkeitsstaat als auch die eigene gute Gesinnung, von der man doch selbstverständlich überzeugt ist: Wenn ich selbst weiß, was richtig ist, dann muss ich doch dafür sorgen dürfen, dass die anderen dieses auch verstehen! Kant verlangt von uns jedoch sowohl keine moralische Autorität außerhalb uns selbst anzuerkennen als auch im Umkehrschluss, dass wir auf unsere Mitmenschen keine solche Autorität versuchen auszuüben. Menschen in einer aufgeklärten Gesellschaft müssen selbst erkennen und erkennen können, was sie für richtig bzw. falsch halten oder woran sie zweifeln.

Kant sieht moralische Gesetzgebung in jedem einzelnen Menschen verankert – bekannt ist die Redewendung vom bestirnten Himmel über und dem moralischen Gesetz in uns. Menschen benötigen eine Möglichkeit, aus sich selbst herauszufinden, was moralisch richtiges Handeln sei. Als „Bürger zweier Welten" gehören wir auch zur sog. intelligiblen Welt, in welcher wir als autonome Wesen den Gesetzen der Vernunft unterliegen. Da diese menschliche Vernunft in allen Menschen gleichermaßen angelegt ist und alle Menschen sie benutzen können und sollen, kann eine Art Testverfahren moralisch richtig von falsch trennen. Dieser Moraltest ist der kategorische Imperativ: Wir stellen zunächst eine subjektive Handlungsregel (Maxime) auf, um dann zu analysieren, ob sie sich als allgemeines Gesetz eignen würde. Der Begriff des Gesetzes muss dabei unbedingt als Gebot oder Grundformel, also Regel mit absoluter Geltung verstanden werden, nicht im juristischen Sinne. Eine Maxime, welche den Test besteht, kann ein allgemeines Gesetz werden und ethische Rechtfertigung beanspruchen. Analytisch denkbar ist nun zwar grundsätzlich alles, aber nur, solange es sich nicht selbst widerspricht. Für den kategorischen Imperativ existieren mehrere Formulierungen – uns interessiert hier besonders die sog. Selbstzweckformel (vgl. Weber 2013, 94): Handle so, dass du sowohl dich selbst als auch alle deine Mitmenschen jederzeit zugleich als Zweck, niemals aber nur als reines Mittel zum Zweck gebrauchst. Diese Variante beschreibt Kants Begründung einer universalen Menschenwürde, ihre Prinzipien finden sich nicht nur im deutschen Grundgesetz, sondern auch in der Rechtsprechung wieder – spektakulär, als im Jahre 2006 der Erste Senat des Bundesverfassungsgerichtes Teile des Luftsicherheitsgesetzes von 2005 als mit dem Grundgesetz unvereinbar und nichtig erklärt hat. Denn Würde bedeutet, dass Menschen als autonome Wesen zu jedem Zeitpunkt die volle Kontrolle über ihr Handeln besitzen und stets ihre eigenen Entscheidungen treffen können. In diesem Sinne ist Freiheit eine unbedingte Voraussetzung für ein menschliches Dasein, und das Grundgesetz verpflichtet den Staat, die Würde des Menschen und damit seine Freiheit unter allen Umständen zu verteidigen. Wenn wir daher anderen Menschen, besonders Kindern und Jugendlichen, ggf. aufzwingen, eine bestimmte Deutungshoheit anzuerkennen, missachten wir sie als vollwertige moralische Subjekte. Wir nehmen ihnen damit die Möglichkeit, ihre eigene Vernunft zu entwickeln und zu gebrauchen und entmenschlichen sie im Sinne des Wortes.

4. Jürgen Habermas und Diskursethik

Der deutsche Philosoph und Soziologe Jürgen Habermas steht für einen anderen Ansatz ethischer Positionen, der sich als Verfahrensethik in Form einer Konsenstheorie bezeichnen lässt (vgl. Habermas 2009). Dabei werden Bedingungen aufgestellt, unter denen Normen und Werte gefunden werden – diese können dann Universalität beanspruchen, wenn alle betroffenen Personen ihnen zustimmen. Habermas' Position sollte Lübbe Recht geben. Damit diese Wertefindung als Prozess beginnen kann, müssen Individuen in eine offene Debatte treten und in ihr einen überparteilichen Standpunkt einnehmen. Mit anderen Worten: Ohne Multiperspektivität ist keine Wertebildung möglich. Historische Werteentwicklung erfordert eine breite Debattenkultur im Geschichtsunterricht. Enthält man Schülerinnen und Schülern geschichtliche Kontroversen vor, beschränkt man ihre Möglichkeiten, selbst historische Urteile zu fällen. Es obliegt dann den Debattenteilnehmerinnen und -teilnehmern, mit Hilfe des Diskurses ein Einverständnis über ein bestimmtes Urteil zu erzielen. Und damit das überhaupt möglich wird, müssen bestimmte Voraussetzungen vorliegen: So soll z. B. mit einheitlichen (sinnvollen und korrekten) Begriffen, mit authentischen

Positionen, alles kritisierbar und ohne jeglichen Zwang von außen argumentiert werden. Habermas verlangt uns allen damit viel ab, v. a. wenn man solche Diskurskriterien auf eine ganze Gesellschaft überträgt. Auch stellt sich die Frage nach der Konsensmotivation: Wieso sollte überhaupt ein Diskussionsergebnis erzielt werden, dem alle zustimmen können? Beispiele dafür, dass eine historisch-kontrovers debattierende Gemeinschaft wohl nur sehr selten zu einem auch nur halbwegs eindeutigen Ergebnis und damit zu Konsensobjektivität gelangen würde, gibt es genügend: Sollten Arndt-Straßen in Deutschland umbenannt werden? Wie bewerten wir den Stellenwert des deutschen Kaiserreiches ab 1871 – ist das Bild vom obrigkeitshörigen Deutschen nur ein Klischee? Mitläufer, Profiteure des Systems, Wendehälse – wie ist im Nachhinein Leben und Überleben in einer Diktatur zu beurteilen? Die Mauerschützenprozesse – Siegerjustiz oder gerechte Aufarbeitung? Die Liste ließe sich fortsetzen und sollte deutlich machen, dass es endgültige Antworten auf kontroverse Fragen dieser Art nur sehr selten geben kann und es rote Linien nur sehr selten geben sollte. Und selbst wenn: Wie ist mit denjenigen Personen umzugehen, die trotz intensiver Debatte und Einhaltung der Diskurskriterien sich dem Kompromiss der Mehrheit nicht anschließen können oder wollen? Sowohl moralische Werte als auch historische Urteile besitzen i. d. R. volatilen Charakter, da sie stets nur Ausdruck eines aktuellen Forschungs- und Diskussionsstandes sind. Inwieweit sich aus einem solchen Stand eine Autorität ableiten lässt, ist mindestens fraglich.

5. Das Dilemma mit der Toleranz

Im aktuellen Lehrplan des Landes Baden-Württemberg (2016) ist die Leitperspektive „Bildung für Toleranz und Akzeptanz von Vielfalt (BTV)" verankert: „Der konstruktive Umgang mit Vielfalt stellt eine wichtige Kompetenz für die Menschen in einer zunehmend von Komplexität und Vielfalt geprägten modernen Gesellschaft dar. [...] Kernanliegen der Leitperspektive ist es, Respekt sowie die gegenseitige Achtung und Wertschätzung von Verschiedenheit zu fördern". So lobenswert und sinnvoll eine solche Perspektive ist, so schwierig ist die Frage nach dem konkreten Umgang damit. Im Wechselspiel zwischen Lehrplan bzw. BTV und einer möglicherweise (nicht) zu erzeugenden historischen Deutungshoheit stellen sich zwei Fragen: 1. Widerspricht eine „Erziehung zu Akzeptanz" nicht dem ersten Beutelsbacher Prinzip? Immerhin heißt es ja „Bildung zu Toleranz und Akzeptanz", nicht „oder"! Müssten wir nicht im Sinne der Aufklärung Menschen auch erlauben, solche Werte hochzuhalten, die wir selbst eigentlich ablehnen? 2. Was genau bedeutet überhaupt „Toleranz", und welche Folgen hat diese Begriffsbestimmung für unseren Geschichtsunterricht? Manche mögen die erste Frage als Affront gegen gesellschaftliche, politische und mediale Bemühungen gegen Unwerte wie Rassismus, Sexismus usw., aber auch als antiquiert und in Verruf gekommene Rollen-, Geschichts- und Gesellschaftsbilder empfinden – dennoch muss sie in einer freien Gesellschaft erlaubt sein, und sie klärt sich dann, wenn man der zweiten Frage auf den Grund geht. Für den Ethik- oder ethisch reflektierten Geschichtsunterricht bietet sich hierfür die Toleranzkonzeption Rainer Forsts an. Forst (2000, 119–143) unterscheidet vier Konzeptionen zum Begriff der Toleranz:

1. Erlaubniskonzeption	Die Mehrheit eines Gemeinwesens bzw. einer Gesellschaft gesteht einer Minderheit gewisse Rechte zu, behält sich aber jederzeit vor, diese Minderheitenrechte abzuändern.
2. Koexistenzkonzeption	Geleitet von dem Gedanken, Konflikte im Gemeinwesen zu vermeiden, kooperieren Mehr- und Minderheiten. Je stärker sich die Gruppen ähneln, desto besser scheint diese Konzeption zu funktionieren.
3. Respektkonzeption	Gruppen besitzen einen verbindlichen Werte-Kumulationspunkt; um diesen herum sind sie in der Lage, voneinander abweichende Norm- und Wertvorstellungen als unterschiedlich stehen zu lassen.
4. Wertschätzungskonzeption	Hier respektieren gesellschaftliche Gruppen ihre unterschiedlichen Normen und Werte als ebenbürtig und gleich wertvoll, und zwar auch dann, wenn die Ansichten unterschiedlich sind.

Abb. 1: Vier Konzeptionen zum Begriff „Toleranz" nach Rainer Forst (2000, 119–143)

Diese Konzeptionen kommen zustande, wenn folgende drei Komponenten von Toleranz unterschiedlich starke Rollen einnehmen:

TOLERANZ	
Ablehnung	Verurteilung eigentlich tolerierter oder zu tolerierender Vorstellungen
Akzeptanz	Begründung, warum eigentlich oder gelegentlich abgelehnte Vorstellungen dennoch Geltung beanspruchen dürfen
Zurückweisung	Begründung für Grenzen der Toleranz – Setzen von Grenzen und ihre Durchsetzung

Abb. 2: Drei Komponenten von Toleranz (vgl. Forst 2008, 16)

Ohne Ablehnungskomponente liegt denn auch keine echte Toleranz vor, sondern lediglich meinungslose „Indifferenz oder Bejahung" (ebd.). Anders formuliert, und man muss es deutlich sagen: Kritik gehört zu Toleranz zwingend dazu. Akzeptanz und Toleranz können niemals einfach nur identisch sein, sondern Akzeptanz stellt eine von insgesamt drei Komponenten des Toleranzbegriffes dar. Der Forst'schen Ablehnungskomponente entspricht das, was vulgo als Grenzen der Toleranz bezeichnet wird, und spätestens an dieser Stelle werden gesellschaftliche Debatten interessant, aber auch kontrovers und emotional („Keine Toleranz gegenüber der Intoleranz" usw.). Die baden-württembergische Lehrplan-Leitperspektive BTV jedoch suggeriert abweichend von Forst eine synonyme Bedeutung der Begriffe „Toleranz" und „Akzeptanz", was eine Verkürzung des Toleranzbegriffes darstellt. Je nach Auslegung dieser Leitperspektive ließe sich von Schülerinnen und Schülern abverlangen, ausschließlich Begründungen dafür zu finden, warum fragliche Normen und Werte Geltung beanspruchen dürfen. Unterricht, Schule und Universität wären keine Räume mehr für kritische Auseinandersetzungen, mindestens die ersten beiden Beutelsbacher Prinzipien würden gebrochen und unsere offene Gesellschaft würde zum nur noch Symbolpolitik praktizierenden Gemeinplatz verkommen. Bildungspolitische Bemühungen sollten jedoch diskussions- und auch ergebnisoffen angelegt sein, denn nur, wenn etwas abgelehnt oder zurückgewiesen werden darf, kann es auch freiwillig und aus Überzeugung akzeptiert werden.

Exkurs: Karl Popper und das Toleranz-Paradoxon

Ich scheine eher Dahrendorf zuzustimmen, aber dessen „Ziehvater" (Seitz 2018) Karl Popper bzw. seinen Schlussfolgerungen aus dem Toleranz-Paradoxon widersprechen zu wollen. Es stimmt schon, dass ein Tolerieren z. B. autoritärer Ansichten letztlich dazu führen kann, dass dieselben autoritären Strömungen die Oberhand gewinnen und die ursprünglich tolerante Gesellschaft abschaffen können. Doch abgesehen davon, dass unsere freiheitlich-demokratische Grundordnung sich wohl zu verteidigen weiß – der Umkehrschluss, dass man daher der Intoleranz gegenüber keine Toleranz zeigen dürfe, ist in dieser Formulierung sinnfrei. Als erste Begründung sei wieder Kant mit dem kategorischen Imperativ herangezogen: Eine in sich widersprüchliche Maxime kann niemals universelle Geltung besitzen. Wie soll das funktionieren, tolerant und intolerant gleichzeitig zu sein, um im Namen der Toleranz die Intoleranz auszuschalten? Das Paradoxon lässt sich auf diese Weise jedenfalls nicht auflösen. Und: Welche Toleranzkonzeption liegt der Definition von Intoleranz zugrunde? Wer besitzt die moralische Autorität hoheitlich zu definieren, was noch als tolerant anzusehen ist und was nicht mehr? Popper selbst liefert zwar eine Definition dessen, was er als intolerant bezeichnet (Aufruf zu Gewalt, Diskursverweigerung), doch handelt es sich dabei um seine eigenen, nicht jedoch zwangsläufig auch unsere Vorstellungen. Der Gefahr, unter dem Schlagwort „keine Toleranz der Intoleranz" andere Meinungen zu brandmarken und zu unterdrücken, sollten sich all diejenigen bewusst sein, die es verwenden.

6. Schlusswort

Nach meiner derzeitigen Auffassung ist es mindestens problematisch, im Geschichtsunterricht historische Debatten mit dem Ziel einer Konsensobjektivität führen zu lassen, welche so etwas wie normative Deutungshoheit beanspruchen kann. Das bedeutet nicht das Fehlen jeglicher roten Linien – Faschismus kann nicht historisch relativiert werden, ein völkerrechtswidriger Angriffskrieg lässt sich grundsätzlich nicht rechtfertigen. Vielmehr spreche ich mich für eine Unterscheidung zwischen begründeter Ablehnung z. B. menschenverachtender Systeme einerseits und Zulassung einer grundsätzlichen Offenheit für verschiedene geschichtlicher Standpunkte andererseits aus. Das fordert Kants Prinzip des aufgeklärten und von Autoritäten unabhängigen Denkens ebenso wie die Habermas'sche Vorstellung eines dauerhaften Diskurses in einer freien Gesellschaft. „Ungewiss" im Sinne Dahrendorfs bedeutet nicht zwangsläufig, orientierungslos zu sein, Beliebigkeit das Wort zu reden oder anti-freiheitliche Strömungen zuzulassen; vielmehr ist historische Bildung ein Prozess, der bestimmten (z. B. den Beutelsbacher) Prinzipien folgt und so individuelle und gemeinschaftliche Erkenntnisse in und für die Geschichte schafft. Dieses scheint mir eine immer wichtiger werdende Grundfunktion aktuellen Geschichts- und Ethikunterrichts zu sein: Freiräume zu schaffen für ideologiefreies, offenes Argumentieren. So banal es klingt, so widersprüchlich ist die praktische Umsetzung.

Literatur

DAHRENDORF, Ralf (1972): Ungewißheit, Wissenschaft und Demokratie. In: ders.: Konflikt und Freiheit. Auf dem Weg zur Dienstklassengesellschaft. München, S. 292–315.

FORST, Rainer (2000): Toleranz, Gerechtigkeit und Vernunft. In: ders. (Hg.): Toleranz. Philosophische Grundlagen und gesellschaftliche Praxis einer umstrittenen Tugend. Frankfurt/M., S. 119–143.

FORST, Rainer (2008): Die Ambivalenz der Toleranz. Vom schwierigen Balanceakt zwischen Gleichheit und Differenz. In: Forschung Frankfurt 1/2008, S. 14–21.

HABERMAS, Jürgen (2009): Diskursethik. Philosophische Texte Bd. 3. Frankfurt/M.

HACKE, Jens (2004): Pathologie der Gesellschaft und liberale Vision. Ralf Dahrendorfs Erkundung der deutschen Demokratie. In: Zeithistorische Forschungen 2/2004 (Online unter: https://zeithistorische-forschungen.de/2-2004/4510; aufgerufen am 9.8.2023).

KANT, Immanuel (1784): Beantwortung der Frage: Was ist Aufklärung? In: Berlinische Monatsschrift, S. 481–494.

LÜBBE, Hermann (1977): Geschichtsbegriff und Geschichtsinteresse. Analytik und Pragmatik der Historie. Basel.

MINISTERIUM FÜR KULTUR, JUGEND UND SPORT BADEN-WÜRTTEMBERG (Hg.) (2016): Bildungsplan des Landes Baden-Württemberg. Leitperspektive „Bildung für Toleranz und Akzeptanz von Vielfalt (BTV)" (Online unter: http://www.bildungsplaene-bw.de/,Lde/LS/BP2016BW/ALLG/LP/BTV#BTV; aufgerufen am 9.8.2023).

SEITZ, Norbert: (2018): Bildung ist Bürgerrecht. Ralf Dahrendorfs Leben zwischen Wissenschaft und Politik. In: Andruck. Das Magazin für Politische Literatur v. 8.1.2018 (Online unter: https://www.deutschlandfunk.de/bildung-ist-buergerrecht-ralf-dahrendorfs-leben-zwischen-100.html; aufgerufen am 9.8.2023).

WEBER, Karl-Christian (2013): Ethisch reflektierter Geschichtsunterricht. Kompetenzorientierte Grundlagen und Beispiele. Göttingen.

WIDMAIER, Benedikt/Zorn, Peter (2016): Konsens in der politischen Bildung? Zur Einführung. In: dies. (Hg.): Brauchen wir den Beutelsbacher Konsens? Eine Debatte der politischen Bildung. Bonn, S. 9–13.

ANJA BELLMANN, KATRIN PASSENS

Über die geteilte Stadt sprechen, ohne zu überwältigen

Ein Praxisbericht aus der Gedenkstätte Berliner Mauer

1. Einleitung

Die drei Prinzipien des Beutelsbacher Konsenses (Überwältigungsverbot, Kontroversitätsgebot, Schüler- und Handlungsorientierung) sind in die ‚DNA' der Bildungsarbeit von Gedenkstätten eingegangen. Dies gilt unabhängig von den Diskussionen darüber, den Beutelsbacher Konsens gegenwartsbezogen zu präzisieren und zu differenzieren. Auch die Werteorientierung und/oder der staatliche Auftrag von Gedenkstätten stehen nicht im Widerspruch zum Kontroversitätsgebot als didaktischem Prinzip. Zudem sehen sich Gedenkstätten diversen Erwartungen gegenüber, etwa zu erfahren, ‚wie es gewesen ist', eine ‚Feuerwehr' für Demokratie- und Menschenrechtsbildung zu sein oder Unterricht auszulagern. Es besteht also ein „komplexes Spannungsfeld, innerhalb dessen die pädagogischen Teams an den einzelnen Gedenkorten arbeiten" (Müller/Ruppert-Kelly 2016, 243).

Im Folgenden soll anhand konkreter Praxiserfahrungen in der Gedenkstätte Berliner Mauer die Relevanz des Beutelsbacher Konsenses für das historische Lernen an einem außerschulischen Lernort reflektiert werden. Im Fokus steht dabei die einstündige Überblicksführung *Die Bernauer Straße nach dem Mauerbau*, das am häufigsten gebuchte Bildungsangebot der Gedenkstätte.[1] Dazu werden zunächst die Gedenkstätte und die Leitlinien der Bildungsarbeit vorgestellt und anschließend konkrete Vermittlungsstationen reflektiert. Ein kurzer Ausblick beschließt den Beitrag.

---

1 Ausführliche Informationen zu den Bildungsangeboten sind abrufbar unter https://www.stiftung-berliner-mauer.de/de/gedenkstaette-berliner-mauer/besuch/bildung-vermittlung (aufgerufen am 15.7.2023).

2. Die Gedenkstätte Berliner Mauer an der Bernauer Straße

Die Gedenkstätte Berliner Mauer ist der zentrale Erinnerungsort an die deutsche Teilung.[2] Sie erstreckt sich im Zentrum Berlins entlang der Bernauer Straße und ist der einzige Ort in Berlin, an dem der einstige Grenzstreifen in seiner komplexen Tiefenstaffelung erhalten geblieben ist. Nach 1945 verlief hier die Sektorengrenze entlang der Hausfassaden: Die Häuser auf der einen Straßenseite gehörten zum sowjetischen, der Gehweg davor zum französischen Sektor. In den Tagen nach dem Mauerbau vom 13. August 1961 ereigneten sich hier dramatische Fluchtaktionen. Fotos dieser Aktionen sind damals um die Welt gegangen. Heute verdeutlicht eine Ausstellung zur Bernauer Straße, wie der Bau der Mauer den Stadtraum und die Lebenswege der Menschen zerstörte. Im Gedenkstättengelände sind zahlreiche materielle Reste und historische Spuren zu entdecken. Dort, wo sie nicht mehr vorhanden sind, werden sie durch Nachzeichnungen aus rostig-rotem Cortenstahl wieder sichtbar gemacht. Ereignismarken im Boden verweisen auf besondere Ereignisse.

Zur Gedenkstätte gehören das Denkmal zur Erinnerung an die geteilte Stadt und die Opfer kommunistischer Gewaltherrschaft, das Fenster des Gedenkens und die freigelegten Fundamente des Wohnhauses Bernauer Straße 10a. Auf dem Gelände steht außerdem die Kapelle der Versöhnung. Das Besucherzentrum und das Dokumentationszentrum[3] befinden sich auf der gegenüberliegenden Straßenseite.

3. Leitlinien der Bildungsarbeit

Die Gedenkstätte möchte zur individuellen Auseinandersetzung mit der Geschichte der Berliner Mauer anregen. Über historische Fragestellungen hinaus soll eine differenzierte und gegenwartsbezogene Auseinandersetzung mit den Themen Flucht und Grenzen, Rechtstaatlichkeit und Menschenrechtsfragen sowie mit individuellen Handlungsspielräumen ermöglicht werden. Ziel ist es, vielschichtige Zugänge zum historischen Gegenstand zu eröffnen und Frage- und Gesprächsräume zu schaffen, also gezielt historische Methodenkompetenzen zu fördern.

---

2   Sie ist Teil der Stiftung Berliner Mauer, zu der auch die Erinnerungsstätte Notaufnahmelager Marienfelde, die East Side Gallery, die Gedenkstätte Günter Litfin und das Parlament der Bäume gegen Krieg und Gewalt gehören. Die Aufgaben der Stiftung sind abrufbar unter https://www.stiftung-berliner-mauer.de/de/ueber-uns/stiftung#mauerstiftungsgesetz (aufgerufen am 15.7.2023).

3   Dort wird die Dauerausstellung „1961 1989. Die Berliner Mauer" gezeigt. Zur Entstehung der Gedenkstätte vgl. Schlusche (2015, 164–174).

Ausgangspunkt der Bildungsarbeit ist der historische Ort Bernauer Straße. Anhand der lokalen Geschehnisse, historischer Spuren und biografischer Erinnerungen wird exemplarisch die Bandbreite der Folgen des Mauerbaus aufgezeigt. Die Gedenkstätte bietet ein umfangreiches, inhaltlich wie methodisch differenziertes Bildungsangebot für Kinder, Jugendliche, Erwachsene und Familien. Das Angebot umfasst insbesondere Führungen und Workshops, Zeitzeugengespräche und Projekttage sowie (Fortbildungs-)Veranstaltungen für Multiplikator*innen.

Die Bildungsarbeit folgt eigenen Leitlinien, zu denen an erster Stelle der Beutelsbacher Konsens zählt. Zugleich ergänzen weitere Leitlinien den Beutelsbacher Konsens. Hierzu zählen insbesondere exemplarisches Lernen am historischen Ort, entdeckendes Lernen und Dialogorientierung, Zugänge über Biografien und historische Fotografien eröffnen, Multiperspektivität und Lebensweltbezug. Der Beutelsbacher Konsens und die eigenen Leitlinien werden in den Formatkonzeptionen und in der konkreten Vermittlungsarbeit relevant: In der Art und Weise, wie wir über Vergangenheit und Lebenswege sprechen, wie wir Reflexionsräume öffnen, bekannte Resonanzräume hinterfragen und Narrative aufbrechen, um bisher wenig oder ungehörte Perspektiven einzubeziehen. Im Folgenden wird die praktische Umsetzung der Leitlinien am Beispiel der Überblicksführung mit Jugendlichen skizziert.

4. Die Überblicksführung

Die Führung verdeutlicht am Beispiel der Bernauer Straße die Teilung Berlins und deren Auswirkungen auf das Leben der Menschen. Dabei können anhand der Besonderheiten der lokalen Ereignisse Rückschlüsse auf allgemeinere Aspekte der Teilung Berlins und auf das Leben in der DDR gezogen werden. Gleichzeitig können mögliche Vorannahmen von Teilnehmer*innen am Beispiel der Bernauer Straße differenzierter dargestellt und/oder korrigiert werden.

In der konkreten Ausgestaltung der Führung nehmen die Guides Rücksicht auf den Wissensstand der Teilnehmer*innen. Hierzu liegen ihnen vor der Führung nur die Informationen vor, die bei der Buchung im Onlineformular angegeben wurden. Folglich gehen die Guides zunächst mit den Jugendlichen ins Gespräch und versuchen neben Vorwissen auch Fragen und Interessen aufzunehmen und in die Führung einzubinden. Zentrale Stationen sind das Fenster des Gedenkens, das Denkmal für die geteilte Stadt und die Opfer kommunistischer Gewaltherrschaft sowie die Fundamente des Wohnhauses Bernauer Straße 10a. Um diese herum gestalten die Guides ihre Führung und ergänzen sie um vier bis sechs Stationen. Kurze Stopps wechseln sich mit vertiefenden Stationen ab.

Methodenwechsel sollen Abwechslung schaffen und unterschiedliche Sinne und Lerntypen ansprechen.

Die Gedenkstätte Berliner Mauer ist aufgrund der verhandelten Themen ein emotionaler Ort. Für die Vermittlungspraxis stellt dies eine Herausforderung dar. Insofern sind eine zusätzliche Emotionalisierung oder emotionale Überwältigung durch dramatisierende Formulierungen, Gesten u. a. weder erforderlich noch erstrebenswert. Die Jugendlichen bringen eigene Emotionen mit, die sich in der Gedenkstätte noch verstärken können. Emotionen sind dynamisch, Ort, Guides und Teilnehmer*innen beeinflussen sich wechselseitig. Dessen müssen sich Guides bewusst sein. Sie sollten die „mitgebrachten" positiven und/oder negativen Emotionen zulassen und damit umgehen. „Die völlige Überflutung durch suggestiv herausgeforderte Gefühle zu erreichen, ist unprofessionell. Die eigene Verarbeitung durch Denken und Empfinden im Sinne des Gewinns von Autonomie zu stützen, ist überlegen" (von Borries 2013, 81). Emotionen können wichtige Zugänge eröffnen und Impulse für die weitere Beschäftigung mit Fragen sowie eigene Erkenntnisse sein (vgl. Schröder 2016, 306 f.).

Eine zentrale Rolle in der Vermittlung nehmen das Entdecken von historischen Spuren und die Arbeit mit historischen Fotografien (aus der Bildermappe und im Ausstellungsgelände) ein. Schon beim Eintreffen, spätestens aber in den ersten zehn Minuten der Führung, erblicken die Teilnehmer*innen sich mehrfach überlagernde Zeitschichten: neue Bebauung, Altbauten, Ausstellungselemente und Nachzeichnungen, in situ erhaltene und dislozierte Mauersegmente im Original sowie weitere Reste der Grenzanlagen, von Gehwegen, einer Friedhofsmauer und vieles mehr. Diese unterschiedlichen Zeitschichten und materiellen Spuren gilt es zu entdecken und zu ordnen: Die Jugendlichen schauen sich im Gelände um, suchen nach Resten und Nachzeichnungen und setzen diese mithilfe der historischen Fotos zusammen. Die über Nacht erfolgte Absperrung West-Berlins und die Prozesshaftigkeit des Grenzausbaus bis in die 1980er Jahre lässt sich heute kaum noch vorstellen. Sie werden jedoch durch die konzentrierte Auseinandersetzung mit den historischen Fotografien und biografischen Eindrücken greifbarer. Gemeinsam mit den Guides arbeiten die Jugendlichen heraus, welche Zäsur der Mauerbau für die Menschen, das Leben in der Stadt und für die bestehenden Verbindungen zwischen den beiden Stadthälften darstellte.

4.1 Fenster des Gedenkens

Das Fenster des Gedenkens erinnert an die mindestens 140 Todesopfer an der Berliner Mauer zwischen 1961 und 1989. Es ist ein Ort des individuellen Gedenkens. Mit Portraitfotos, Namen, Geburts- und Sterbedaten erhalten die

Menschen ein Gesicht. Geschlossene Fenster stehen symbolisch für die Personen, deren Geschichten noch unbekannt sind.[4] Es gibt drei Fallgruppen von Todesopfern: Personen, die bei einem Fluchtversuch zu Tode kamen (die größte Gruppe), Personen ohne Fluchtabsicht, die erschossen wurden oder verunglückten, sowie im Dienst getötete DDR-Grenzsoldaten.[5] Letztgenannte Gruppe ist nicht in das Fenster aufgenommen worden; an sie wird auf einer dem Fenster vorgelagerten Stele erinnert. Das Fenster des Gedenkens ist im Rahmen der Führung der aus sich heraus wohl emotionalste Ort. Falls Jugendliche bis dahin noch nicht ganz im Thema angekommen sind, so werden sie angesichts der persönlichen Geschichten spätestens jetzt sehr aufmerksam.

Abb. 1: Fenster des Gedenkens (© SBM, Gesa Simons)

Vor dem Fenster des Gedenkens stellen die Guides den Ort kurz vor und fordern die Jugendlichen auf, sich das Fenster genauer anzuschauen: *Was fällt euch auf?* (z. B. Geschlecht der Abgebildeten, ihr Alter, die Gestaltung des Fensters). Die abgebildeten Fotos werfen bei den Betrachtenden Fragen auf und lösen oft Bestürzung aus: *Warum ist ein Baby abgebildet? Was haben die portraitierten Kinder mit der Mauer zu tun? Warum sind so viele junge Männer unter den Todesopfern? Warum sind*

---

4 Bei der Einrichtung des Fensters des Gedenkens im Jahre 2013 waren 136 Todesopfer bekannt, seitdem sind vier weitere Todesopfer recherchiert worden. Für sie wurde jeweils ein Fenster geöffnet und mit Portraitfoto (sofern recherchierbar), Namen usw. versehen.

5 Ausführlich zur Definition der Fallgruppen und zu den Todesopfern vgl. Hertle/Nooke (2019).

auch ältere Frauen darunter? Die Guides sammeln und ordnen Fragen und Eindrücke. Sie öffnen den Raum auch für Gegenwartsbezüge, die von den Jugendlichen selbst eingebracht werden (z. B. aktuelle Fluchtbewegungen und Fluchtgründe).

Anschließend stellen die Guides anhand der Portraitfotos einzelne Personen vor und geben Einblicke in die jeweilige Biografie und die Todesumstände, bei Flüchtlingen auch in ihre Fluchtmotive. Die Aufgabe des Guides ist „eine stabilisierende Versachlichung" (von Borries 2013, 81), die dem Überwältigungsverbot folgt. Das bedeutet konkret, etwa bei der Beschreibung der jeweiligen Todesumstände, nicht in eine überwältigende ‚Detailfalle' zu tappen und dramatisierende, ausschmückende Formulierungen zu vermeiden. Die Todesumstände selbst sind ausreichend dramatisch. Die Betroffenen sollen hier nicht auf einen ‚Opferstatus' reduziert, sondern vielmehr ihre Lebensumstände in den Fokus gerückt werden. Es lassen sich lebensweltliche Bezüge aufzeigen (z. B. über die Ausbildungs- und Schulsituation, Wünsche und Sehnsüchte, Freizügigkeit) und Einsichten in die Tragweite von Entscheidungen herbeiführen.

Es ist auch aus einem anderen Grund wichtig, den Fokus auf die individuellen Lebensumstände zu legen. Sie sensibilisieren dafür, wie ambivalent Biografien sind. Die Kontroversität der Diskussionen und Entscheidung um die Gestaltung des Fensters des Gedenkens werden durch die Guides offengelegt (Kontroversitätsgebot). Die Jugendlichen reflektieren die Praktiken des Gedenkens. So gehören zu den Todesopfern z. B. auch Personen mit Vorstrafen, die sich durch Flucht einer Strafverfolgung entziehen wollten oder auch solche, die als Inoffizielle Mitarbeiter für das Ministerium für Staatssicherheit tätig waren. Und gleichzeitig finden sich in der Gruppe der im Dienst getöteten DDR-Grenzsoldaten auch Personen, von denen bekannt ist, dass sie nicht aus Überzeugung an der Grenze Dienst taten und mitunter selbst Fluchtabsichten hegten. Hier öffnet sich ein weiterer Reflexionsraum. Kontroversität als ein Prinzip des historischen Lernens bedeutet in der Gedenkstätte auch, einen Prozess in Gang zu setzen, der die jeweiligen Zuschreibungen für ‚Opfer' und ‚Täter' kritisch hinterfragt und zugleich für nicht-auflösbare Widersprüche des Gedenkens sensibilisiert.

4.2 Denkmal zur Erinnerung an die geteilte Stadt und die Opfer kommunistischer Gewaltherrschaft

Nach dem Fenster des Gedenkens geht die Gruppe in der Regel direkt zum Denkmal zur Erinnerung an die geteilte Stadt und die Opfer kommunistischer Gewaltherrschaft. Das nationale Denkmal, das die Inschrift „In Erinnerung an die Teilung der Stadt vom 13. August 1961 bis zum 9. November 1989 und zum Gedenken an die Opfer kommunistischer Gewaltherrschaft" trägt, ist eine künstlerische Überformung eines 70 Meter langen, im Original erhaltenen Teils der Grenzanlagen. Es wird durch zwei Stahlwände gerahmt und ist nicht betretbar. In den Führungen erfolgt zunächst eine räumliche Annäherung, indem die Jugendlichen aufgefordert werden, durch Sehschlitze zu schauen, die hier nachträglich in die Hinterlandmauer (Ost-Seite) eingelassen worden sind. Die Guides geben den Eindrücken der Jugendlichen Raum: *Wie wirkt das Denkmal auf euch? Was erkennt ihr? Seht ihr etwas, das ihr bisher im ehemaligen Grenzstreifen noch nicht gesehen habt?* Wie unter einem Brennglas ist hier die Grenzsituation von 1989/90 festgehalten. Die Reaktionen darauf sind sehr unterschiedlich: Die einen empfinden die Hinterlandmauer als „sehr niedrig", die anderen nehmen vor allem die Tiefe des Grenzstreifens wahr.

Abb. 2: Denkmal der Gedenkstätte Berliner Mauer (© Anja Bellmann)

Zum Denkmal gehört auch ein nachträglich eingelassener originaler Wachturm, typengleich mit dem, der hier einst stand. Der Turm wirft bei Jugendlichen Fragen auf (*Wie viele Personen waren dort im Einsatz? Haben sie dort auch geschlafen?* etc.) und eignet sich daher im Besonderen, das Thema Grenzpolizisten/-soldaten *(Wer waren die Grenzer? Was war ihre Aufgabe? Mussten sie an die Grenze? Was passierte mit denen, die den Dienst an der Grenze verweigerten?)* aufzugreifen und durch eine multiperspektivische Darstellung eine Meinungsbildung zu ermöglichen:

Es gab junge Männer, die aus Überzeugung an die Grenze gegangen sind, genauso wie es solche gab, die es taten, „weil es eben so war". Andere gingen an die Grenze, weil sie sich davon einen Studienplatz versprachen. Und wieder andere sagten bei der Musterung „Nein" zum Grenzdienst. Diesen Mut hatten angesichts im Raum stehender Bedrohungsszenarien nicht viele. Umso wichtiger ist es, dieses Handeln zu erwähnen und gemeinsam zu überlegen, welche Handlungsspielräume es in der Diktatur gab. An der Grenze seinen Wehrdienst abgeleistet und damit zur Absicherung der SED-Herrschaft beigetragen zu haben, hieß nicht zugleich, dass diese jungen Männer dann jeweils auch auf Flüchtlinge geschossen hätten. Es können hier also viele Denkräume aufgemacht werden. Sie müssen ausbalanciert werden, um eine Überforderung der Teilnehmer*innen zu verhindern und ausreichend Gesprächsraum zuzulassen – auch bezogen auf die Gegenwart: *Wo passe ich mich an? Hat das einen Nachteil für jemanden? Warum habe ich mich in einer bestimmten Situation (nicht) verweigert?*

4.3 Fundamente des Wohnhauses Bernauer Straße 10a

Im zweiten Teil der Führung werden die unmittelbaren Auswirkungen der Teilung auf das Leben der Menschen anhand der Fundamente des Wohnhauses Bernauer Straße 10a, historischer Fotos und Lebensgeschichten konkretisiert.

Abb. 3: Grenzhaus (© SBM, Gesa Simons)

Die Reste dieses in den 1880er Jahren erbauten Hauses wurden 2010/2011 freigelegt. Sie werden ergänzt durch eine stilisierte Hausfassade bis zum Hochparterre im Originalmaßstab. Im Souterrain des Hauses befanden sich eine Wohnung und ein Ladengeschäft. Die einstige Nutzung ist in den jeweiligen Freilegungen ausgewiesen.

Die Guides reflektieren zusammen mit den Jugendlichen anhand der historischen Fotografien, dass die Bernauer Straße vor dem 13. August 1961 eine ‚normale' Wohnstraße war und die Anwohner*innen die verschiedenen Besatzungssektoren im Alltag zumeist ohne Probleme passieren konnten. Die Fotos zeigen, wie diese Möglichkeit mit dem Mauerbau versperrt wurde: Die Haustüren wurden schrittweise vernagelt oder vermauert, Zugänge verlegt, Familien, Freund*innen und Nachbar*innen wurden getrennt und konnten nur noch über die Fenster zum Gehweg (West-Berlin) hin miteinander in Kontakt treten. Dann wurden die Wohnungen nach und nach zwangsgeräumt, die Fenster vermauert und schließlich die Häuser bis auf die Erdgeschossfassaden abgerissen. Sie blieben als provisorische Grenzmauer bis in die 1970er Jahre stehen.

Auch ohne weitere Vorkenntnisse können die Jugendlichen die Veränderungen durch genaues Betrachten und Beschreiben der Fotos eigenständig zum Ausdruck bringen. Selbst Gesehenes und artikuliertes Wissen können so besser im Gedächtnis verhaften als von Guides vorgetragene Informationen. Die Fotos dienen nicht der Illustration, sondern werden als historische Quelle eingesetzt. Bewohner*innen seilten sich aus ihren Wohnungen ab oder sprangen aus ihren Fenstern in Sprungtücher der West-Berliner Feuerwehr. Manche Teilnehmer*innen kennen solche Fotos mitunter, stellen häufig aber erst während der Führung fest, dass diese in der Bernauer Straße entstanden sind. Die Jugendlichen lernen Lebensgeschichten wie die von Familie Mathern kennen, die aus ihrer Erdgeschosswohnung der Bernauer Straße 11 geflohen ist. Neben einem Foto der Flucht bietet die Ausstellung im ehemaligen Grenzstreifen hierzu auch Filmaufnahmen und O-Töne der Familienmitglieder. Sie können unmittelbar an den historischen Ort zurückgekoppelt werden, an dem u. a. die Grundrisse des Hauses im Boden nachgezeichnet sind und eine Ereignismarke auf die Flucht hinweist.

Fluchten und staatliche Reaktion darauf sind in einer Wechselwirkung zu verstehen, der Radius der Bewohner*innen wurde binnen kürzester Zeit stetig kleiner, die Menschen hatten nicht viel Zeit, eine ‚richtige' Entscheidung zu treffen. Aber was war die ‚richtige' Entscheidung? Dableiben? Gehen? Welche Gründe hatten die, die geblieben sind? Hieß ‚dableiben und sich arrangieren' zugleich auch ‚sich anpassen'? Die Guides moderieren Gespräche, in denen es um eine multiperspektivische Auseinandersetzung mit Fluchtmotiven geht.

Sie reflektieren das individuelle Abwägen, betrachten die jeweiligen Lebensumstände und Perspektiven. Sie stellen in den Einzelschicksalen auch Verbindendes fest und können reflektieren, welche Auswirkungen staatliches Handeln auf die Menschen hatte. Dabei sollen auch vorgefertigte Stereotypen über beide Gruppen kritisch reflektiert werden, um den Jugendlichen den Erwerb einer eigenen Urteilsfähigkeit zu ermöglichen (vgl. Hammermeister 2016, 173 u. 177). Die Jugendlichen werden dafür sensibilisiert, dass wir heute mit ‚unserem' Blick und ‚unserem' Wissen auf die Zeit und die Entscheidungen der Menschen schauen. Dabei bringen Jugendliche hier oft auch eigene Familiengeschichten ein. Hier ist es an den Guides, Anknüpfungsmöglichkeiten zu schaffen und einen Raum zu öffnen, in dem keine dichotome Darstellung oder gar Bewertungen der Entscheidungen präsentiert werden. Die Motive für das Gehen waren ebenso vielschichtig und individuell wie die Motive für das Bleiben. Ausgehend von der historischen Fluchtsituation bringen die Jugendlichen oft von selbst Vergleiche zur Gegenwart und/oder zur eigenen Lebenswelt in das Gespräch ein, denen Raum gegeben wird.

Das Grenzhaus stellt in der Regel die letzte Station der Führung dar. Abschließend fassen die Guides die Führungsinhalte kurz zusammen, auch mit Blick auf Gegenwartsbezüge, und sammeln die Eindrücke der Jugendlichen. Die Führung soll zur weiteren Beschäftigung mit den verhandelten Themen und zur Weiterentwicklung der eigenen Fragestellungen anregen.

5. Ausblick

Der vorliegende Beitrag hat Einblicke in die Vermittlungspraxis der Gedenkstätte Berliner Mauer gegeben und am Beispiel der Überblicksführung die Relevanz des Beutelsbacher Konsenses für das historische Lernen verdeutlicht.

Gedenkstätten geben im Rahmen ihrer historisch-politischen Bildungsarbeit wichtige Impulse. Sie öffnen Gesprächs- und Reflexionsräume und setzen Lernprozesse in Gang. Was genau in diesen Prozessen passiert, hängt entscheidend davon ab, wie der Gedenkstättenbesuch abgelaufen ist und wie dieser nachbereitet wird: In welcher Form werden die behandelten Themen und die aufgeworfenen Fragen aufgegriffen? Werden sie im Unterricht vertieft? Und werden die Impulse für das Einüben historischer Methodenkompetenz nutzbar gemacht? Können die Jugendlichen ihre eigenen Fragestellungen weiterverfolgen? Werden ausgehend vom historischen Gegenstand weitere Gegenwartsbezüge hergestellt? Und ebenso: Wird in der Familie über den Gedenkstättenbesuch gesprochen? Lassen sich etwaige Familiennarrative mit dem in der Gedenkstätte Erfahrenen in Übereinstimmung bringen?

Damit die in der Gedenkstätte angestoßenen Lernprozesse nachhaltig eine Wirkung entfalten können, ist die Nachbereitung des Besuchs von zentraler Bedeutung. Dafür ist erforderlich, dass Schulen die geeigneten Rahmenbedingungen schaffen (können). Hierzu gehören: ausreichend Zeit haben für die inhaltliche Nachbereitung des Besuchs, auch gemeinsam mit den Gedenkstätten; den „Erfahrungsraum" Gedenkstätte und die Begegnung mit dem historischen Ort reflektieren; weitere Perspektiven und Quellen einbeziehen; andere außerschulische Lernorte kennenlernen.

Die inhaltliche Vorbereitung des Gedenkstättenbesuchs ist keine Voraussetzung dafür, dass die in den Gedenkstätten gesetzten Lernimpulse fruchtbar gemacht werden können. Sie trägt aber wesentlich dazu bei, dass der historische Ort und die biografischen Zugänge mit dem bereits Bekannten verknüpft und kontextualisiert werden können. Zudem sollte den Jugendlichen bereits im Vorfeld des Besuchs die Gedenkstätte mit ihren Themen vorgestellt werden. Im Idealfall sind die Jugendlichen selbst an der Auswahl des außerschulischen Lernortes und des Programms beteiligt.

Literatur

BORRIES, Bodo von (2013): Hände weg vom „Beutelsbacher Konsens"! In: Erinnern! Aufgabe, Chance, Herausforderung. 1/2013, S. 79–91.

HAMMERMEISTER, Juliane (2016): Macht- und Herrschaftsverhältnisse. Ein blinder Fleck des Beutelsbacher Konsenses. In: Widmaier, Benedikt/Zorn, Peter (Hg.): Brauchen wir den Beutelsbacher Konsens? Eine Debatte der politischen Bildung. Bonn, S. 171–178.

HERTLE, Hans-Hermann/Nooke, Maria (Hg.) (2019): Die Todesopfer an der Berliner Mauer 1961–1989. Ein biographisches Handbuch. Berlin.

MÜLLER, Fabian/Ruppert-Kelly, Martina (2016): „Die Kinder sollen das ruhig mal nachempfinden können." Thesen zur Bedeutung des Beutelsbacher Konsenses in der Gedenkstättenpädagogik. In: Widmaier, Benedikt/Zorn, Peter (Hg.): Brauchen wir den Beutelsbacher Konsens? Eine Debatte der politischen Bildung. Bonn, S. 242–250.

SCHLUSCHE, Günter (2015): Vom Mauerfall zur Gedenkstätte Berliner Mauer – Zur Entstehung eines urbanen Gedenkraumes. In: Klausmeier, Axel (Hg.): Die Berliner Mauer – Ausstellungskatalog der Gedenkstätte Berliner Mauer. Berlin, S. 164–174.

SCHRÖDER, Achim (2016): Emotionale und intersubjektive Dimensionen der (jugendlichen) Urteilsbildung. Zur Kritik am „Neutralitätsgebot" des Beutelsbacher Konsenses. In: Widmaier, Benedikt/Zorn, Peter (Hg.): Brauchen wir den Beutelsbacher Konsens? Eine Debatte der politischen Bildung. Bonn, S. 303–313.

Kontextualisierungen

THOMAS SANDKÜHLER

Getrennte Konsense

Die bundesdeutsche Geschichtsdidaktik und die politische Bildung (nicht nur) in den 1970er und 1980er Jahren

1. Einleitung

Die in diesem Band dokumentierte Sektion möchte den Beutelsbacher Konsens geschichtsdidaktisch diskutieren. Diese Diskussion soll ergebnisoffen sein. Doch deutet die Formulierung der Sektionsleitung, es sei „didaktisch sinnvoll und bildungspolitisch gefordert, dass sich Geschichtslehrkräfte an den Prinzipien des Beutelsbacher Konsenses orientieren", da

„Überwältigungsverbot, Kontroversitätsgebot und die Befähigung zum politischen Handeln als Richtlinien verstanden werden [könnten], wie gesellschaftliche Deutungskämpfe über historische Phänomene im Unterricht zu thematisieren sind"[1],

auf die Wertschätzung des Konsenses als mögliche Grundlage einer historischen Bildung hin, die sich am Demokratiepostulat orientiert. Beutelsbach ist aber zunächst nur ein Ort in Baden-Württemberg, kein didaktischer Begriff, und über Abgrenzungskriterien hinaus enthält der dort formulierte Konsens m. E. wenig Konstruktives für die Geschichtsdidaktik.

Allemal macht die Sektion – man sehe mir die saloppe Formulierung bitte nach – ein riesiges Fass erneut auf, nämlich die vor fünf Jahrzehnten intensiv geführte Debatte um das Verhältnis von Geschichts- und Politikunterricht, politischer und historischer Bildung. So erinnert das Zitat weiter oben nicht von ungefähr an ein Plädoyer Karl-Ernst Jeismanns und anderer für die politische Bildung aus dem Jahr 1978:

---

[1] Zit. n. Programm der Sektion „Deutungskämpfe austragen! Der Beutelsbacher Konsens und seine Bedeutung für den Geschichtsunterricht" beim 53. Deutschen Historikertag im München, 6.10.2021 (Online unter: https://www.historikertag.de/Muenchen2021/sektionen/deutungskaempfe-austragen-der-beutelsbacher-konsens-und-seine-bedeutung-fuer-den-geschichtsunterricht/?cookie-state-change=1671529996746; aufgerufen am 9.8.2023).

„Der politische Unterricht im eigentlichen Sinne beginnt [...] erst auf der Basis potentieller demokratischer Teilhabe aller an der politischen Willensbildung. Deshalb wird hier eine didaktische Grundlegung nicht für bestimmte Schularten, sondern für den Geschichts- und Politikunterricht aller Schulen versucht." (Behrmann u. a. 1978, 11)

Die Autoren befanden sich diesbezüglich im Mainstream der didaktischen Diskussion. Laut Joachim Rohlfes (1975, 156) bestritten „nicht einmal seine ärgsten Kritiker", dass das „Fach Geschichte gewichtige Beiträge zur politischen Bildung zu leisten vermag."

War es Jeismann und anderen ernst mit der Demokratisierung der Bundesrepublik? Was verstanden sie folglich unter Demokratie? Führte man womöglich das hehre Ziel der Demokratie rhetorisch ins Feld, um die gewünschte Vorrangstellung der politischen Bildung gegen Kritik abzuschirmen? Jedenfalls, und darin liegt aus meiner Sicht das eigentliche Problem, besteht anscheinend eine ungebrochene Bereitschaft der Geschichtsdidaktik, sich der politischen Bildung unterzuordnen.

Gibt es tragfähige Argumente für ein solches Hierarchieverhältnis, das im Bindestrichbegriff der „historisch-politischen Bildung" längst Alltagsgewissheit angenommen hat? Soweit ich sehe, ist die Kritik an dieser Pseudosynthese weitgehend verstummt, mit Ausnahme von Hans-Jürgen Pandel, der von seinen schon damals formulierten Vorbehalten gegen die politische Bildung kein Jota abgewichen ist (vgl. Pandel 2021, 84).

Sicher: In der Praxis von Historiographie und Unterricht waren Politik und (jüngste) Geschichte spätestens seit dem Deutschen Kaiserreich eng aufeinander bezogen. Das hatte aber kontingente historische Gründe, von denen gleich noch die Rede sein wird.

Sicher: Es gibt die jahrzehntealte kultusministerielle Konvention, Geschichte, Geographie und Politik zum gesellschaftswissenschaftlichen Bereich zusammenzufassen (vgl. KMK o. J.). Die Gemeinsamkeiten insbesondere von Geschichte und Politik sind aber bei näherem Hinsehen nicht so bedeutsam, dass man von einer historisch-politischen Domäne im Sinne der Kompetenzbegrifflichkeit sprechen könnte (vgl. Weißeno/Ziegler 2022).[2]

---

2 Das Ziel des Handbuchs, ein „gemeinsames Dach für die Fachdidaktiken der Gesellschaftswissenschaften zu bauen", wird bereits durch die einleitenden Artikel von Andreas Körber (S. 3–16) und Peter Massing (S. 17–32) über Kompetenzmodelle in der Geschichts- und Politikdidaktik infrage gestellt, die kaum Gemeinsamkeiten aufweisen. Die beiden Fächer werden auch im weiteren Handbuch getrennt abgehandelt, mit Ausnahme eines pädagogisch-psychologischen Methodenteils am Schluss (ab S. 375).

Wenn demnach nur politische Traditionen für eine politikdidaktische Überwölbung der Geschichtsdidaktik sprechen, müssen ebendiese Traditionen näher analysiert werden. Der Schwerpunkt meines Aufsatzes liegt auf den 1970er und 1980er Jahren, der formativen Phase heutiger Geschichtsdidaktik. Darüber hinaus soll gezeigt werden, mit welchen Problemstellungen die heutige Geschichtsdidaktik (wieder) konfrontiert ist. Um es vorwegzunehmen: Demokratie sollte im Mittelpunkt des schulischen Lernens stehen, aber nicht als politisch-normatives Programm, sondern als geschichtlicher Prozess, an dem auch unser eigenes Fach, die Geschichtsdidaktik, partizipiert hat. Sie erhält beim Blick auf die Demokratiegeschichte Gelegenheit zur Selbstreflexion (vgl. Sandkühler 2016, 431 f.).

2. Pfadabhängigkeiten: Geschichte als politische Bildung

Politische Bildung hat in Deutschland eine staatsnahe, überwiegend demokratieferne Tradition. In der Weimarer Republik praktizierte die Reichszentrale für Heimatdienst eine Mischung aus Sachaufklärung über verschiedene Politikfelder und staatsbürgerlicher Propaganda, deren Leitsterne Gemeinwohlformeln wie die „Volksgemeinschaft" waren. Geschichtspädagogen wie Erich Weniger verstanden darunter ein republikanisches Ideal, aber der Begriff war für viele Auslegungen offen, auch für die später dominierende völkische Richtung (vgl. Sandkühler 2023, 194–199; Mütter 1989; Retterath 2016). Die Reichszentrale durfte keinen emphatischen Demokratiebegriff verwenden, weil dieser nach zeitgenössischem Verständnis das Gebot der Überparteilichkeit verletzte.[3]

Günter Behrmann u. a. (1978, 11) haben behauptet, ein „die je bestehende politische Ordnung wie die Rechte und Pflichten der Bürger behandelnder politischer Unterricht" sei in den „zwanziger Jahren des 20. Jahrhunderts in den Fächerkanon der Schulen aufgenommen" worden. Diese Darstellung ist zumindest missverständlich. Zwar gab es das Verfassungsgebot eines eigenständigen Schulfachs Staatsbürgerkunde[4], doch wurde dieses Fach nie eingeführt und so lief

---

3 Der Reichstag verpflichtete die Reichszentrale 1921 „zur sachlichen Aufklärung über außenpolitische, wirtschaftspolitische, soziale und kulturelle Fragen, und zwar nicht im Geiste einzelner Parteien, sondern vom Standpunkt des Staatsganzen." Entschließung des Reichstags, 5.7.1921, zit. n. Wippermann (1976, 236).

4 „In allen Schulen ist sittliche Bildung, staatsbürgerliche Gesinnung, persönliche und berufliche Tüchtigkeit im Geiste des deutschen Volkstums und der Völkerversöhnung zu erstreben. Beim Unterricht in öffentlichen Schulen ist Bedacht zu nehmen, dass die Empfindungen Andersdenkender nicht verletzt werden. Staatsbürgerkunde und Arbeitsunterricht sind Lehrfächer der Schulen. Jeder Schüler erhält bei Beendigung der Schulpflicht einen Abdruck der Verfassung." Art. 148 Weimarer Reichsverfassung v. 10.2.1919.

daher die Verfassung in diesem Punkt leer. Stattdessen setzte man wilhelminische Praktiken fort. Im späten Kaiserreich war dem gymnasialen Geschichtsunterricht aufgegeben worden, Monarchie und Herrscherhaus durch eine stärkere Berücksichtigung der Zeitgeschichte zu legitimieren (vgl. Schneider 1982, 159). Der in weiten Teilen des Schulsystems ohnedies halbherzige Austausch von Inhalten kam gegen diese Tradition nicht auf. Indem auch in der neuen Demokratie die zeitgeschichtlich-politische Bildung den Geschichtsunterricht dominierte, eröffnete eine timide Bildungspolitik der meist konservativen Gymnasiallehrerschaft die Möglichkeit, die Weimarer Republik in die nationale Tradition einzuordnen, die staatsbildende Funktion von Novemberrevolution und Weimarer Demokratie jedoch zu leugnen oder zu verurteilen (vgl. Sandkühler 2023, 200).

Von der über weite Strecken positivistischen und staatskonservativen Geschichtswissenschaft der Weimarer Republik waren keine Neuerungsimpulse zu erwarten (vgl. Blanke 1991, 520–573). Hieran übte Erich Weniger (1926), neben seinem Lehrer Ernst Nohl der wichtigste Vertreter der geisteswissenschaftlichen Pädagogik in der Weimarer Republik, verhaltene Kritik.

Weniger war ein typischer Vernunftrepublikaner (vgl. Mütter 1989, 134). Er hielt Überparteilichkeit, auch gegenüber der jungen Demokratie, für ein Gebot der Stunde und leitete daraus seine Forderung nach einer relativ autonomen „Erziehungswirklichkeit" ab.

Das war ein ambivalenter Begriff. Einerseits setzte Weniger die Erziehungswirklichkeit als gedanklich gegeben voraus und erwartete daher vom Staat, dass er „pädagogischen Gesetzen" folgte. Andererseits war Wenigers Staat – diesbezüglich die NS- und SED-Diktaturen vorwegnehmend – ein Erziehungsstaat (vgl. Kössler 2022, 15 f.), dem es oblag, die Erziehungswirklichkeit allererst zu schaffen:

„Wenn der Staat als eine Bildungsmacht, als Träger objektiver Gehalte in die Erziehung eintritt, so unterliegt er auch den pädagogischen Gesetzen, an die die Erziehung zu solchen objektiven Gehalten [...] gebunden ist. [...] [D]er Erziehungserfolg hängt [...] davon ab, ob es dem Staate gelingt, sich selbst in seiner Wirklichkeit als erzieherische Kraft zum Einsatz zu bringen [...], ob der Staat zum Bildungsgut werden kann. [...] Nicht der Staat, wie er in den anderen Seiten seiner Existenz ist, sondern wie er sich seine Schule schafft, man kann sagen, wie er als Schule ist, ist erster Gegenstand der Bildung. [...] [D]ie Jugend muß den Staat in seiner Schule achten und lieben können, muß ihn in der Form der Schule [...] erleben, die Haltung der Lehrer, die Behandlung der Schüler, der Ton des Umgangs, alles ist ihr ein Bild des Staates." (Weniger, zit. n. Mütter 1989, 137)

Politische Bildung sollte die „Volksgemeinschaft" der Bürgerinnen und Bürger verwirklichen helfen. Im Geschichtsunterricht sollten sich die Schülerinnen und Schüler mit ihrem persönlichen Leben „in die historische Zeit" einbringen, also durch eine Analyse aktueller Zeitumstände „Geschichte als Aufgabe" sehen lernen:

„Der Geschichtsunterricht will dem einzelnen, der Generation, dem Volk die nächstliegende Aufgabe, den Punkt des eigenen Einsatzes und des verantwortlichen Handelns zeigen. Individuum, Generation, Volk sollen sich selbst durch den Geschichtsunterricht als Faktoren des geschichtlichen Lebens begreifen und die in der Zeit gegebene Aufgabe in ihren Willen aufnehmen." (Weniger, zit. n. Mütter 1989, 140)

Pädagogisch folgte hieraus,

„daß die Verantwortung des Einzelnen und der Generation mit der Tatsache des Geschichtsunterrichts von vornherein schon in Beziehung gesetzt ist zu Staat *und* Volk, *daß die geschichtliche Aufgabe auch des Einzelnen hier von* Staat und Volk *aus gesehen wird."* (Weniger, zit. n. Mütter 1989, 141; Hervorhebung i. Orig.)

Die Annahme einer organischen Einheit von Individuum und Staat, die eine enge Verbindung zwischen Geschichte und politischer Bildung nach sich ziehe, war weit entfernt von der Demokratie, in der Rechtsordnung und parlamentarische Repräsentation die Autonomie der Gesellschaft gegenüber dem Staat gewährleisten. Im paternalistischen Erziehungsstaat Wenigers war politische Bildung die Verpflichtung zur Gemeinschaft. Vermutlich ungewollt transponierte Weniger insoweit staatliche Vorgaben für die politische Bildung Erwachsener in den Bereich von Schule und Jugendbildung, aus der sich die „Reichszentrale für Heimatdienst" bewusst heraushielt (vgl. Sandkühler 2023, 195).

Die Bundesrepublik knüpfte an diesen Traditionen an. Die Geisteswissenschaftliche Pädagogik erlebte eine paradoxe Blüte. Sie berief sich auf humanistische Traditionen, die vom Nationalsozialismus vermeintlich nicht kontaminiert waren. Unterschieden wurde zwischen dem subjektiven Geist, dessen Hervorbringungen sich als Traditionen oder Kristallisationen gesellschaftlich verfestigt hätten, und dem so entstandenen objektivem Geist, zu dem sich das Subjekt, hier der Zögling, zu verhalten habe. Weniger hielt am Konzept der Erziehungswirklichkeit fest, die als pädagogisch gestaltete Wirklichkeit der ‚objektiven' gesellschaftlichen Realität entgegengesetzt werden konnte (vgl. Oelkers 1998, 221). Diese Pädagogik verband „Wertkonservativismus mit gemäßigtem pädagogischem Optimismus" (ebd., 222), wich aber einer Auseinandersetzung mit der NS-Diktatur aus.

Wiederanknüpfung prägte auch die Geschichtswissenschaft. Neuerungsimpulse gingen zunächst vorrangig von der damals noch jungen Zeitgeschichtsforschung aus. Sie war von den Westalliierten mit dem Auftrag institutionalisiert worden, über den NS-Staat aufzuklären sowie Entnazifizierung und Demokratisierung mit ihren Mitteln voranzutreiben (vgl. Beer 2005). Ähnliche Ziele verfolgte das Braunschweiger Institut für Schulbuchforschung in seinem Bemühen, neue Lehrmittel zu entwickeln und die in früheren Schulbüchern enthaltenen Feindbilder gegen „den Westen" zu überwinden (vgl. Fuchs u. a. 2018).

Zeitgeschichte hatte also in Deutschland einen eminent pädagogisch-legitimatorischen Auftrag:

„Die Diskussionen der (west-)deutschen Historiker/innen über den Begriff der Zeitgeschichte und die Bestimmung der Zeitgeschichte als Epoche verdient besondere Aufmerksamkeit, weil diese Diskussionen hier auffallend intensiv geführt wurden, was mit der starken Tradition des Historismus einerseits zu tun hat, andererseits aber immer auch der Tatsache geschuldet war, dass die Zeitgeschichte mehr als anderswo politisch-pädagogische Aufgaben wahrnahm. Indem sich die zeithistorische Forschung nach 1945 zunächst vor allem auf die Zeit zwischen 1917/18 und 1933 konzentrierte, trug sie zur Legitimierung und Stabilisierung des westdeutschen Staats als (wehrhafte) Demokratie bei, was durch die Abgrenzung vom Nationalsozialismus verstärkt wurde." (Metzler 2014)

Die vermeintlich selbstverständliche schulische Zusammengehörigkeit von Geschichte und Politik wurde durch Aufgabe und Prestige der Zeitgeschichte verstärkt. Konsequenterweise sollte „Gemeinschaftskunde", als sie später verbindlich gemacht wurde, im Geschichtsunterricht der gymnasialen Oberstufe stattfinden (vgl. Anweiler u. a. 1992, 385 f.).

In den 1950er Jahren war die zeitgeschichtliche Bildung noch nicht normiert. Sofern der NS-Staat, jenseits von Kriegserzählungen, überhaupt thematisiert wurde, schrieb man Diktatur und Krieg Adolf Hitler zu und nahm das deutsche Volk gegen (Kollektiv)Schuldvorwürfe in Schutz (vgl. Sandkühler 2015, 39–45). Mit demokratieförderlicher politischer Bildung hatte das nichts zu tun, umso mehr aber mit der „Vergangenheitspolitik" des Bundeskanzlers Konrad Adenauer und seiner Entourage. Sie verfolgten das Ziel, die ehemaligen NS-Herrschaftseliten in den jungen Staat zu integrieren (vgl. Frei 1996). Trotz einiger vielversprechender Ansätze der Bundeszentrale für politische Bildung,

die anfänglich noch Bundeszentrale für Heimatdienst geheißen hatte (vgl. Sandkühler 2023, 202), kam die „Aufarbeitung der Vergangenheit" nicht voran.
 Das änderte sich fast schlagartig seit Ende des Jahrzehnts, als der Philosoph Theodor W. Adorno seinen gleichnamigen Rundfunkvortrag hielt. Folgende Ereignisse sind hervorzuheben:
- Jugendliche verübten antisemitische Straftaten erheblichen Umfangs, die einen nachweislich rechtsradikalen Hintergrund hatten. Die skandalösen Hakenkreuzschmierereien, von Adenauer als Dummejungenstreiche verharmlost, schadeten dem deutschen Ansehen im Ausland, wiesen auf Defizite des Schulunterrichts hin und riefen nach bildungspolitischer Intervention (vgl. Schildt 2005).
- Der eklatante Widerspruch zwischen der Realpräsenz nationalsozialistischer Geschichte und ihrer Protagonistinnen und Protagonisten im öffentlichen Raum und ihrer fortwährenden Beschweigung in den Familien und Universitäten führte zu einer Kommunikationskrise zwischen der Erlebnisgeneration des NS-Staates und den um 1940 geborenen Kriegskindern, die ebenfalls seit Ende der 1950er Jahre zutage trat und sich während des kommenden Jahrzehnts zuspitzte (vgl. Frei 2018, 77–88).
- Ehemalige Hitlerjungen und Flakhelfer der Jahrgänge um 1930 – heute meist „45er" genannt – traten in ihre Berufe in Wissenschaft, Politik und intellektuellem Leben ein. Diese Männer hatten maßgeblichen Anteil am Aufbau und an der Verwestlichung der Bundesrepublik. Viele von ihnen engagierten sich für die Aufarbeitung der NS-Geschichte, übten aber kaum individuelle Kritik an den ehemaligen NS-Eliten (vgl. Moses 2000; Nolte 2012, 298–302). Der im Ereignis „1968" mündende Konflikt umfasste folglich nicht nur zwei, sondern drei politische Generationen (vgl. Herbert 2003a): die sog. Kriegsjugendgeneration, aus der sich die NS-Eliten rekrutiert hatten, die „45er" und die „68er".
- Der Prozess gegen Adolf Eichmann in Jerusalem hatte ein weltweites mediales Echo und gelangte durch das Fernsehen in eine anfänglich noch kleine Zahl westdeutscher Wohnzimmer. Seitdem waren neue Medien wichtige Faktoren der Geschichtsvermittlung. Sie sind es bis heute geblieben (vgl. Bösch 2010, 428–431).
- Der Frankfurter Auschwitz-Prozess und zahlreiche weitere Strafprozesse wegen nationalsozialistischer Gewaltverbrechen zeugten vom ernsthaften Bemühen meist jüngerer Staatsanwälte, die Verbrechen des „Dritten Reiches" strafrechtlich zu ahnden (vgl. exempl. Beeker 2016). Diese Prozesse lieferten dem studentischen Protest weitere Nahrung, wenngleich er die

empirische Auseinandersetzung mit dem „Faschismus" scheute und von den Prozessen, im Unterschied zu Journalisten, Schriftstellern und zahlreichen Schulklassen, kaum Notiz nahm (vgl. Pendas 2013).

Der „45er"-Generation entstammten Geschichtsdidaktiker wie Friedrich Lucas, Rolf Schörken und Joachim Rohlfes (vgl. Sandkühler 2014a, 16 f.). Lucas, der die bundesweit erste Professur für Geschichtsdidaktik bekleidete, kritisierte die ausbleibende Vergangenheitsbewältigung (vgl. Sandkühler 2022, 111). Er verband seine Absage an kollektives Schweigen indes mit einer Abkehr von der politiknahen Zeitgeschichte, indem er Anschluss an die französische Schule der Annales suchte. Diese Kombination von Aufklärungsprimat und „longue durée" war eher untypisch, weil Kritik an der „Unfähigkeit zu trauern" sich seinerzeit meist mit einer Wertschätzung der Zeitgeschichtsforschung verband (vgl. Mitscherlich 1967).

Lucas stand gedanklich der Sozial- und Gesellschaftsgeschichte näher, die sich etwa gleichzeitig von der späthistoristischen Geschichtswissenschaft emanzipierte (vgl. Hitzer/Welskopp 2010). Mit ihrer Betonung von Rezeptions- und Deutungsprozessen als notwendigen Bestandteilen historischen Denkens bereiteten Lucas und Schörken darüber hinaus das Terrain für den spektakulären Erfolg der geschichtsdidaktischen Leitkategorie Geschichtsbewusstsein (vgl. Schörken 2017a, 231 u. 237; van Norden 2018, 156–171).

Zu deren Begriffsgeschichte gehörte die These, dass historisches Denken von der Gegenwart ihren Ausgang zu nehmen habe und auf antiquarische Faktenvermittlung verzichten könne. Diesbezüglich gab es eine lange Kontinuitätslinie auch deterministisch-herrschaftlichen (später völkischen) Geschichtsdenkens, die jedenfalls bis zur kaiserzeitlichen Institutionalisierung des Zeitgeschichtsunterrichts zurückreicht (vgl. Sandkühler 2023, 201).

Zur Begriffsgeschichte gehörte ferner die philosophische Hermeneutik Hans-Georg Gadamers mit ihrer Hervorhebung von Tradition (im Sinne einer zur Gegenwart hinführenden Deutungskette) und retrospektiver Sinngebung, von Horizontverschmelzungen zwischen fremdartiger Vergangenheit und deutender Gegenwart. In der handlungstheoretischen Lektüre des Frankfurter Sozialphilosophen Jürgen Habermas spielte Gadamers Hermeneutik eine Schlüsselrolle. Diese Lektüre präformierte die Rezeption der narrativen Geschichtstheorie in der Bundesrepublik, wie sie die Philosophen Wilhelm Schapp und Arthur Danto formuliert hatten (vgl. Sandkühler 2024, i.E.).

Die Neuerungen der 1960er Jahre hatten einen soliden Grund in teils durchgreifenden Reformen des Bildungswesens, das „Schritt für Schritt zum integralen

Bestandteil der sozialstaatlichen Gesellschaft- und Wirtschaftsordnung" (Führ 1998a, 14) wurde. Bildungspolitik war das mit Abstand wichtigste Politikfeld der 1960er Jahre. Sie war „Gesellschaftspolitik" (Metzler 2005, 181). Treibender Faktor war hierbei das Erfordernis, genügend Fach- und Führungskräfte für die wachsende westdeutsche Industriegesellschaft heranzubilden. Nur durch eine erhebliche Verbreiterung des weiterführenden Schulbesuchs glaubte man, in der Systemkonkurrenz des Kalten Krieges bestehen zu können („Sputnik-Schock"). Adenauers Nachfolger Ludwig Erhard erklärte 1963, Fragen von Bildung und Forschung hätten für die heutige Gesellschaft denselben Rang wie die Industrialisierung für diejenige des 19. Jahrhunderts (vgl. Führ 1998a, 15).

Folgende Weichenstellungen sind hervorzuheben:
- 1957 wurde der Wissenschaftsrat gegründet. Er übernahm zunehmend wichtige Lenkungsaufgaben und bereitete der Expertokratie der zwei folgenden Jahrzehnte den Boden (vgl. ebd., 14; Metzler 2005, 164–170).
- Der „Deutsche Ausschuss für das Erziehungs- und Bildungswesen" erstellte 1959 einen „Rahmenplan zur Umgestaltung und Vereinheitlichung des allgemeinbildenden öffentlichen Schulwesens" (Führ 1998b, 78).
- Hierauf baute die Saarbrücker Rahmenvereinbarung der Kultusministerkonferenz „zur Ordnung des Unterrichts auf der Oberstufe der Gymnasien" von 1960 auf. Sie führte, vor dem Hintergrund der Synagogenschmierereien, ein Pflichtfach „Gemeinschaftskunde" für Schülerinnen und Schüler der Oberstufe ein (vgl. Gass-Bolm 2005, 188–191). Der „Rahmenplan" für das neue Fach legte fest, dass Politik vorrangig in den Fächern Geschichte, Geografie und Sozialkunde unterrichtet werden sollte, wobei Geschichte als wichtigstes Bezugsfach das „Erfahrungsfeld politischer Bildung" eröffnen sowie „das Wesen des Politischen und den in seinem Handeln freien und gebundenen Menschen" sichtbar machen sollte. Inhaltlich orientierte man sich an der damals tonangebenden Theorie totalitärer Diktaturen (vgl. Sandkühler 2017, 19 f.). Ab 1963 setzten Bundesländer wie Hessen Bildungspläne für Gemeinschaftskunde in den Abschlussklassen des Gymnasiums in Kraft. Da es an ausgebildeten Lehrkräften fehlte, bestand an den Schulen jedoch das ‚epochale', fachweise Unterrichtsprinzip fort (vgl. Sabiwalski 1970). Den Schritt zur tatsächlichen Integration vollzogen in diesem bildungsreformfreudigen Bundesland erst die Rahmenrichtlinien Gesellschaftslehre Anfang des kommenden Jahrzehnts (vgl. Cobet 1974).
- In seiner einflussreichen Artikelserie „Die deutsche Bildungskatastrophe" forderte der Philosoph Georg Picht 1964, die Zahl der Abiturientinnen und Abiturienten zu verdoppeln. Das gelang in nur zehn Jahren (vgl. Führ

1998a, 15). Pichts Intervention war insofern eine Zäsur, als der Verfasser – ebenso wie kurz darauf der Soziologe Ralf Dahrendorf mit seiner griffigen Formulierung vom Bürgerrecht auf Bildung – nicht mehr idealistisch vom Inhalt her dachte, sondern funktional von der Gesellschaft her (vgl. Gass-Bolm 2005, 191 f.).

- Der „Deutsche Bildungsrat", der 1965 an die Stelle des „Deutschen Ausschusses" trat, setzte ein ehrgeiziges Hochschulausbauprogramm in Gang und arbeitete erstmals mit großen Expertengremien zusammen (vgl. Metzler 2005, 181–188). Bis 1980 wurden nicht weniger als 24 neue Universitäten gegründet, darunter die Fernuniversität Hagen (vgl. Führ 1998a, 16). Die hiermit verbundene Expansion des akademischen Stellenmarkts schuf günstige Voraussetzungen für die Karrieren jüngerer Wissenschaftlerinnen und Wissenschaftler sowie die Institutionalisierung der Geschichtsdidaktik als reformuniversitäre Disziplin – zuvor gab es sie fast nur an Pädagogischen Hochschulen, an denen Unterrichtsfach und Unterrichtsmethode im Vordergrund standen (vgl. Sandkühler 2014a, 9 f.).

Da die wichtigsten Vertreter der Geisteswissenschaftlichen Pädagogik bereits in der Weimarer Republik gelehrt hatten, entstand mit ihrem Tod im Laufe der 1960er Jahre ein Vakuum. Gefüllt wurde es von jüngeren Pädagogen wie Heinrich Roth, die für eine Einbeziehung von empirischen Befunden aus der Anthropologie und Soziologie plädierten. Der generationelle Umbruch unterstützte wirksam einen Paradigmenwechsel in den Erziehungswissenschaften: Für die Geisteswissenschaftliche Pädagogik war „kein Platz mehr". Zwar schrieb Wenigers wichtigster Schüler Wolfgang Klafki diese Tradition in Teilen fort, doch stellte das Kernstück von Klafkis Pädagogik, die „didaktische Analyse" (Klafki 1958), einen Bruch mit dem Denken der Lehrperson und eine Abkehr vom Ideal der „Erziehungswirklichkeit" dar. Erziehung wurde insgesamt nicht länger als Selbstzweck, sondern von der Zwecksetzung der Emanzipation und Gesellschaftsreform her gedacht (vgl. Oelkers 1998, 223).

3. Aufstieg und Fall der Emanzipationsdidaktik

Einflussreich war die Wissenschaftslehre Jürgen Habermas'. Er betonte in Auseinandersetzung mit der Tradition der Natur- und Geisteswissenschaften das Erfordernis einer kritischen Gesellschaftstheorie, die nicht mehr länger technokratisches Herrschaftswissen bereitstellen, sondern sich selbst hinterfragen sollte (vgl. Habermas 1968; Celikates 2019). Unter Berufung auf Habermas entstand eine kritische Erziehungswissenschaft. Diese plädierte für eine Erziehung zur Veränderung der Gesellschaft. Die studentische Revolte der 1960er Jahre und deren Wiederbelebung von Marxismus und Psychoanalyse waren hierfür wichtige Resonanzböden (vgl. Oelkers 1998, 232–235).

Das methodische Rüstzeug der emanzipatorischen Unterrichtsfächer meinte man in der Curriculumtheorie finden zu können, wie sie Saul B. Robinsohn begründet hatte. Statt Unterrichtsstoffe aus Fachtraditionen abzuleiten und das Lernen mit praktisch wirkungslosen idealistischen Präambeln zu begründen, sollten wissenschaftlich überprüfbare Verfahren die Inhaltsauswahl regeln und objektivierbare Sprachhandlungen die Erreichung von Lernzielen anzeigen (vgl. Robinsohn 1967; Schörken 1974).

Um die „Emanzipation" wurde eine intensive Debatte geführt. Sie kulminierte ab 1972/73 in der heftigen Auseinandersetzung um die lernzielorientierten hessischen Rahmenrichtlinien Deutsch und Gesellschaftslehre, die von einer sozialdemokratischen Landesregierung auf den Weg gebracht worden waren (vgl. Führ 1998a, 19). Die Richtlinien für Gesellschaftslehre definierten die Befähigung zur „Mündigkeit", hier verstanden als Selbst- und Mitbestimmung, als oberstes Lernziel für das neue Fach und ein „reflektiertes Geschichtsbewusstsein" als Lernziel für das geschichtliche Feld (vgl. Muhlack 1974, 62–64).

Ziel dieser Bildungsreform war es, mit Hilfe des neuen Curriculums die Gesellschaftsreform voranzubringen und zu verstetigen. Zugrunde lag eine widersprüchliche Habermas-Rezeption. Der Frankfurter Sozialphilosoph hatte Positivismus und Technokratie als fortschrittshemmend identifiziert, wogegen die hessische Gesellschaftslehre ihre Herkunft aus der technokratischen Idee einer Globalsteuerung sozialer Prozesse nicht verleugnen konnte (vgl. Sandkühler 2017, 35; ders. 2014a, 24–27). Andererseits nahmen die neuen Richtlinien auf, was aufmüpfige Bielefelder Sozialhistoriker soeben vorgedacht hatten. Die Kritik am chronologischen Durchgang etwa konnte man fast wortgleich bei dem geschichtstheoretischen Meisterdenker Reinhart Koselleck finden (vgl. Sandkühler 2014a, 21).

1974 publizierten Karl-Ernst Jeismann und sein Münsteraner Kollege Erich Kosthorst eine scharfe Kritik der Rahmenrichtlinien Gesellschaftslehre. Sie beklagten, das historische Lernen werde unter dem Leitbegriff des Gegenwartsinteresses politisiert. Unterrichtsinhalte würden nach ihrer „Wirkung auf die Gegenwartsfragen" hin ausgewählt statt nach den Maßstäben ihrer historischen Bedeutsamkeit (vgl. Jeismann/Kosthorst 1973). Bei aller berechtigten Kritik an den Rahmenrichtlinien (vgl. Maek-Gérard u. a. 1974): Das war weit überzogen.

Der damals geführte Kulturkampf um die Bildungspolitik war, so hat es ein Bildungshistoriker formuliert, eine „eindrucksvolle Übung der Selbst- und Wegfindung einer Gesellschaft, deren Kultur in eine Krise geraten war" (Führ 1998a, 20). Ausdrucksformen dieses Kulturkampfes waren auch innerhalb der Geschichtswissenschaft Polarisierung, Zuspitzung, Polemik bis zu persönlichen Angriffen (vgl. Sandkühler 2014a, 27–30).

Die Geschichtsdidaktikerin Annette Kuhn und der Geschichtsdidaktiker Rolf Schörken hatten sich intensiv mit der Lernziel- und Curriculumtheorie befasst. Deren anfänglich zögerliche Rezeption im Fach Geschichte war, so die Wahrnehmung Schörkens, wachsendem Interesse gewichen, weil man „mit der Lehrplanentwicklung auf dem Felde der Sozialwissenschaften/Politik Schritt halten" müsse,

„mit Fächern also, denen gegenüber sich der Geschichtsunterricht seit je, sei es in einer Art argwöhnischer Idealkonkurrenz, sei es in Verbundenheit zu gemeinsamen Zielen der politischen Bildung, gesehen hat." (Schörken 2017b, 258)

Annette Kuhn war als Frau, aus Deutschland vertriebene Jüdin und dezidierte Linke eine Ausnahmeerscheinung in der damaligen Historikerszene. Ihre 1974 vorgelegte „Einführung in die Didaktik der Geschichte" war u. a. eine Antwort auf die Kritiker der Hessischen Rahmenrichtlinien. Als wichtigste Inspirationsquelle benannte Kuhn später Habermas' „Erkenntnis und Interesse", das für sie einen buchreligiösen Status gehabt habe (vgl. Sandkühler 2014b, 176).

Das Buch erschien in einer Situation, als unklar war, welche Richtung die Geschichtsdidaktik einschlagen sollte. Kuhns Geschichtsdidaktik und ihre Unterrichtsmodelle, namentlich zur Englischen Revolution, waren vieldiskutierte und -befehdete Versuche, Geschichte und Politik zusammenzudenken sowie vom Lernenden und nicht mehr vom „Stoff" her zu argumentieren (vgl. Buck 2022[5]).

Unter Berufung auf Habermas setzte Kuhn „Emanzipation" als oberstes Lernziel und gliederte dieses in fünf „Qualifikationen" auf:

„1. Fähigkeit zur Kommunikation, 2. Fähigkeit zum ideologiekritischen Denken, 3. Fähigkeit zur gesellschaftlichen Analyse, 4. Fähigkeit zur Parteinahme, 5. Fähigkeit zur Identitätserweiterung". (Kuhn 1974, zit. n. Schörken 2017b, 263)

Diese Formulierung verdeutlicht, dass der Schlüsselbegriff der Emanzipation unterschiedlich gefüllt werden konnte: als Wiederanknüpfung an die Aufklärung und ihr Programm des autonomen Vernunftgebrauchs (vulgo: Mündigkeit), als

---

[5] Ich danke Herrn Buck für die freundliche Überlassung seines Typoskripts.

Selbstbefreiung aus ‚objektiven' Strukturen von Staat und Gesellschaft, aber auch als Schlussfolgerung aus der Einsicht, dass Demokratie als Lebensform eingeübt werden musste, nachdem sie dank der „45er" im Westen angekommen war (vgl. Nolte 2012, 348–355). Und natürlich spielte die Emanzipation auch bei der Entdeckung und Professionalisierung der Frauengeschichte eine wesentliche Rolle. Sie wurde von Kuhn mit wechselnden Mitstreiterinnen und Mitstreitern in raschem Tempo vorangetrieben (vgl. Kuhn/Schneider 1982; Kuhn/Rüsen 1982; dies. 1983; Bremer u. a. 1984; Freier/Kuhn 1984; Joeres/Kuhn 1985; Affeldt/Kuhn 1986; von Borries/Kuhn 1987[6]).

Auf der mittleren Ebene ihrer Lernzieltaxonomie rangierten bei Kuhn „historisch-politische Lernziele". Schörken wies in einer scharfsinnigen Analyse vorliegender Curriculum-Entwürfe darauf hin, diese seien der *„Nervenpunkt im Lernzielsystem Annette Kuhns"*, da sie „historische Einsichten auf dem Wege der Verallgemeinerung in politische Einsichten" transponierten (Schörken 2017b, 264, Hervorhebung im Original). Kuhn habe die Abgrenzung zwischen Geschichte und Politik geradezu vorbildlich geleistet:

„Die untere Lernzielebene umfasst spezifisch historische Inhalte im engeren Sinne, auf der mittleren Ebene wird eine Loslösung vom spezifisch Historischen vollzogen – deshalb der Terminus „historisch-politisch" –, während die oberste Ebene das Historische weit übersteigt und den Gesamtbereich des sozialwissenschaftlichen Lernfeldes umfasst. Man kann also genau sagen, wo innerhalb der Lernzielhierarchie bei Kuhn die Spezifika des Geschichtsunterrichts im engeren Sinne beginnen. Diese Lernzielgliederung macht das Kuhnsche Modell zu einer besonders geeigneten Möglichkeit, ein Konzept für eine theoretisch haltbare und praktisch durchführbare Kooperation von Geschichts- und Politikunterricht *zu entwickeln."* (ebd., 266 f., Hervorhebung im Original; vgl. ferner Schörken 1978)

Wie soll man Kuhns Didaktik interpretieren? Formal trifft sie der Vorwurf, die „Spezifika des Geschichtsunterrichts" in eine dienende Funktion versetzt zu haben, weil erst im Medium der Politik Geschichte lehr- und lernfähig werde. So gesehen, war Kuhn eine Politikwissenschaftlerin mit historischen Interessen (vgl. Kuhn 1978).

Derselbe Vorwurf müsste dann aber auch Jeismann und andere Autoren jener Zeit treffen, deren „Kooperations"-Vorstellungen, ungeachtet der wiederholten Berufung auf geschichtswissenschaftliche Standards, darauf hinausliefen,

---

6 Inhaltsverzeichnisse dieser acht Bände finden sich online unter: https://toc.library.ethz.ch/objects/pdf/z01_3-590-18009-9_01.pdf (aufgerufen am 9.8.2023).

die politische Bildung prioritär zu setzen (vgl. Behrmann u. a. 1978). Ähnliches gilt für „Geschichtsbewusstsein": Jeismann hat diesen Begriff nicht erfunden. Lucas und Schörken haben ihn geschichtsdidaktisch vorgedacht, die hessischen Rahmenrichtlinien haben ihn unterrichtlich operationalisiert. Und doch war „Geschichtsbewusstsein" in der hessischen Bildungspolitik und bei Jeismann etwas sehr Unterschiedliches (vgl. van Norden 2018, 237–288).

Dieser Befund deutet auf die an sich banale Tatsache hin, dass ein Vergleich von geschichtsdidaktischen Positionen nicht bei formalen Kriterien stehenbleiben kann. Auf die Inhalte kommt es an.

Der Geschichtsdidaktiker Klaus Bergmann formulierte 1972 programmatisch: „Der ‚Rückgriff' auf Geschichte ergibt […] die einzige Legitimation einer Politischen Bildung, die sich nicht affirmativ, sondern als dem System disfunktionale (sic!) Strategie der Veränderung begreift" (Bergmann u. a. 1972, 217). Bei Kuhn, insoweit Habermas folgend, war Politik identisch mit der Gesamtgesellschaft, die es zu kritisieren gelte. Anspruch der Geschichtsdidaktik sei es, im Geschichtsunterricht „emanzipatorische Defizite der Gegenwart" aufzudecken, um Handlungsalternativen für die Zukunft zu entwickeln. Dieses Programm verstand sich als systemfunktionaler Beitrag zur Demokratisierung der Bundesrepublik, die im Klassenzimmer beginnen sollte. Kuhn betonte, der Geschichtsunterricht solle zum Zweck der Identitätssteigerung diskursiv ausgerichtet sein. Sie gestand der Stimme des Schülers oder der Schülerin prinzipielle Gleichrangigkeit mit derjenigen der Lehrperson zu:

„Die konkrete didaktische Utopie des Gesellschaftslehreunterrichts besteht darin, dass dieser Unterricht als ein Diskurs konzipiert ist, in dem alle Beteiligten – Schüler und Lehrer – sich untereinander wechselseitig anerkennen" (Bergmann/Kuhn 1982, zit. n. Buck 2022, 6).

Es gelang den Protagonistinnen und Protagonisten der Emanzipationsdidaktik jedoch nicht, die „Geschichtsphilosophie der Aufklärung in den ambivalenten Kontext praktischer Reformen am Ende des 20. Jahrhunderts" zu transformieren (Oelkers 1998, 221). Der Niedergang der Curriculumtheorie war nicht aufzuhalten. Der anfängliche Optimismus, mit ihrer Hilfe lasse sich qua Schule die Gesellschaft insgesamt verändern, wich der ernüchternden Einsicht, dass sich aus obersten Lernzielen fachunterrichtliche Lehrgänge nicht widerspruchsfrei ableiten ließen. Kuhns Unterrichtsmodelle zeigen das deutlich (vgl. Sandkühler 2017, 38 f.). Ihre Geschichtsdidaktik war zu sehr der Lernzieltheorie verpflichtet, um die Wendung zum Geschichtsbewusstsein unbeschadet zu überstehen.

In dem Maße, wie sich die volkswirtschaftlichen Rahmenbedingungen verschlechterten, schwand der Bildungsoptimismus dahin. Die erste Ölpreiskrise markierte 1973 das Ende des bis dahin ungebrochenen bundesdeutschen Wirtschaftswachstums (vgl. Doering-Manteuffel/Raphael 2012). Die ehrgeizigen Reformprogramme der Ära Brandt ließen sich nicht mehr finanzieren. Seit der mit großer Aufmerksamkeit wahrgenommenen Endzeitprognose des Club of Rome im Jahr 1972 wurden ökologische Probleme politikfähig (vgl. Meadows u. a. 1972). Die Abwendung der „Bildungskatastrophe" manifestierte sich im ganz unökologischen Wachstum der Studierendenzahlen auf eine runde Million bis zum Ende des Jahrzehnts. In den 1980er Jahren kam eine weitere halbe Million hinzu (vgl. Führ 1998a, 20 f.).

Geschichte statt Zukunftspolitik wurde wieder interessant. Der Mannheimer Historikertag 1976 war eine disziplingeschichtliche Zäsur. Die Emanzipationsdidaktik wurde de facto beerdigt, wie eine Polemik Rohlfes' gegen Kuhn und der anschließende Schlagabtausch mit ihr zeigt (vgl. die Dokumentation in Sandkühler 2014c, 514–538). Kuhns intellektueller Antipode war jedoch Karl-Ernst Jeismann (vgl. Sandkühler 2017, 41). Er sah im Geschichtsbewusstsein eine je aktuelle Erinnerungsleistung und hob die Konstruktionsleistung des historischen Denkens hervor. Zugleich band Jeismann das historische Lernen eng an das Methodenarsenal der Geschichtswissenschaft und widersprach erneut der von ihm behaupteten Politisierung der Geschichtsdidaktik von links (vgl. Jeismann 1977). Der Historiker Jörn Rüsen schloss sich Jeismann an, indem er die Geschichtswissenschaft als Zusammenspiel von drei gleichberechtigten Subdisziplinen profilierte: Geschichtsforschung, Geschichtstheorie und Geschichtsdidaktik (vgl. Rüsen 1977).

Der Beutelsbacher Konsens entstand fast gleichzeitig. Das war kein Zufall, denn sowohl Jeismanns Positionsbestimmung für die neue Geschichtsdidaktik als auch die Bundeszentrale für politische Bildung grenzten sich von der Emanzipationsdidaktik ab. Jedoch ist der Kenntnisstand ungleichgewichtig. Die Schlüsselrolle der Hessischen Rahmenrichtlinien Gesellschaftslehre für die Geschichtsdidaktik ist hinlänglich bekannt. Über die Genese des Beutelsbacher Konsenses weiß man erstaunlich wenig, weil die vorangehende Debatte vorrangig innerhalb der zuständigen Bundeszentrale geführt wurde und kaum nach außen drang (vgl. Sandkühler 2023, 193).[7]

Wissenschaftspolitisch war die Hinwendung der Geschichtsdidaktik zum Geschichtsbewusstsein ein voller Erfolg. An verschiedenen historischen

---

7 An der Universität Jena wurde ein Forschungsprojekt zur Geschichte der Bundeszentrale abgeschlossen, das diese Lücken schließen soll.

Seminaren wurden neue geschichtsdidaktische Professuren eingerichtet (vgl. Sandkühler 2014a, 9 f.). Ein starkes Interesse an der Geschichte der Geschichtswissenschaft verband Professoren wie Rüsen mit der Sozial- und Gesellschaftsgeschichte Bielefelder Provenienz (vgl. Sandkühler 2014d).

Nur ein Jahr nach deren Gründung der neuen Fachzeitschrift „Geschichte und Gesellschaft" trat ab 1976 die fortschrittsbewusste Geschichtsdidaktik mit ihrer eigenen Zeitschrift „Geschichtsdidaktik" gegen die bisher konkurrenzlose Fachzeitschrift des Geschichtslehrerverbands, „Geschichte in Wissenschaft und Unterricht", an. Die „Geschichtsdidaktik" versammelte programmatische Aufsätze, Rezensionen und Unterrichtsmodelle. Entgegen einem auch in der Lehrerschaft kultivierten Vorurteil war die Zeitschrift keineswegs praxisfern, sondern widmete dem Geschichtsunterricht mehrfach Themenhefte, ganz abgesehen von den in allen Heften abgedruckten Unterrichtsvorschlägen zu lehrplanrelevanten Themen.[8] Die „Geschichtsdidaktik" war innovativ und ließ die „GWU" eher alt aussehen (vgl. Sandkühler 2014e, 82).

Aus dem Kreis der Herausgeberinnen und Herausgeber sowie einiger Stammautorinnen und -autoren der Zeitschrift erwuchs das ehrgeizige Projekt, die neue Geschichtsdidaktik in Form eines Handbuchs der Fachöffentlichkeit vorzustellen. Die Erstauflage des „Handbuchs der Geschichtsdidaktik" erschien als zweibändige Ausgabe 1979 und wurde ein buchhändlerischer Erfolg (vgl. Bergmann u. a. 1979). Bis 1997 folgten noch weitere vier Auflagen. Ein weiteres Handbuch erschien 1982. „Gesellschaft, Staat, Geschichtsunterricht" (Bergmann/Schneider 1982) war eine Geschichte des Geschichtsunterrichts und der Geschichtsdidaktik, die sich als junge Disziplin ihrer Traditionen versicherte. Es handelt sich um ein Standardwerk, das noch heute mit Gewinn gelesen werden kann.

Betrachtet man die bisher skizzierten Entwicklungen im Zusammenhang, wird deutlich, dass die fachliche Profilierung der ‚neuen' Geschichtsdidaktik anfänglich wesentliche Impulse aus der Sozial- und Erziehungswissenschaft erhielt. Die Protagonistinnen und Protagonisten hoben eher fächerverbindende als fachspezifisch-trennende Momente hervor. Ob von hieraus tragfähige Synthesen zwischen Geschichtsdidaktik, Politik- und Erziehungswissenschaft hätten gebildet werden können, ist eine offene Frage. Es blieb zu wenig Zeit, um diese Entwürfe praktisch zu erproben.

---

8 Vgl. die Jahresinhaltsverzeichnisse auf der Seite https://magazinestacks.fordham.edu/mvst/geschichtsdidaktik.html (20.12.2022).

4. Konsolidierung und erzähltheoretische Rückbesinnung in den 1980er Jahren

Fragt man Mitlebende sowie Protagonistinnen und Protagonisten jener Zeit, bestand zwischen den 1970er- und den 1980er Jahren weitgehende Kontinuität (vgl. die Interviews in Sandkühler 2014c). Die neuere Zeitgeschichtsforschung hebt hingegen Zäsuren hervor.

Diese betraf zunächst den Status der Geschichtswissenschaft. Geschichte hatte in den reformfreudigen 1970er Jahren einen schweren Stand gehabt, schulisch wie auch gesamtgesellschaftlich. Davon konnte in den 1980er Jahren nicht mehr die Rede sein. Das neue Zeitklima war der Geschichtsdidaktik günstig, weil Fragen des historischen Lernens mit einem Trend zur Wiederentdeckung und eingreifenden Nutzung der Historie untersetzt waren – dazu gleich mehr. Institutionell war das Fach hingegen in einer eher schwierigen Lage, weil infolge der Wirtschaftskrise und des exorbitanten Wachstums von Absolventenziffern der Arbeitsmarkt für Lehrkräfte kollabierte. Die erste Kohorte von Lehramtsstudierenden, die im Geiste der neuen Geschichtsdidaktik akademisch sozialisiert worden war, stand vor verschlossenen Schultüren.

Die Geschichte dieser Lehrerarbeitslosigkeit und ihrer Folgen ist noch nicht geschrieben.[9] Entgegen der Behauptung des Historikers Stefan Jordan, die ‚neue' Geschichtsdidaktik sei „Theorie des Geschichtsunterrichts" gewesen und die Arbeitslosigkeit habe überholte linksliberale Positionen des Fachs konserviert (vgl. Jordan 2005, Abschn. 3 u. 5), nahmen Betroffene den bildungsökonomischen Skandal ihrer Außerkurssetzung meist fatalistisch hin und passten sich veränderten politischen Rahmenbedingungen an.

Unterdessen hatte das filmische Medienereignis der „Holocaust"-Serie Anfang 1979 einem veränderten Blick auf das nationalsozialistische Verbrechen am jüdischen Volk zum Durchbruch verholfen (vgl. Mertesheimer/Frenzel 1979). Bis dahin hatte in der Zeitgeschichtsforschung, in Schulbuch und Schulunterricht eine strukturgeschichtliche, auf Institutionen und Bürokratie konzentrierte Sichtweise vorgeherrscht, die dem Geschichtsverständnis der „45er" und ihrer ambivalenten Haltung zur NS-Zeit entsprach (vgl. Broszat 1979, 296 f.). „Holocaust" machte dem Fernsehpublikum erstmals klar, dass Täter und Opfer Menschen mit individuellen Schicksalen gewesen waren. Die Historikerinnen

---

9 Belastbare Daten über die beruflichen Wege der in den 1950er Jahren Geborenen fehlen meines Wissens, und auch lebensgeschichtliche Interviews mit vormals stellungslosen Geschichtslehrkräften sind bislang Mangelware.

und Historiker sowie Psychologinnen und Psychologen gleichermaßen überraschende Betroffenheit des Publikums schien erneut auf Defizite der Geschichtsvermittlung in Universität und Schule hinzuweisen (vgl. von Borries 1980).

Die Fernseh-Miniserie wurde zur Initialzündung einer Gedenkstättenbewegung, die drei Jahrzehnte nach Kriegsende erstmals das Gespräch mit Überlebenden des Völkermords aktiv suchte, Orte des Leidens und Sterbens von NS-Verfolgungsopfern dem Vergessen entriss und bürgerschaftliches Engagement vor Ort aktivierte (vgl. Sandkühler 2022, 77–81). Diese Bürgerbewegung verband sich mit einem von der universitären Geschichtswissenschaft zunächst mit Argwohn betrachteten Hinwendung von Laienhistorikerinnen und -historikern zur Alltagsgeschichte des eigenen Nahraums, namentlich des Nationalsozialismus, der in lokalen Geschichtswerkstätten erforscht und dokumentiert wurde (vgl. Heer/Ullrich 1985).

Wirksame Unterstützung erfuhr die Alltagsgeschichte durch den Geschichtswettbewerb des Bundespräsidenten, der von Gustav Heinemann ins Leben gerufen worden war, um an verschüttete demokratische Traditionen in der deutschen Geschichte zu erinnern. Am Geschichtswettbewerb waren auch jüngere Geschichtsdidaktikerinnen und -didaktiker als Beratende, Jurymitglieder etc. beteiligt (vgl. Ludwig/Tetzlaff 2024 i.E.). Heinemann hatte ferner darum geworben, die Bundesbürgerinnen und -bürger möchten sich aktiv in die ihnen nahe Politik einbringen, um die westdeutsche Gesellschaft zu demokratisieren. Dieser Appell war eine wichtige Unterstützung des Trends zu Bürgerinitiativen, die im Laufe der 1980er Jahre weitaus mehr Mitglieder hatten als die politischen Parteien zusammengenommen (vgl. Sandkühler 2023, 207).

Arbeitslose Lehramtsabsolventinnen und -absolventen stellten sich rasch auf die veränderten Rahmenbedingungen ein. Sie lernten, sich durch befristete Projekte zu hangeln, engagierten sich in Geschichtswerkstätten und Gedenkinitiativen oder gingen in die Politik, die mit der Gründung der basisdemokratisch-ökologischen Grünen Partei ebenfalls in Bewegung geraten war. Die Gedenkstättenbewegung dürfte sich zu erheblichen Teilen aus ehemaligen Lehramtsstudierenden rekrutiert haben. Diese dürften ggf. mehr zur Implementierung der ‚neuen' Geschichtsdidaktik beigetragen haben als Geschichtsunterricht und Schule.[10]

Die Alltagsgeschichts- und Gedenkstättenbewegung war das basisdemokratische Gegenstück zu den geschichts- und museumspolitischen Initiativen des

---

10 An der Universität Jena schließt Ulrike Löffler derzeit ein Dissertationsprojekt zur Geschichte der Gedenkstättenpädagogik in den 1980er Jahren ab, das hier empirische Aufschlüsse bringen dürfte.

konservativen Bundeskanzlers und „45ers" Helmut Kohl. Dessen Bemühen war es, vermeintlich unbelastete Traditionen deutscher Geschichte gegen die nach seiner Auffassung dominierende NS-Erinnerung zu setzen, um den deutschen Nationalstolz zu fördern und die außenpolitische Stellung der Bundesrepublik zu verbessern (vgl. Wicke 2015, 98–104 u. 170–206).

Diese Geschichtspolitik führte zwar zu einer „Entkonkretisierung" der NS-Geschichte in der Geschichtskultur (vgl. Moller 1998), scheiterte aber insgesamt an der Dynamik der geschichtsbezogenen Bürgerbewegung und am Widerspruch des Bundespräsidenten Richard v. Weizsäcker. Dieser stellte in seiner berühmten Rede zum 40. Jahrestag des Kriegsendes das Erinnern als existenzielle Pflicht heraus und brach mit einem jahrzehntelangen Tabu, indem er den 8. Mai 1945 als Befreiung bezeichnete.[11] Der Historikerstreit des folgenden Jahres zeigte ebenfalls, dass die NS-Verbrechen nicht relativiert oder gegen stalinistische Verbrechen aufgerechnet werden konnten (vgl. Herbert 2003b).

Diese komplizierten Prozesse von Demokratisierung und Re-Historisierung schlugen auf die Geschichtsdidaktik durch. Sieht man die Jahrgänge der 1987 eingestellten Zeitschrift „Geschichtsdidaktik" durch, lagen thematische Schwerpunkte u. a. in der Friedensgeschichte, der unterrichtlichen Behandlung des Nationalsozialismus, der Alltags- und Stadtgeschichte und der Frauengeschichte. Darüber hinaus fanden Beiträge über die Theorie und, zunächst zögerlich, Empirie des Geschichtsbewusstseins ihren Weg in die Zeitschrift. Die „Geschichtsdidaktik" wandte sich ferner der Geschichtsvermittlung in Museen und Medien zu, vorrangig denjenigen des Geschichtsunterrichts, teilweise aber auch darüber hinaus, wenn etwa das Geschichtsfernsehen einer kritischen Betrachtung unterzogen wurde. Die Redaktion sympathisierte mit der Alltagsgeschichte und gab Geschichtswerkstätten ein Forum. Erklärungsbedürftig ist die weitgehende Abwesenheit der Gedenkstättenbewegung, die in der „Geschichtsdidaktik" kaum zutage trat.[12]

Etwa ab Mitte des Jahrzehnts bildeten sich mit der Geschichtserzählung und der empirischen Erforschung (alltäglichen) Geschichtsbewusstseins Schwerpunkte des Fachdiskurses heraus, die fortan dominant blieben. Wie bereits angedeutet, kam die narrative Geschichtstheorie durch Vermittlung von Habermas in die

---

11 Text der Rede in: Gedenkveranstaltung im Plenarsaal des Deutschen Bundestages zum 40. Jahrestag des Endes des Zweiten Weltkriegs in Europa, Bonn, 8.5.1985 (Online unter: https://www.bundespraesident.de/SharedDocs/Reden/DE/Richard-von-Weizsaecker/Reden/1985/05/19850508 Rede.html; aufgerufen am 9.8.2023).

12 Vgl. hierzu die Inhaltsverzeichnisse der Zeitschrift (s. Anm. 8).

deutsche Diskussion (vgl. Sandkühler 2024, i. E.). Hans Michael Baumgartners Studie über „Kontinuität und Geschichte" nahm neben Danto, dessen These von der narrativen Erklärung der Verfasser folgte, wesentlich auf Habermas Bezug (vgl. Danto 1974; Baumgartner 1972). Rüsen rezipierte Danto wiederum zuerst durch Baumgartners Studie (vgl. Sandkühler 2014f, 281). Sein großer Aufsatz über die vier Typen des historischen Erzählens, 1982 erschienen, stützte sich empirisch auf Befunde aus der Geschichte der Geschichtsschreibung (Rüsen 1982).

In der „Geschichtsdidaktik" hatte dieses Thema in Aufsätzen des Geschichtslehrers Michael Tocha schon eine gewisse Rolle gespielt, der sich für eine Wiederbelebung der damals weitgehend verpönten Lehrergeschichtserzählung aussprach (vgl. Tocha 1976; 1979). Aber erst 1985 begann in der Zeitschrift und im „Handbuch der Geschichtsdidaktik" eine systematische Beschäftigung mit der Narrativität, die Rüsen im Rahmen seiner Theorie historischen Lernens als Ausdrucksform des Geschichtsbewusstseins modellierte. Dies geschah im Kontext der „Historik", die er in drei Bänden zwischen 1983 und 1989 vorlegte (Rüsen 1983; 1986; 1989).

Hans-Jürgen Pandel grenzte sich in seiner Dimensionierung des Geschichtsbewusstseins von Jeismann und Rüsen ab. Für ihn hatte das Geschichtsbewusstsein mit menschlicher Erinnerung „nichts zu tun". Vielmehr *sei* Geschichtsbewusstsein „eine narrative Kompetenz", nämlich die Fähigkeit, „Geschichte zu erzählen und zu verstehen" (Pandel 1987, 131). Rüsen folgte im dritten Band seiner „Historik" dieser etwas kryptischen Formulierung, akzentuierte sie aber anders, indem er die „narrative Kompetenz' des Geschichtsbewußtseins" und die „Fähigkeit zu einer bestimmten narrativen Sinnbildung" mit historischer Bildung gleichsetzte (vgl. Rüsen 1989, 93).

5. Geschichtskultur und „Erinnerungskultur" seit den 1990er Jahren

Das Ende der deutschen Zweistaatlichkeit konfrontierte die Geschichtsdidaktik mit der Frage, ob an die DDR-Geschichtsmethodik angeknüpft werden könne (vgl. Uffelmann/Pfefferle 2005; Mütter 1998). Das Plädoyer des Geschichtsdidaktikers Bernd Mütter, vor dem Hintergrund der grundlegend veränderten politischen Rahmenbedingungen das Potenzial einer handlungstheoretischen Bildungstheorie zu prüfen (vgl. Mütter 1997), blieb folgenlos.

Einer der Gründe für die geringe Wirkkraft von Bildungsfragen lag in der Pfadabhängigkeit dieser Disziplin, die sich in Abgrenzung von der Pädagogik neu erfunden hatte. Eine Hinwendung zur Erziehungswissenschaft konnte als strukturkonservativer Rückschritt zur Unterrichtsfachdidaktik missverstanden oder abgewiesen werden.

Der zweite Grund lag in der erhöhten Relevanz von geschichtskulturellen Debatten um die angemessene Form des Gedenkens an die Opfer der NS-Diktatur. Der Zusammenbruch der kommunistischen Diktaturen und das Deutungsparadigma der „doppelten Diktaturerfahrung" brachten die Frage aufs politische Tapet, wie der wiederhergestellte Nationalstaat Zeitgeschichte erinnern sollte. Die ursprünglich gegen den Staat gerichtete Gedenkstättenbewegung wurde durch die Erarbeitung einer Gedenkstättenkonzeption des Bundes finanziell abgesichert, aber auch tendenziell in Dienst genommen (vgl. Garbe 2016).

Der dritte Grund bestand in der gleichzeitigen Ersetzung des Begriffs Geschichtskultur durch „Erinnerungskultur", obwohl weitgehend dasselbe gemeint war. Die Popularität des durch den Bundespräsidenten 1985 geschichtstheologisch begründeten Erinnerungstopos wurde mit einer gewissen Beliebigkeit erkauft (vgl. Knigge 2010). An die Stelle der Kritik am Vergessen trat allmählich ein affirmatives Verständnis von Erinnerung. Dieses wies Gedenkstätten als positive Bezugspunkte nationaler Identität aus und leistete einem subtilen Seitenwechsel durch die emotionale Identifikation mit Opfern der NS-Diktatur Vorschub (vgl. Leo 2021).

Unter dem Dach der „Erinnerungskultur" fanden Geschichts- und Politikdidaktik halb zueinander wie eine Generation zuvor. Es gab keinen Dissens über das Erfordernis historisch-politischer Bildung am authentischen Ort. Mit der Emanzipation des Erinnerns zur Pathosformel erhielt ein Kernbegriff der geschichtsdidaktischen Fachdiskussion politische Relevanz. Narrative Kompetenz wurde zu einem Thema der praktischen Bildungsarbeit, wenngleich mit eher ambivalenten Ergebnissen (vgl. Gudehus 2006, 224 f.)

Die These von der narrativen Kompetenz als Kernkompetenz historischen Lernens ist inzwischen steril geworden, während „Narrative" zu einem ubiquitären Modewort inflationiert wurden. Rüsen hat in der Neufassung seiner „Historik" die in der Erstauflage herausgestellte Verbindung zwischen historischer Bildung und Geschichtserzählung aufgelöst (vgl. Rüsen 2013, 142–146). Pandel hat jüngst vorgeschlagen, unterrichtspragmatisch zwischen Verstehen, Verständnis und Verständigung zu unterscheiden. Entscheidend ist in dieser an Droysens Darstellungslehre angelehnten Taxonomie der Schritt vom „Geschichtsbewusstsein" als Inbegriff von Verständnisleistungen zur Verständigung, bei der „Narrationen in Diskurse" transformiert würden (Pandel 2021, 89–93). Diese Rückkehr von einem allgemeinen Geschichtsbewusstseins- und Erzählbegriff zur argumentativen Darstellungsform erinnert an die Kritik des Sozialhistorikers Jürgen Kocka am Narrativismus der 1980er Jahre (vgl. Kocka 1984).

6. Ausblick

Der Beutelsbacher Konsens zog zeitgenössisch den Schlussstrich unter eine emanzipative politische Bildung. Jeismanns Umformulierung des Geschichtsbewusstseins-Begriffs in Richtung Erinnerung und wissenschaftspropädeutischer Geschichtskonstruktion sicherte der Geschichtsdidaktik ihre disziplinäre Eigenständigkeit. Der ‚Import' des Beutelsbacher Konsenses scheint mir keine angemessene Antwort auf gegenwärtige Herausforderungen zu sein.

Diese liegen auf der Hand. Obwohl die Nationalgeschichte noch immer (und mit einem gewissen Recht) den wichtigsten räumlichen Rahmen des Geschichtsunterrichts darstellt, stößt eine auf Deutschland konzentrierte Reflexion historischen Lernens, wie sie Bernd Mütter (1997) in den 1990er Jahren vorschwebte, an Grenzen. Migration und Diversität, Humanismus und globale Klimakrise zwingen zu einem viel weiteren Blick auf die Weltgeschichte unserer Zeit (vgl. Rüsen 2020).

Die massive Kritik der postkolonialen Bewegung und ihr zur Seite stehender Historikerinnen und Historiker an der Rolle des Holocaust im deutschen Geschichtsbewusstsein zeigt, dass der nationale Maßstab nicht mehr ausreicht, um den öffentlichen Umgang mit der jüngsten Geschichte zu rahmen. „Erinnerungskultur" wird als Ausdruck eines borniertes Umgangs der Bundesrepublik mit der außereuropäischen Welt kritisiert. Die deutsche Kolonialmacht habe in Südwestafrika einen Völkermord verübt, doch verharre das heutige Deutschland in Amnesie gegenüber dieser Untat, indem es an der Sonderstellung des Holocaust im öffentlichen Geschichtsbewusstsein festhalte (vgl. Neiman/Wildt 2022). Bei allen bisweilen schrillen Tönen dieser Debatte ist nicht zu übersehen, dass das Dach der Erinnerungskultur zunehmend löchrig wird.

„Demokratisierung", „Mündigkeit", „Emanzipation" waren lange vergessene Topoi der fachdidaktischen Diskussion. Plötzlich sind sie wieder da, nicht dem Namen nach, aber in der Sache, und mit erheblich mehr Brisanz. Kuhn hatte Emanzipation als gesellschaftliche, originär politische Aufgabe antizipiert. Heute ist sie eine Realität. Die auf Identität und kulturellen Eigensinn abstellenden Partizipationsforderungen gesellschaftlicher Gruppen zielen auf die Emanzipation von Strukturen, die als freiheitseinschränkend und rassistisch wahrgenommen werden. Auf welches Ziel hin emanzipiert wird und wie sich dieses zum demokratischen Mehrheitsprinzip verhält, ist eine andere Frage (vgl. Nolte 2012, 426–477; Süß 2022).

Ähnlich wie vor einem halben Jahrhundert gilt es heute, die „Geschichtsphilosophie der Aufklärung in den ambivalenten Kontext praktischer Reformen" zu transformieren. In der Formationsphase des heutigen geschichtsdidaktischen Mainstreams war die Demokratie nicht bedroht. Heute steckt sie in der Krise, nicht nur in Europa, sondern in weiten Teilen der Welt. Das macht Demokratiegeschichte zu einem lohnenden Unterrichts- und Forschungsgegenstand für die Geschichtsdidaktik, die ein Teil von Demokratiegeschichte war und weiterhin oder wieder sein sollte (vgl. Sandkühler 2016).

In der Politikdidaktik wurde vor einem runden Jahrzehnt eine vorbildliche Diskussion um Konzepte politischer Bildung geführt (vgl. Autorengruppe Fachdidaktik 2011). In der Geschichtsdidaktik fehlt eine solche Grundsatzdebatte um Konzepte der historischen Bildung. Sie ist aber dringlich. Was soll unter historischer Bildung für heute verstanden werden, wie lässt sie sich geschichtsunterrichtlich und an außerschulischen Lernorten realisieren? Wenn die Geschichtsdidaktik als eigenständige Disziplin erhalten bleiben soll, darf sie sich weder mit der Beschwörung brüchiger Konsense begnügen noch in politikgetriebenen Aktionismus verfallen. Die Rückbesinnung auf abgebrochene Debatten im eigenen Fach kann dazu beitragen, Alternativen zu entwickeln. Das macht die beiden Jahrzehnte vor dem Ende des Kalten Kriegs zu einem wichtigen, oft überraschend aktuellen Gegenstand.

Literatur

AFFELDT, Werner/Kuhn, Annette (Hg.) (1986): Frauen in der Geschichte VII. Interdisziplinäre Studien zur Geschichte der Frauen im Frühmittelalter. Methoden – Probleme – Ergebnisse. Düsseldorf.

ANWEILER, Oskar u. a. (Hg.) (1992): Bildungspolitik in Deutschland, 1945–1990. Ein historisch-vergleichender Quellenband. Bonn.

AUTORENGRUPPE FACHDIDAKTIK (2011): Konzepte der politischen Bildung. Eine Streitschrift. Schwalbach/Ts.

BAUMGARTNER, Hans Michael (1972): Kontinuität und Geschichte. Zur Kritik und Metakritik der historischen Vernunft. Frankfurt/M.

BEEKER, Malte (2016): „Führerbefehl" und „suspendiertes Unrechtsbewusstsein"? Das zeitgeschichtliche Gutachten Hans Buchheims im Auschwitz-Prozess und seine strafrechtswissenschaftliche Rezeption. In: Zeitschrift für Geschichtswissenschaft 64, S. 464–483.

BEER, Matthias (2005): Hans Rothfels und die Traditionen der deutschen Zeitgeschichte. In: Hürter, Johannes/Woller, Hans (Hg.): Hans Rothfels und die deutsche Zeitgeschichte. München, S. 159–190.

BEHRMANN, Günter C. u. a. (1978): Einleitung. In: dies. (Hg.): Geschichte und Politik. Didaktische Grundlegung eines kooperativen Unterrichts. Paderborn, S. 11–21.

BERGMANN, Klaus u. a. (1972): Geschichtsunterricht – Relikt oder Notwendigkeit? In: Das Argument. Zeitschrift für Philosophie und Sozialwissenschaften 70/1972. Sonderband Kritik der bürgerlichen Geschichtswissenschaft I. Berlin, S. 195–217.

BERGMANN, Klaus u. a. (Hg.) (1979): Handbuch der Geschichtsdidaktik. 2 Bde. Düsseldorf.

BERGMANN, Klaus/Schneider, Gerhard (Hg.) (1982): Gesellschaft, Staat, Geschichtsunterricht. Beiträge zu einer Geschichte der Geschichtsdidaktik und des Geschichtsunterrichts von 1500–1980. Düsseldorf.

BLANKE, Horst Walter (1991): Historiographiegeschichte als Historik. Stuttgart-Bad Canstatt.

BORRIES, Bodo von (1980): Unkenntnis des Nationalsozialismus – Versagen des Geschichtsunterrichts? Bemerkungen zu alten und neuen empirischen Studien. In: Geschichtsdidaktik 5, S. 109–126.

BORRIES, Bodo von/Kuhn, Annette (Hg.) (1987): Frauen in der Geschichte VIII. Zwischen Muttergottheiten und Männlichkeitswahn. Frauengeschichtliche Unterrichtsmodelle für die Sekundarstufe I. Düsseldorf.

BÖSCH, Frank (2010): Entgrenzte Geschichtsbilder? Fernsehen, Film und Holocaust in Europa und den USA 1945–1980. In: Daniel, Ute/Schildt, Axel (Hg.): Massenmedien im Europa des 20. Jahrhunderts. Köln, S. 413–437.

BREMER, Ilse u. a. (Hg.) (1984): Frauen in der Geschichte IV. „Wissen heißt leben...". Beiträge zur Bildungsgeschichte von Frauen im 18. und 19. Jahrhundert. Düsseldorf.

BROSZAT, Martin (1979): „Holocaust" und die Geschichtswissenschaft. In: Vierteljahrshefte für Zeitgeschichte 27, S. 285–298.

BUCK, Thomas M. (2022): Erkenntnis und Interesse. Zu Annette Kuhns „Geschichtsdidaktik in emanzipatorischer Absicht" (1974). [Ms.] Freiburg.

CELIKATES, Robin (2019): Erkenntnis und Emanzipation: Habermas' Wissenschafts- und Erkenntnistheorie in der Diskussion. In: Corchia, Luca u. a. (Hg.): Habermas global – Wirkungsgeschichte eines Werks. Frankfurt/M., S. 135–153.

COBET, Justus (1974): Zur Geschichte und Struktur der Rahmenrichtlinien für Gesellschaftslehre. In: Maek-Gérard, Eva u. a. (Hg.): Zur Rolle der Geschichte in der Gesellschaftslehre: Das Beispiel der hessischen Rahmenrichtlinien. Stuttgart, S. 15–28.

DANTO, Arthur C. (1974): Analytische Philosophie der Geschichte. Frankfurt/M.

DOERING-MANTEUFFEL, Anselm/Raphael, Lutz (2012): Nach dem Boom. Perspektiven auf die Zeitgeschichte seit 1970. Göttingen.

FREI, Norbert (1996): Vergangenheitspolitik. Die Anfänge der Bundesrepublik und die NS-Vergangenheit. München.

FREI, Norbert (2018): 1968. Jugendrevolte und globaler Protest. München.

FREIER, Anna-Elisabeth/Kuhn, Annette (Hg.) (1984): Frauen in der Geschichte V. „Das Schicksal Deutschlands liegt in der Hand seiner Frauen". Frauen in der deutschen Nachkriegsgeschichte. Düsseldorf.

FUCHS, Eckhardt u. a. (2018): Schulbuch als Mission. Die Geschichte des Georg-Eckert-Institutes. Köln.

FÜHR, Christoph (1998a): Zur deutschen Bildungsgeschichte seit 1945. In: ders./Furck, Carl-Ludwig (Hg.): Handbuch der deutschen Bildungsgeschichte, Bd. VI.1: Bundesrepublik Deutschland, München, S. 1–24.

FÜHR, Christoph (1998b): Zur Koordination der Bildungspolitik durch Bund und Länder. In: ders./Furck, Carl-Ludwig: Handbuch der deutschen Bildungsgeschichte, Bd. VI.1: Bundesrepublik Deutschland. München, S. 68–86.

GARBE, Detlef (2016): Die Gedenkstättenkonzeption des Bundes: Förderinstrument im geschichtspolitischen Spannungsfeld. In: Gedenkstättenrundbrief 182, S. 3–17 (Online unter: https://www.gedenkstaettenforum.de/aktivitaeten/gedenkstaettenrundbrief/detail/die-gedenkstaettenkonzeption-des-bundes-foerderinstrument-im-geschichtspolitischen-spannungsfeld; aufgerufen am 9.8.2023).

GASS-BOLM, Torsten (2005): Das Gymnasium 1945–1980. Bildungsreform und gesellschaftlicher Wandel in Westdeutschland. Göttingen.

GUDEHUS, Christian (2006): Dem Gedächtnis zuhören. Erzählungen über NS-Verbrechen und ihre Repräsentation in deutschen Gedenkstätten. Essen.

HABERMAS, Jürgen (1968): Erkenntnis und Interesse. Frankfurt/M.

HEER, Hannes/Ullrich, Volker (Hg.) (1985): Geschichte entdecken. Erfahrungen und Projekte der neuen Geschichtsbewegung. Reinbek bei Hamburg.

HERBERT, Ulrich (2003a): Drei politische Generationen im 20. Jahrhundert. In: Reulecke, Jürgen (Hg.): Generationalität und Lebensgeschichte im 20. Jahrhundert. Berlin, S. 95–114.

HERBERT, Ulrich (2003b): Der Historikerstreit. Politische, wissenschaftliche, biographische Aspekte. In: Sabrow, Martin u. a. (Hg.): Zeitgeschichte als Streitgeschichte. Große Kontroversen seit 1945. München, S. 94–113.

HITZER, Bettina/Welskopp, Thomas (Hg.) (2010): Die Bielefelder Sozialgeschichte. Klassische Texte zu einem geschichtswissenschaftlichen Programm und seinen Kontroversen. Bielefeld.

JEISMANN, Karl-Ernst (1977): Didaktik der Geschichte. Die Wissenschaft von Zustand, Funktion und Veränderung geschichtlicher Vorstellungen im Selbstverständnis der Gegenwart. In: Kosthorst, Erich (Hg.): Geschichtswissenschaft. Didaktik – Forschung – Theorie. Göttingen, S. 9–33.

JEISMANN, Karl-Ernst/Kosthorst, Erich (1973): Geschichte und Gesellschaftslehre. Die Stellung der Geschichte in den Rahmenrichtlinien für die Sekundarstufe I in Hessen und den Rahmenplänen für die Gesamtschulen in Nordrhein-Westfalen. In: Geschichte in Wissenschaft und Unterricht 24, S. 261–288.

JOERES, Ruth-Ellen B./Kuhn, Annette (Hg.) (1985): Frauen in der Geschichte VI. Frauenbilder und Frauenwirklichkeiten. Interdisziplinäre Studien zur Frauengeschichte in Deutschland im 18. und 19. Jahrhundert. Düsseldorf.

JORDAN, Stefan (2005): Die Entwicklung einer problematischen Disziplin. Zur Geschichte der Geschichtsdidaktik. In: Zeithistorische Forschungen/Studies in Contemporary History 2/2005, H. 2 (Online unter: https://zeithistorische-forschungen.de/2-2005/4544; aufgerufen am 9.8.2023).

KLAFKI, Wolfgang (1958): Didaktische Analyse als Kern der Unterrichtsvorbereitung. In: Die Deutsche Schule 50, S. 450–471.

KNIGGE, Volkhard (2010): Zur Zukunft der Erinnerung. In: Aus Politik und Zeitgeschichte 25–26/2010, S. 10–16.

KOCKA, Jürgen (1984): Zurück zur Erzählung? Plädoyer für historische Argumentation. In: Geschichte und Gesellschaft. Zeitschrift für historische Sozialwissenschaft 10, S. 395–408.

KÖSSLER, Till (2022): Sozialgeschichte der Bildung in der Erweiterung. In: Sozialgeschichte der Bildung (= Archiv für Sozialgeschichte 62), S. 9–30.

KUHN, Annette (1974): Einführung in die Didaktik der Geschichte. München

KUHN, Annette (1978): Zur Zusammenarbeit von Politikunterricht und Geschichtsunterricht. Ein curriculumtheoretischer Vorschlag. In: Schörken, Rolf (Hg.): Zur Zusammenarbeit von Geschichts- und Politikunterricht. Stuttgart, S. 102–147.

KUHN, Annette/Rüsen, Jörn (Hg.) (1982): Frauen in der Geschichte II. Fachwissenschaftliche und fachdidaktische Beiträge zur Sozialgeschichte der Frauen vom frühen Mittelalter bis zur Gegenwart. Düsseldorf.

KUHN, Annette/Rüsen, Jörn (Hg.) (1983): Frauen in der Geschichte III. Fachwissenschaftliche und fachdidaktische Beiträge zur Geschichte der Weiblichkeit vom frühen Mittelalter bis zur Gegenwart mit geeigneten Materialien für den Unterricht. Düsseldorf.

KUHN, Annette/Schneider, Gerhard (Hg.) (1982): Frauen in der Geschichte. Frauenrechte und die gesellschaftliche Arbeit der Frauen im Wandel. Fachwissenschaftliche und fachdidaktische Studien zur Geschichte der Frauen. Düsseldorf.

KULTUSMINISTERKONFERENZ (KMK) (o.J.): Gesellschaftswissenschaften (Online unter: https://www.kmk.org/themen/allgemeinbildende-schulen/unterrichtsfaecher/gesellschaftswissenschaften.html; aufgerufen am 9.8.2023).

LEO, Per (2021): Tränen ohne Trauer. Nach der Erinnerungskultur. Stuttgart.

LUDWIG, Carmen/Tetzlaff, Sven (2024 i.E.): Alltagsgeschichte des Nationalsozialismus: Jugendliche forschen vor Ort. In: Thomas Sandkühler (Koord.): Historisches Lernen aus dem Nationalsozialismus (= Ders. [Koord.]: Der Naionalsozialismus. Herrschaft und Gewalt, hg. von der Bayerischen Landeszentrale für politische Bildungsarbeit, Band 3), [Ms.] München.

MAEK-GÉRARD, Eva u. a. (Hg.) (1974): Zur Rolle der Geschichte in der Gesellschaftslehre: Das Beispiel der hessischen Rahmenrichtlinien. Stuttgart.

MEADOWS, Dennis u. a. (1972): Die Grenzen des Wachstums – Bericht des Club of Rome zur Lage der Menschheit. Stuttgart.

MERTESHEIMER, Peter/Frenzel, Ivo (Hg.) (1979): Im Kreuzfeuer. Der Fernsehfilm Holocaust. Eine Nation ist betroffen. Frankfurt/M.

METZLER, Gabriele (2005): Konzeptionen politischen Handelns von Adenauer bis Brandt. Politische Planung in der pluralistischen Gesellschaft. Paderborn.

METZLER, Gabriele (2014): Zeitgeschichte: Begriff – Disziplin – Problem. In: Docupedia-Zeitgeschichte (Online unter: http://docupedia.de/zg/metzler_zeitgeschichte_v1_de_2014; aufgerufen am 9.8.2023).

MITSCHERLICH, Alexander/Mitscherlich, Margarete (1967): Die Unfähigkeit zu trauern. Grundlagen kollektiven Verhaltens. München.

MOLLER, Sabine (1998): Die Entkonkretisierung der NS-Herrschaft in der Ära Kohl. Die Neue Wache, das Denkmal für die ermordeten Juden Europas, das Haus der Geschichte der Bundesrepublik Deutschland. Hannover.

MOSES, Dirk (2000): Die 45er. Eine Generation zwischen Faschismus und Demokratie. In: Neue Sammlung 40, S. 233–263.

MUHLACK, Ulrich (1974): Die Einleitung in den Arbeitsschwerpunkt Geschichte. In: Maek-Gérard, Eva u.a.: Zur Rolle der Geschichte in der Gesellschaftslehre: Das Beispiel der hessischen Rahmenrichtlinien. Stuttgart, S. 51–108.

MÜTTER, Bernd (1989): Die „Republik als Volksgemeinschaft": Zum Selbstverständnis der geisteswissenschaftlichen Geschichtsdidaktik nach 1918. In: Internationale Schulbuchforschung 11, S. 129–146.

MÜTTER, Bernd (1997): Bildungstheorie und Geschichtsdidaktik. In: Klaus Bergmann u.a. (Hg.): Handbuch der Geschichtsdidaktik. Seelze, S. 334–339.

MÜTTER, Bernd (1998): Die Wiedervereinigung Deutschlands als Herausforderung an die Geschichtsdidaktik. In: Mitteilungen der Internationalen Gesellschaft für Geschichtsdidaktik 19, H.1, S. 66–82.

NEIMAN, Susan/Wildt, Michael (Hg.) (2022): Historiker streiten. Gewalt und Holocaust – die Debatte. Berlin.

NOLTE, Paul (2012): Was ist Demokratie? Geschichte und Gegenwart. München.

NORDEN, Jörg van (2018): Geschichte ist Bewusstsein. Historie einer geschichtsdidaktischen Fundamentalkategorie. Frankfurt/M.

OELKERS Jürgen (1998): Pädagogische Reform und Wandel der Erziehungswissenschaften. In: Führ, Christoph/Furck, Carl-Ludwig (Hg.): Handbuch der deutschen Bildungsgeschichte, Bd. VI.1: Bundesrepublik Deutschland. München, S. 217–243.

PANDEL, Hans-Jürgen (1987): Dimensionen des Geschichtsbewusstseins. Ein Versuch, seine Struktur für Empirie und Pragmatik diskutierbar zu machen. In: Geschichtsdidaktik 12, S. 130–142.

PANDEL, Hans-Jürgen (2021): Geschichtsbewusstsein praktisch. Zur Pragmatik des Geschichtsbewusstseins. In: Hoffrogge, Jan M. u.a. (Hg.): Geschichtsbewusstsein in der Gesellschaft. Festschrift für Bernd Schönemann zum 65. Geburtstag. Frankfurt/M., S. 79–98.

PENDAS, Devin O. (2013): Der Auschwitz-Prozess. Völkermord vor Gericht. München.

RETTERATH, Jörn (2016): „Was ist das Volk?" Volks- und Gemeinschaftskonzepte der politischen Mitte in Deutschland 1917–1924. Berlin/Boston.

ROBINSOHN, Saul B. (1967): Bildungsreform als Revision des Curriculums. Neuwied.

ROHLFES, Joachim (1975): Grundsätzliche und unterrichtspraktische Überlegungen zur Funktion des Faches Geschichte im politisch-sozialwissenschaftlichen Bereich. In: Ulshöfer, Robert/ Götz, Theo (Hg.): Politische Bildung – ein Auftrag aller Fächer. Ein neues fachübergreifendes Gesamtkonzept für die gesellschaftspolitische Erziehung. Freiburg i. Br., S. 156–181.

RÜSEN, Jörn (1977): Historik und Didaktik. Ort und Funktion der Geschichtstheorie im Zusammenhang von Geschichtsforschung und historischer Bildung. In: Kosthorst, Erich (Hg.): Geschichtswissenschaft. Didaktik – Forschung – Theorie. Göttingen, S. 48–64.

RÜSEN, Jörn (1982): Die vier Typen des historischen Erzählens. In: Koselleck, Reinhart/Lutz, Heinrich (Hg.): Formen der Geschichtsschreibung. München, S. 514–605.

RÜSEN, Jörn (1983): Historische Vernunft. Grundzüge einer Historik I: Die Grundlagen der Geschichtswissenschaft. Göttingen.

RÜSEN, Jörn (1986): Rekonstruktion der Vergangenheit. Grundzüge einer Historik II: Die Prinzipien der historischen Forschung. Göttingen.

RÜSEN, Jörn (1989): Lebendige Geschichte. Grundzüge einer Historik III: Formen und Funktionen historischen Wissens. Göttingen.

RÜSEN, Jörn (2013): Historik. Theorie der Geschichtswissenschaft. Köln.

RÜSEN, Jörn (2020): Geschichtskultur, Bildung und Identität. Über Grundlagen der Geschichtsdidaktik. Berlin.

SABIWALSKI, Dieter (1970): Was heißt Gemeinschaftskunde? Zur Situation eines Schulfachs, in dem die Schwierigkeiten schon beim Namen anfangen (Online unter: https://astarchiv.ulb.tu-darmstadt.de/3113/1/3113.pdf; aufgerufen am 9.8.2023).

SANDKÜHLER, Thomas (2014a): Einleitung: Biographie und/als historisches Lernen. Generationen, Konflikte und Deutungsmuster in der Geschichtsdidaktik der Siebzigerjahre. In: ders. (Hg.): Historisches Lernen denken. Gespräche mit Geschichtsdidaktikern der Jahrgänge 1928–1947. Mit einer Dokumentation zum Historikertag 1976. Göttingen, S. 7–34.

SANDKÜHLER, Thomas (2014b): Interview mit Annette Kuhn, Bonn, 23.10.2012. In: ders. (Hg.): Historisches Lernen denken. Gespräche mit Geschichtsdidaktikern der Jahrgänge 1928–1947. Mit einer Dokumentation zum Historikertag 1976. Göttingen, S. 164–192.

SANDKÜHLER, Thomas (Hg.) (2014c): Historisches Lernen denken. Gespräche mit Geschichtsdidaktikern der Jahrgänge 1928–1947. Mit einer Dokumentation zum Historikertag 1976. Göttingen.

SANDKÜHLER, Thomas (2014d): Die Geschichtsdidaktik der Väter. Zur Kulturgeschichte der siebziger Jahre. In: Wildt, Michael (Hg.): Geschichte denken. Perspektiven auf die Geschichtsschreibung heute. Göttingen, S. 260–279.

SANDKÜHLER, Thomas (2014e): Interview mit Joachim Rohlfes, Bielefeld, 17.8.2012. In: ders. (Hg.): Historisches Lernen denken. Gespräche mit Geschichtsdidaktikern der Jahrgänge 1928–1947. Mit einer Dokumentation zum Historikertag 1976. Göttingen, S. 61–93.

SANDKÜHLER, Thomas (2014f): Interview mit Jörn Rüsen, Bochum, 30.1.2012. In: ders. (Hg.): Historisches Lernen denken. Gespräche mit Geschichtsdidaktikern der Jahrgänge 1928–1947. Mit einer Dokumentation zum Historikertag 1976. Göttingen, S. 251–292.

SANDKÜHLER, Thomas (2015): NS-Propaganda und historisches Lernen. In: Aus Politik und Zeitgeschichte 65/2015, S. 43–45.

SANDKÜHLER, Thomas (2016): Geschichtsdidaktik und Geschichtswissenschaft. In: Sauer, Michael u. a. (Hg.): Geschichte im interdisziplinären Diskurs. Grenzziehungen – Grenzüberschreitungen – Grenzverschiebungen. Göttingen, S. 415–433.

SANDKÜHLER, Thomas (2017): Einleitung: Historisches Lernen für eine demokratische Geschichtskultur. In: ders. (Hg.): Rolf Schörken. Demokratie lernen. Beiträge zur Politik- und Geschichtsdidaktik. Köln, S. 11–54.

SANDKÜHLER, Thomas (2022): „... begangene Fehler nicht aus Gedankenlosigkeit wiederholen." Die selbstkritische Auseinandersetzung mit dem Nationalsozialismus und die Konzeptualisierung von historisch-politischer Bildung und Gedenkstättenarbeit in der „alten" Bundesrepublik. In: Knigge, Volkhard (Hg.): Jenseits der Erinnerung. Verbrechensgeschichte begreifen. Göttingen, S. 100–119.

SANDKÜHLER, Thomas (2023): Politische Bildung zwischen Weimarer Republik und Bundesrepublik. In: Gallus, Alexander/Piper, Ernst (Hg.): Die Weimarer Republik als Ort der Demokratiegeschichte. Bonn, S. 193–216.

SANDKÜHLER, Thomas (2024 i.E.): Bildung. In: Barricelli, Michele u. a. (Hg.): Handbuch Historik. [Ms.] Berlin.

SCHILDT, Axel (2005): „Schlafende Höllenhunde". Reaktionen auf die antisemitische Schmierwelle 1959/60. In: Brämer, Andreas u. a. (Hg.): Aus den Quellen. Beiträge zur deutsch-jüdischen Geschichte. München, S. 313–321.

SCHÖRKEN, Rolf (Hg.) (1974): Curriculum „Politik". Von der Curriculumtheorie zur Unterrichtspraxis. Opladen.

SCHÖRKEN, Rolf (Hg.) (1978): Zur Zusammenarbeit von Geschichts- und Politikunterricht. Stuttgart.

SCHÖRKEN, Rolf (2017a): Geschichtsdidaktik und Geschichtsbewusstsein (1972). In: Sandkühler, Thomas (Hg.): Rolf Schörken. Demokratie lernen. Beiträge zur Politik- und Geschichtsdidaktik. Köln, S. 229–240.

SCHÖRKEN, Rolf (2017b): Der lange Weg zum Geschichtscurriculum. Curriculumverfahren unter der Lupe (1977). In: Sandkühler, Thomas (Hg.): Rolf Schörken. Demokratie lernen. Beiträge zur Politik- und Geschichtsdidaktik. Köln, S. 257–300.

SCHNEIDER, Gerhard (1982): Der Geschichtsunterricht in der Ära Wilhelms II. (vornehmlich in Preußen). In: Bergmann, Klaus/Schneider, Gerhard (Hg.): Gesellschaft, Staat, Geschichtsunterricht. Beiträge zu einer Geschichte der Geschichtsdidaktik und des Geschichtsunterrichts von 1500–1980. Düsseldorf, S. 132–189.

SÜSS, Dietmar (2022): „Demokratie von unten"? Soziale Bewegungen und demokratische Gesellschaften nach 1945. Vortrag im Rahmen einer Vorlesungsreihe „Demokratie. Versprechen – Visionen – Vermessungen" des Instituts für Zeitgeschichte, 8.12.2022 (Online unter: https://www.youtube.com/watch?v=RFw1fTmK1i4; aufgerufen am 9.8.2023).

TOCHA, Michael (1976): Die Tränen des Prinzen oder Versuch, die Geschichtserzählung auf die Füße zu stellen. In: Geschichte in Wissenschaft und Unterricht 27, S. 619–624.

TOCHA, Michael (1979): Zur Theorie und Praxis narrativer Darstellungsformen mit besonderer Berücksichtigung der Geschichtserzählung. In: Geschichtsdidaktik 4, S. 209–222.

UFFELMANN, Uwe/Pfefferle, Heinz (Hg.) (2005): Geschichtsdidaktik und Wiedervereinigung. Verstehen, Verständigen, Versagen? Münster.

WEISSENO, Georg/Ziegler, Béatrice (2022): Handbuch Geschichts- und Politikdidaktik. Wiesbaden.

WENIGER, Erich (1926): Die Grundlagen des Geschichtsunterrichts. Untersuchungen zur geisteswissenschaftlichen Didaktik. Leipzig.

WICKE, Christian (2015): Helmut Kohl's Quest for Normality. His Representation of the German Nation and Himself. New York.

WIPPERMANN, Klaus W. (1976): Politische Propaganda und staatsbürgerliche Bildung. Die Reichszentrale für Heimatdienst in der Weimarer Republik. Bonn.

MORITZ PETER HAARMANN, DIRK LANGE

Vergangenheit erinnern, um Gegenwart zu verstehen und Zukunft zu gestalten

Die Klimakrise in der historisch-politischen Bildung

1. Problemaufriss

Historisches Lernen hat immer auch eine politische Dimension, denn ‚Lernen aus der Geschichte' erfolgt unter einem Gegenwarts- und Zukunftsbezug – also anlassbezogen unter dem Eindruck struktureller, aktueller oder absehbarer gesellschaftlicher Aufgaben, Fragen und Probleme oder einer bestimmten politischen Agenda (vgl. Bergmann 2002, 22–60). Umgekehrt erweist sich historisches Lernen als eine notwendige Voraussetzung, um sich für die politischen Problemlagen der Gegenwart und der Zukunft Ursachenzusammenhänge zu erschließen bzw. deren Genese zu erklären (vgl. ebd.). Historisches Lernen kann dazu beitragen, herrschende Narrative über Ursachen eines gesellschaftlichen Problems zu hinterfragen und durch die Auseinandersetzung mit historischen Alternativen den Weg in ein ‚neues' Denken zu weisen (vgl. Haarmann 2019). Es ist seinerseits von in der Gesellschaft bzw. ihren Sozialisationsräumen gepflegten Geschichts- und Erinnerungskulturen abhängig und damit selbst ein Politikum (vgl. u. a. Ritzer 2022, 26).

‚Lernen aus der Geschichte' wurde und wird mit unterschiedlichen didaktischen Interessen verbunden. Während Formen autoritärer Herrschaft das ‚Lernen aus der Geschichte' instrumentalisieren, um die Bevölkerung ideologisch einseitig zu indoktrinieren und in das bestehende gesellschaftliche Macht- und Herrschaftssystem einzupassen, dient ‚Lernen aus der Geschichte' in der Demokratie (mindestens in formaler Hinsicht) der Förderung einer reflektierten Teilhabefähigkeit an der demokratischen Gesellschaft. Historisches Lernen wird dabei normativ auf das Bildungsziel der Mündigkeit bezogen und somit mit dem Ziel und Anspruch politischer Bildung verknüpft.

Mit dem vorliegenden Beitrag möchten wir am Beispiel der Klimakrise didaktische Ansatzpunkte erörtern, die das historische Lernen im Sinne des Bildungsauftrags öffentlicher Schulen mit der politischen Bildung vernetzen. Das didaktische Grundgerüst bilden dabei das Lernmodell des „Bürger*innenbewusstseins" (Lange 2008) und das im „Beutelsbacher Konsens" (Wehling 1977) verankerte

Gebot der Partizipationsbefähigung. Indem diese beiden politikdidaktischen Zugänge mit dem Geschichtsbewusstsein in Bezug gesetzt werden, werden die Politik- und die Geschichtsdidaktik mit einer Brücke verbunden. Vorausgesetzt wird dabei ein problemorientierter Unterricht, denn lebendig empfundene Problemstellungen sind für die Lernenden elementar, um eine Lernmotivation zu entwickeln und damit dafür, sich überhaupt dem Unterrichtsgegenstand zuzuwenden und aktiv mit ihm auseinanderzusetzen (vgl. u. a. Aebli 1983, 293 f.). Folgt man Wolfgang Klafkis Definition von Allgemeinbildung, die sich für ihn darin äußert, „ein geschichtlich vermitteltes Bewußtsein von zentralen Problemen der Gegenwart und – soweit voraussehbar – der Zukunft zu gewinnen, Einsicht in die Mitverantwortlichkeit aller angesichts solcher Probleme und Bereitschaft, an ihrer Bewältigung mitzuwirken" (Klafki 1993, 56), wird das wechselseitige Verhältnis von historischem und politischem Lernen und die Bedeutsamkeit einer didaktischen Verknüpfung der beiden Lernformen unmittelbar greifbar. Da die Bewältigung der globalen Klimakrise als eine Existenzfrage unserer Zeit gilt (vgl. u. a. World Meterological Organziation 2021), werden die nachfolgend herausgearbeiteten didaktischen Ansatzpunkte am Beispiel dieses Unterrichtsgegenstandes konkretisiert.

2. Das „Bürger*innenbewusstsein" als didaktisches Grundgerüst zur Verknüpfung historischen Lernens und politischer Bildung

Sofern im Sinne konstruktivistischer Lerntheorien didaktisch nachvollzogen wird, dass sich Lernen als ein individueller und aktiver Konstruktionsprozess von Wissen vollzieht, müssen die Schüler*innen im „Zentrum aller didaktischen Überlegungen" stehen (Schmiederer 1977, 81). Die Kernaufgabe von Didaktik liegt darin, Lernenden nachhaltige Zugänge zu Unterrichtsgegenständen zu eröffnen (vgl. Haarmann/Lange 2013, 19). Nur dann nämlich geht das in der Schule Gelernte in den geistigen Besitz der Schüler*innen über und wird somit bildungswirksam. Als wesentliche Determinante von Lernprozessen gilt das Vorwissen der Lernenden (vgl. u. a. Mietzel 2003, 298–310). Deshalb sind die für einen Lerngegenstand bedeutsamen mentalen Konzepte, über die Lernende bereits verfügen, didaktisch so wichtig. Die in der Geschichtsdidaktik und der Didaktik der politischen Bildung etablierten Bewusstseinsbegriffe des Geschichtsbewusstseins und des „Bürger*innenbewusstseins" beziehen sich auf diese für den individuellen Lernprozess hochrelevanten Sinnbildungen. Während das Geschichtsbewusstsein eines Menschen die subjektiven Vorstellungen verkörpert, durch die Historizität und zeitlicher Wandel sinnhaft gemacht werden (vgl. Jeismann 1988), umschreibt das „Bürger*innenbewusstsein" die Gesamtheit aller mentalen Konzepte, mittels derer sich ein Mensch die politisch-gesellschaftliche Wirklichkeit erklärt (vgl. Lange 2008). Aufgrund der vielfältigen Verflochtenheit zwischen Vergangenheit und Gegenwart weisen beide Bewusstseinsstrukturen fließende Übergänge auf und konstituieren sich fortlaufend wechselseitig. Im Lernmodell des „Bürger*innenbewusstseins" wird die gegenseitige Bedingtheit der beiden Bewusstseinsstrukturen nachvollzogen.

Grundlegend für ein lerntheoretisches Konzept des „Bürger*innenbewusstseins" ist die Annahme, dass jeder Mensch im Rahmen seines sozialen Lebens fortwährend Vorstellungen über die politisch-gesellschaftliche Wirklichkeit entwickelt und in mentalen Konzepten von subjektiver Plausibilität integriert (vgl. ebd., 247). Das „Bürger*innenbewusstsein" umschreibt das Insgesamt dieser individuellen mentalen Konzepte über die soziale Umwelt.

Das so aufgebaute individuelle Wissen über die Gesellschaft dient der individuellen Orientierungs-, Urteils-, Handlungs-, Kritik- und Reflexionsfähigkeit in politisch, ökonomisch oder sozial geprägten Lebenssituationen und wird wesentlich durch alltägliche Lernprozesse gebildet (vgl. Lange 2008). Bildungswirksamer Politik- und Geschichtsunterricht zeichnet sich dadurch aus, dass didaktisch an dieses „Vorwissen" angeknüpft und es idealerweise selbst zum Gegenstand der unterrichtlichen Reflexion wird. Das Lernmodell des „Bürger*innenbewusstseins" basiert auf dem von Jean Piaget (2003, 53–62) im Rahmen seiner Theorie der kognitiven Entwicklung beschriebenen Wechselspiel zwischen Assimilation (Erwerb neuen Wissens unter dessen Einpassung in vorhandene mentale Strukturen) und Akkomodation (Erwerb neuen Wissens unter der Anpassung/Veränderung vorhandener mentaler Strukturen). Entsprechend der grundlegenden lerntheoretischen Annahme Piagets, dass jede*r Lernende bestrebt ist, einen Gleichgewichtszustand zwischen den individuellen mentalen Konzepten und dem Umwelterleben herzustellen, beginnt ein Lernprozess mit der Wahrnehmung einer kognitiven Dissonanz bzw. eines Ungleichgewichts zwischen individuellen Konzepten und Umwelterfahrung. Der Lernprozess dient dazu, die vom Individuum wahrgenommene „Erklärungslücke" zu schließen, indem die mentalen Konzepte durch Assimilation oder Akkomodation angepasst werden (vgl. Lange 2008, 251–256).

Das „Bürger*innenbewusstsein" markiert den Ausgangs- und den Endpunkt von Lernprozessen in gesellschaftlichen Kontexten. Die oder der Lernende entwickelt dabei eigene fachliche Vorstellungen, die über eine hohe subjektive Plausibilität verfügen und das mentale Grundgerüst für ihr oder sein individuelles politisches, soziales oder ökonomisches Lernen bilden (vgl. ebd.). Angesichts der

Bedeutung, die das gesellschaftliche Miteinander für den Mensch als politisches Wesen im Sinne Aristoteles' hat, und angesichts der Komplexität der Gesellschaft ist davon auszugehen, dass das individuelle „Bürger*innenbewusstsein" einer Schülerin oder eines Schülers komplexe geistige Strukturen umfasst. Um die mentalen Konzepte über das gesellschaftliche Zusammenleben, die sich im individuellen „Bürger*innenbewusstsein" subsumieren, didaktisch nachvollziehen bzw. didaktisch erforschen zu können, ist es sinnvoll, heuristische Fragen zu identifizieren, mittels derer grundlegende Bereiche der Gesellschaft erklärt werden können. Angenommen wird dabei, dass sich Schüler*innen beim Erleben der gesellschaftlichen Realität unbewusst ähnliche Fragen stellen – erkenntnisleitende Fragen, von denen angenommen werden kann, dass sie vom Individuum (sinngemäß) beim Erleben der gesellschaftlichen Realität gestellt werden, um sich die politische, soziale und ökonomische Wirklichkeit und deren Wandel über die Zeit zu erklären. Unterstellt wird, dass jeder Mensch grundlegende Erklärungen für Sozialität, Politik, Wirtschaft, Werte und gesellschaftlichen Wandel sucht. Deshalb wird hypothetisch angenommen, dass folgende grundlegende Erkenntnisinteressen nachfolgende heuristische Fragen aufwerfen, die jeweils grundlegende Sinnbildmodi des „Bürger*innenbewusstseins" evozieren (vgl. ebd., 248–251, teilweise modifiziert und erweitert).

Das erkenntnisleitende Interesse …

(1) … an der Transformation heterogener Interessen in allgemeinverbindliche Regelungen aktiviert die Sinnbildung: „Wie werden partielle Interessen allgemein verbindlich?" (politischer Sinnbildungsmodus). Konzepte dieser Sinnbildung sind „Interesse", „Konflikt", „Partizipation", „Staatlichkeit", „Herrschaft", „Macht", „Ideologie"[1].

(2) … am Verhältnis zwischen Individuum und Gesellschaft aktiviert die Sinnbildung: „Welchen Voraussetzungen und Abläufen unterliegt das gesellschaftliche Zusammenleben?" (soziologischer Sinnbildungsmodus). Konzepte dieser Sinnbildung sind „Individuum", „Gesellschaft", „Heterogenität", „Integration", „Öffentlichkeit", „Exklusion", „soziale Bewegungen".

(3) … am Umgang mit dem Spannungsverhältnis zwischen unendlichen Bedürfnissen und knappen Gütern aktiviert die Sinnbildung: „Wie befriedigen Menschen Bedürfnisse durch Güter?" (ökonomischer Sinnbildungsmodus). Konzepte dieser Sinnbildung sind „Lebensgrundlagen", „Bedürfnisse", „Knappheit", „Verteilung", „Effizienz", „Produktion", „Konsum", „Arbeit", „Wirtschaftsordnung".

---

1 Hier wird der wertfreie Ideologiebegriff im Sinne Karl Mannheims angenommen.

(4) ... an den Prinzipien, die das gesellschaftliche Interagieren normativ prägen, aktiviert die Sinnbildung: „Welche Werte und Normen leiten das soziale Zusammenleben?" (ethischer Sinnbildungsmodus). Konzepte dieser Sinnbildung sind „Gerechtigkeit", „Gleichheit", „Solidarität", „Frieden", „Anerkennung", „Freiheit", „Nachhaltigkeit".

(5) ... an dem Gewordensein der Gesellschaft aktiviert die Sinnbildung: „Wie vollzieht sich sozialer Wandel?" (zeitlicher Sinnbildungsmodus). Konzepte dieser Sinnbildung sind „Kontinuität", „Entwicklung", „Zeitlichkeit", „Gegenwart", „Vergangenheit", „Zukunft".

Die im Rahmen der Sinnbildungsmodi entwickelten individuellen mentalen Konzepte des „Bürger*innenbewusstseins" sind eng miteinander vernetzt und verweisen im Lernprozess wechselseitig aufeinander. Ein Konzept ist also potentiell für jede Sinnbildung relevant und jede Sinnbildung steht in einem dialogischen Austauschverhältnis zu den anderen Sinnbildungen des „Bürger*innenbewusstseins". Unter anderem für den zeitlichen Sinnbildungsmodus ist eine besonders enge Vernetzung mit den anderen Sinnbildungsmodi anzunehmen, denn die Frage nach sozialem Wandel steht in aller Regel in mindestens einem konkreten soziologischen, politischen, ökonomischen und/oder moralischen Bezug (Abb. 1). Die zeitliche Perspektive kann dabei mit Bergmann (2002, 34 u. 40) entweder dazu dienen, einen Ursachen- oder einem Sinnzusammenhang zu erschließen:

- „Bei der Suche nach einem Ursachenzusammenhang richtet sich die Frage auf historische Entwicklungen, die als Ursachen der gegenwärtig und künftig anstehenden Probleme gelten können. [...] Dadurch kann [...] eine Kenntnis der Entstehungsgeschichte eines gegenwärtigen gesellschaftlichen Problems erarbeitet werden" (Bergmann 2002, 34).
- „Beim Sinnzusammenhang richten sich die Fragen auf historische [hier: zeitliche; Anm. M.P.H. & D.L.] Sachverhalte und Entwicklungen, die durch die in ihnen auffindbaren Probleme, Wertvorstellungen und Erfahrungen in eine Beziehung zu gegenwärtigen Problemen gesetzt werden können. [...] Das dabei anfallende Orientierungswissen [...] ermöglicht ein differenziertes Nachdenken über [...] [gegenwärtige] Probleme" (ebd., 40).[2]

---

2 Bergmann (2002, 40) spricht von einer „Lösung gegenwärtiger Probleme". Wir plädieren an dieser Stelle für eine zurückhaltende Formulierung, denn viele Schlüsselprobleme der Gesellschaft wie die soziale Frage oder die Umweltfrage verkörpern fortwährende Herausforderungen.

Indem sich die oder der Lernende durch den zeitlichen Sinnbildungsmodus Erklärungen für das Gewordensein von Gesellschaft, Politik und Wirtschaft und den gesellschaftlichen Werten erschließt (Ursachenzusammenhang) und nach Antworten für die Gegenwart und Zukunft sucht (Sinnzusammenhang), erarbeitet sie oder er sich wichtiges Wissen, um sich die Hintergründe zu einer gegenwarts- und/oder zukunftsrelevanten gesellschaftlichen, politischen, ökonomischen oder normativen Problemsituation zu erschließen. Gleichermaßen wirkt der zeitliche Sinnbildungsmodus sinnstiftend im Hinblick auf den (aus Sicht der oder des Einzelnen) angemessenen Umgang mit dem Problem in Gegenwart und/oder Zukunft. Bedenkenswert ist, dass der Gegenwarts- und Zukunftsbezug wiederum politische Implikationen beinhaltet – Richtung und Form der historischen Erinnerung werden durch die Gegenwart geprägt (vgl. Ritzer 2022, 26). Dabei wirken die verschiedenen Sinnbildungsmodi des „Bürger*innenbewusstseins" ineinander. Beim exemplarisch gewählten Problemkomplex Klimakrise könnte etwa das für den zeitlichen Sinnbildungsmodus leitende Interesse am sozialen Wandel auf Ebene des Ursachenzusammenhanges folgende Fragen aufwerfen:
- Politischer Sinnbildungsmodus: Welche Politik (Interessen, Macht- und Herrschaftsstrukturen, Ideologien …) hat die Klimakrise bewirkt/verstärkt?
- Soziologischer Sinnbildungsmodus: Wie ist in der Öffentlichkeit ein Problembewusstsein für die Klimakrise entstanden?
- Ökonomischer Sinnbildungsmodus: Welche Formen von Produktion und Konsum sind Ursachen der Klimakrise?
- Ethischer Sinnbildungsmodus: Welche Werteorientierungen begünstig(t)en die Klimakrise?

Historische Sinnzusammenhänge, die angesichts der Klimakrise der Orientierung in der Gegenwart dienen, kann sich die oder der Lernende beispielsweise über folgende Fragen erschließen:
- Politischer Sinnbildungsmodus: Wie wurden in der Vergangenheit Fragen des Klimaschutzes politisch (erfolgreich) ausgehandelt?
- Soziologischer Sinnbildungsmodus: Was können zivilgesellschaftliche Akteur*innen des Klimaschutzes von historischen Umweltbewegungen lernen?
- Ökonomischer Sinnbildungsmodus: Welche wirtschaftshistorischen Erfahrungen sind wertvoll, damit eine Transformation in eine klimagerechte Wirtschaftsordnung gelingt?
- Ethischer Sinnbildungsmodus: An welchen Werten orientierte und legitimierte sich Umwelt- und Klimaschutz?

Das alltägliche oder didaktisch initiierte Erschließen von Ursachen- und Sinnzusammenhängen im Rahmen des „Bürger*innenbewusstseins" repräsentiert individuelle Lernprozesse, die nicht als Selbstzweck erfolgen, sondern der Entwicklung individueller Orientierungs-, Urteils-, Kritik-, Reflexions- und Handlungskompetenz in der erlebten politisch-gesellschaftlichen Umwelt dienen. Sofern eine Didaktik des gesellschaftlichen Lernens unter die Zielperspektive der gesellschaftlichen Mündigkeit gestellt wird, muss sich die didaktische Strukturierung daran messen lassen, ob sie zur Förderung einer entsprechend mündigen bzw. aufgeklärten Teilhabefähigkeit an der Gesellschaft beiträgt (vgl. Haarmann 2020, 160 f.). Nicht umsonst kulminiert der Beutelsbacher Konsens als Minimalkonsens einer dem Leitbild der Mündigkeit verpflichteten politischen bzw. sozialwissenschaftlichen Bildung mit dem dritten Grundsatz in dem Gebot der Partizipationsbefähigung: „Der Schüler muß in die Lage versetzt werden, eine politische Situation und seine eigene Interessenlage zu analysieren, sowie nach Mitteln und Wegen zu suchen, die vorgefundene politische Lage im Sinne seiner Interessen zu beeinflussen." (Wehling 1977, 180)

3. Historisch-politisches Lernen als Partizipationsbefähigung

Die Partizipationsbefähigung verkörpert den Kern des viel zitierten Minimalkonsenses politischer Bildung – Überwältigungsverbot (erster Grundsatz) und Kontroversitätsgebot (zweiter Grundsatz) stehen logisch in einer dienenden Funktion zu diesem Ziel (vgl. Haarmann/Lange 2016). Im Beutelsbacher Konsens wird u. a. unter Verweis auf Rolf Schmiederer die Bedeutung operationaler Fähigkeiten für die Partizipationsbefähigung betont (vgl. Wehling 1977, 180). Tatsächlich ist evident, dass eine „politische [respektive sozialwissenschaftliche und geschichtliche] Bildung im Interesse der Schüler" (Schmiederer 1977) sich daran orientieren und legitimieren muss, Fähigkeiten und Fertigkeiten zu fördern, mittels derer Schüler*innen die Gesellschaft kritisch und selbstbestimmt analysieren, beurteilen und (mit)gestalten können (vgl. ebd., 90–107). Eine auf die Förderung von Mündigkeit bezogene Didaktik ist notwendigerweise kritisch-emanzipatorisch und vollzieht das „Primat des Schülers als Subjekt" (ebd., 81) nach. Individuelle Mündigkeit setzt die Fähigkeit voraus, gesellschaftsprägende Erklärungs- und Interpretationsmuster der sozialen Wirklichkeit kritisch hinterfragen zu können, denn anders ist ein selbstbestimmter Vernunftgebrauch im Sinne Kants bzw. eine selbstbestimmte politische Urteils- und Handlungsfähigkeit nicht möglich (vgl. Haarmann 2019, 162). Mit Herbert Schnädelbach (1969, 91) geht es dabei um die Herausforderung, sich von der „Ideologie der Gegenwart" zu emanzipieren, welche auf Ebene des Subjekts im negativen Fall eine „vollkommene Anpassung des Bewusstseins und seine objektive Unfähigkeit, sich Alternativen zum Bestehenden auch nur vorzustellen", bewirkt (vgl. Haarmann 2019, 162 f.). Mithilfe des zeitlichen Sinnbildungsmodus des „Bürger*innenbewusstseins" können Lernende u. a. die „Ideologie der Gegenwart" hinterfragen, indem sie sich mit Alternativen zur Gegenwart auseinandersetzen und (scheinbar) neue Perspektiven auf den Umgang mit dem analysierten gesellschaftlichem Problem eröffnen (vgl. ebd., 186 f.). Die Gesellschaftsgeschichte ist ebenso wie die politische, ökonomische und philosophische Ideengeschichte voll von Ideen, Praxen und ‚gelebten Utopien', die den geistigen Horizont bei der Auseinandersetzung mit gesellschaftlichen Problemen der Gegenwart erweitern und essentiell für ein freies, selbstbestimmtes Denken sind (vgl. ebd., 191–194). Um sich beim exemplarisch gewählten Problemkomplex Klimakrise von der „Ideologie der Gegenwart" zu lösen und alternative Handlungsmöglichkeiten zu erschließen, kann der historische Sinnbildungsmodus des „Bürger*innenbewusstseins" z. B. wie folgt auf die weiteren Sinnbildungsmodi bezogen werden und dabei etwa diese Fragen aufwerfen:

- Politischer Sinnbildungsmodus: Welche alternativen politischen Ideen und Politikansätze aus der Vergangenheit können innovative politische Strategien für den Umgang mit der Klimakrise eröffnen?
- Soziologischer Sinnbildungsmodus: Welche alternative Lebens- und Gesellschaftsformen aus der Vergangenheit besitzen das Potential, um die Gesellschaft klimagerechter zu gestalten?
- Ökonomischer Sinnbildungsmodus: Welche alternativen Ansätze der wirtschaftlichen Planung und Lenkung aus der Vergangenheit können innovative Ansatzpunkte für eine klimagerechte Gestaltung der Volkswirtschaft eröffnen?
- Ethischer Sinnbildungsmodus: Auf welche alternativen gesellschaftlichen Werte und Normen aus der Vergangenheit sollte man sich besinnen, um im Angesicht der Klimakrise die richtigen Prioritäten zu setzen?

	Politischer Sinnbildungsmodus	Soziologischer Sinnbildungsmodus	Ökonomischer Sinnbildungsmodus	Ethischer Sinnbildungsmodus
Erschließen von Ursachenzusammenhängen	Welche Politik (Interessen, Macht- u. Herrschaftsstrukturen, Ideologien ...) hat die Klimakrise bewirkt/verstärkt?	Wie ist in der Öffentlichkeit ein Problembewusstsein für die Klimakrise entstanden?	Welche Formen von Produktion und Konsum sind Ursachen der Klimakrise?	Welche Werteorientierungen begünstig(t)en die Klimakrise?
Erschließen von Sinnzusammenhängen	Welche etablierten umweltpolitischen Instrumente eignen sich für den Kilmaschutz?	Was können zivilgesellschaftliche Akteur*innen des Klimaschutzes von historischen Umweltbewegungen lernen?	Welche wirtschaftshistorischen Erfahrungen sind für eine Transformation in eine klimagerechte Wirtschaftsordnung wertvoll?	An welchen Werten orientiert und legitimiert sich Umwelt- und Klimaschutz?
Erschließen alternativer Handlungsmöglichkeiten	Welche politischen Ideologien eröffnen innovative Politikansätze für den Umgang mit der Klimakrise?	Welche alternative Lebens- und Gesellschafsformen lohnen erinnert zu werden, um die Gesellschaft klimagerechter zu gestalten?	Welche alternativen Ansätze der wirtschaftlichen Planung und Lenkung eröffnen innovative Ansatzpunkte für eine klimagerechte Wirtschaftsordnung?	Welche gesellschaftlichen Werte und Normen lohnen erinnert zu werden, um im Angesicht der Klimakrise die richtigen Prioritäten zu setzen?

Tab. 1: Der historische Sinnbildungsmodus im Dialog mit den anderen Sinnbildungsmodi des „Bürger*innenbewusstseins" – Beispiel „Klimakrise"

Das ‚Lernen aus Geschichte' fördert alternatives Denken, Urteilen und Handeln. Es ermöglicht Lernenden, sich vom herrschenden gesellschaftlichen, politischen, ökonomischen oder normativen Status-Quo zu emanzipieren – Geschichte kann so zur Triebfeder eines neuen Denkens, Urteilens und Handelns werden, das unter anderem angesichts der Klimakrise gefordert ist!

Literatur

AEBLI, Hans (1983): Zwölf Grundformen des Lernens. Stuttgart.

BERGMANN, Klaus (2002): Der Gegenwartsbezug im Geschichtsunterricht. Schwalbach/Ts.

HAARMANN, Moritz Peter (2019): Wege zur Emanzipation von der ‚Ideologie der Gegenwart': Über den Wert historischer Zugänge in der sozioökonomischen Bildung. In: Fridrich, Christian u. a. (Hg.): Historizität und Sozialität in der sozioökonomischen Bildung. Wiesbaden, S. 159–198.

HAARMANN, Moritz Peter (2020): Partizipation. In: Achour, Sabine u. a. (Hg.): Wörterbuch Politikunterricht. Frankfurt/M., S. 158–161.

HAARMANN, Moritz Peter/Lange, Dirk (2013): Der subjekt-/schülerorientierte Ansatz. In: Deichmann, Carl/Tischner, Christian K. (Hg.): Handbuch Dimensionen und Ansätze der politischen Bildung. Schwalbach/Ts., S. 19–36.

HAARMANN, Moritz Peter/Lange, Dirk (2016): Emanzipation als Kernaufgabe politischer Bildung. Überlegungen zum Beutelsbacher Konsens. In: Widmaier, Benedikt/Zorn, Peter (Hg.): Brauchen wir den Beutelsbacher Konsens? Eine Debatte der politischen Bildung. Bonn, S. 166–170.

JEISMANN, Karl-Ernst (1988): Geschichtsbewußtsein als zentrale Kategorie der Geschichtsdidaktik. In: Schneider, Gerhard (Hg.): Geschichtsbewußtsein und historisch-politisches Lernen. Pfaffenweiler, S. 1–24.

LANGE, Dirk (2008): Kernkonzepte des Bürgerbewusstseins. In: Weißeno, Georg (Hg.): Politikkompetenz. Was Unterricht zu leisten hat. Bonn, S. 245–258.

KLAFKI, Wolfgang (1993): Neue Studien zur Bildungstheorie und Didaktik. Zeitgemäße Allgemeinbildung und kritisch-konstruktive Didaktik. Weinheim/Basel.

MIETZEL, Gerd (2003): Pädagogische Psychologie des Lernens und Lehrens. Göttingen.

PIAGET, Jean (2003): Meine Theorie der geistigen Entwicklung, hg. v. Reinhard Fatke. Weinheim/Basel.

RITZER, Nadine (2022): Welche Geschichte braucht das Land? In: NZZ Geschichte (38), S. 24–41.

SCHMIEDERER, Rolf (1977): Politische Bildung im Interesse der Schüler. Köln.

SCHNÄDELBACH, Herbert (1969): Was ist Ideologie? Versuch einer Begriffserklärung. In: Das Argument 50/2, S. 71–92.

WEHLING, Hans-Georg (1977): Konsens à la Beutelsbach? In: Schiele, Siegfried/Schneider, Herbert (Hg.): Das Konsensproblem in der politischen Bildung. Stuttgart, S. 173–184.

WORLD METEOROLOGICAL ORGANIZATION (Hg.) (2021): United in Science 2021. A mulitorganization high-level compilation of the latest climate science information (Online unter: public.wmo.int/en/resources/united_in_science; aufgerufen am 9.8.2023).

Autor*innenverzeichnis

ANJA BELLMANN studierte Europäische Geschichte (BA) und Public History (MA). Nach der Arbeit für verschiedene Gedenkstätten und Museen und ihrem wissenschaftlichen Volontariat bei der Stiftung Berliner Mauer ist sie dort seit 2017 als wissenschaftliche Mitarbeiterin in der Historisch-Politischen Bildung v. a. für die Gedenkstätte Berliner Mauer und die Gedenkstätte Günter Litfin zuständig. Einer ihrer Arbeitsschwerpunkte liegt auf dem (frühen) historischen Lernen in Museen und Gedenkstätten.

DR. PETER JOHANNES DROSTE war u. a. Geschäftsführer des Historikertages in Aachen und Museumsleiter. Seit 1999 unterrichtet er die Fächer Geschichte, Philosophie und Deutsch am Gymnasium. Zurzeit ist er Fachleiter für Geschichte im ZfsL-Jülich. Bis September 2023 war er Bundesvorsitzender des Verbandes der Geschichtslehrerinnen und Geschichtslehrer e. V.

DR. MORITZ PETER HAARMANN ist Lehrer an der reformpädagogischen Glocksee Schule Hannover und Didaktiker am Institut für Didaktik der Demokratie der Universität Hannover. Er engagiert sich für eine an den Interessen der Lernenden orientierte, interdisziplinäre Didaktik der gesellschaftlichen Bildung. Sein besonderes Interesse gilt einer macht- und herrschaftskritischen sozioökonomischen Bildung, die sich den Herausforderungen der notwendigen ökosozialen Transformation der Wirtschaft stellt.

PROF. DR. SASKIA HANDRO ist Hochschullehrerin für Didaktik der Geschichte unter besonderer Berücksichtigung der historischen Lehr- und Lernforschung an der Universität Münster. Ihre Forschungsschwerpunkte liegen im Bereich der Sprache im Geschichtsunterricht, erinnerungskultureller Kontroversen und Konflikte sowie der Geschichtslehrer*innenprofessionalisierung.

PROF. DR. PHIL. HABIL. CHRISTIAN HEUER ist Professor für Didaktik der Geschichte an der Universität Gießen. Seine Forschungsschwerpunkte sind Theorie und Geschichte der Geschichtsdidaktik; Orte, Formen und Praxen der Geschichtskultur; Pragmatik des Geschichtslernens sowie empirische Professions- und Geschichtsunterrichtsforschung.

UNIV.-PROF. DR. HABIL. CHRISTOPH KÜHBERGER ist Universitätsprofessor für Geschichts- und Politikdidaktik und Fachbereichsleiter Geschichte an der

Universität Salzburg. In Forschung und Lehre beschäftigt er sich mit empirischer Geschichts- und Politikdidaktik, historischem und politischem Denken, Geschichtskultur, Subjektorientierung, Dekolonialisierung, Digital Humanities.

PROF. DR. DIRK LANGE ist Professor für Didaktik der Politischen Bildung an der Universität Wien und an der Leibniz Universität Hannover. Er leitet das Demokratiezentrum Wien und das Institut für Didaktik der Demokratie.

DR. MONIKA OBERLE ist Professorin für Politikwissenschaft und Didaktik der Politik an der Georg-August-Universität Göttingen. Mit ihrem Team widmet sie sich besonders der empirischen Erforschung von Lehr-Lern-Prozessen der (schulischen und außerschulischen) politischen Bildung, ihren Bedingungen und Ergebnissen. Thematische Schwerpunkte bilden u. a. Demokratiebildung, politische EU-Bildung und politische Medienbildung.

DR. KATRIN PASSENS ist Politikwissenschaftlerin und wissenschaftliche Mitarbeiterin für historisch-politische Bildung in der Gedenkstätte Berliner Mauer.

PROF. DR. DR. H.C. MULT. JÖRN RÜSEN ist Professor emeritus an der Kulturwissenschaftlichen Fakultät der Universität Duisburg/Essen und Professor emeritus der Universität Witten/Herdecke. Zu seinen Forschungsschwerpunkten zählen Theorie und Geschichte der Geschichtswissenschaft, Geschichtsbewusstsein und historisches Lernen, Geschichtskultur, Humanismus im Kulturvergleich.

PROF. DR. THOMAS SANDKÜHLER lehrt Geschichtsdidaktik an der Humboldt-Universität zu Berlin. Zu seinen Arbeitsschwerpunkten gehören die Disziplingeschichte der Geschichtsdidaktik, die Theorie und Praxis historischen Lernens über den Nationalsozialismus und die Museumsgeschichte.

DR. VIOLA SCHRADER ist wissenschaftliche Mitarbeiterin am Institut für Didaktik der Geschichte der Universität Münster. In Forschung und Lehre setzt sie sich v. a. mit Fragen der Heterogenität, Differenzierung und sprachlichen Sensibilität im Geschichtsunterricht auseinander. Außerdem interessiert sie sich für die Verzahnung von Theorie und Praxis in der Lehrer*innenbildung.

PROF. DR. HOLGER THÜNEMANN ist Inhaber des Lehrstuhls für Didaktik der Geschichte unter besonderer Berücksichtigung der Geschichtskultur an der Universität Münster. In Forschung und Lehre beschäftigt er sich vor allem mit

Themen der Geschichtskultur, der geschichtsdidaktischen Schulbuchanalyse und der historischen Lehr-Lernforschung.

KARL-CHRISTIAN WEBER ist Studienrat an einem allgemeinbildenden Gymnasium in Baden-Württemberg und unterrichtet die Fächer Latein, Geschichte und Ethik. Darüber hinaus ist er in der Lehrerfortbildung tätig, seine Schwerpunkte liegen in den Bereichen Kursstufenunterricht, Abiturvorbereitung, Medienbildung und Arbeit mit Lernplattformen und ihre Administration.

DR. HANS-GEORG WEHLING war Honorarprofessor am Institut für Politikwissenschaft der Universität Tübingen und Vorstandsmitglied des Europäischen Zentrums für Föderalismusforschung. In seiner Forschung beschäftigte er sich besonders mit kommunal- und landespolitischen Themen. Nach seiner Promotion arbeitete Wehling zunächst als Referent an der Landeszentrale für Politische Bildung Baden-Württemberg. In dieser Funktion dokumentierte er 1976 die Beutelsbacher Tagung und formulierte im Anschluss seine Beobachtungen im Aufsatz „Konsens à la Beutelsbach?".

DR. CHRISTIAN WINKLHÖFER ist Oberstudienrat im Hochschuldienst am Institut für Didaktik der Geschichte der Universität Münster. In Forschung und Lehre beschäftigt er sich v. a. mit historischer Urteilsbildung sowie mit der Präsentation und Rezeption von Geschichte im Museum. Zudem interessiert er sich für Mediengeschichte und Medienbildung sowie für Fragen des fächerverbindenden historischen Lehrens und Lernens.

DIRK WITT ist Fachseminarleiter für den Lernbereich Gesellschaftswissenschaften am Landesinstitut für Lehrerbildung und Schulentwicklung sowie Lehrbeauftragter an der Universität in Hamburg. Seine Arbeitsschwerpunkte sind: Lernen und Lehren in gesellschaftswissenschaftlichen Fächerverbünden, der inklusive Fachunterricht sowie der gesellschaftswissenschaftliche Anfangsunterricht.

BEUTELSBACHER KONSENS

Der Religionsunterricht ist positionell. Wie kann das Fach Indoktrination vermeiden und Kontroversität ermöglichen? Diese Frage wird hier an unterschiedlichen Themenbereichen diskutiert und die Basis für ein Konsentpapier („Schwerter Konsent") gelegt.

hrsg. von Jan-Hendrik Herbst, Claudia Gärtner und Robert Kläsener
Reihe „Wochenschau Wissenschaft"
ISBN 978-3-7344-1588-3, 224 S., € 28,90
PDF: ISBN 978-3-7566-1588-9, € 27,99

Sollte der Beutelsbacher Konsens in der politischen Bildung ohne Abstriche Geltung besitzen oder bedürfen die über 40 Jahre alten Grundprinzipien einer Überarbeitung? Diese Frage wird hier fundiert diskutiert.

hrsg. von Siegfried Frech und Dagmar Richter
Reihe „Didaktische Reihe"
ISBN 978-3-7344-0436-8, 208 S., € 22,90
PDF: ISBN 978-3-7344-0437-5, € 17,99

www.wochenschau-verlag.de